전후 일본의 보수와 표상

SNU일본연구총서 01

전후 일본의 보수와 표상

펴낸곳 서울대학교출판문화원
펴낸이 이장무
지은이 장인성 외

초판 1쇄 인쇄 2010년 3월 25일
초판 1쇄 발행 2010년 3월 30일
출판등록 제15-3호

주소 서울 관악구 관악로 599 우편번호 151-742
대표전화 02-880-5252 **팩스** 02-888-4148
마케팅홍보부(주문상담) 02-889-4424, 02-880-7995
이메일 snubook@snu.ac.kr
홈페이지 www.snupress.com
영문홈페이지 eng.snupress.com

ISBN 978-89-521-1085-5 94300
세트 978-89-521-1086-2

SNU일본연구총서
01

전후 일본의 보수와 표상

장인성 엮음

서울대학교출판문화원

Conservative Representations in Postwar Japan

Edited by Insung Jang

Seoul National University Press

머리말 : '보수' 표상으로 일본 읽기

일본을 들여다보는 것은 얼마간 곤혹스러운 일입니다. 일본은 유사점이 많아 친근하게 느껴지고 알기 쉽다고들 합니다만, 보면 볼수록 모르는 구석이 더 많이 드러나는 대상인 것 같습니다. 일본은 과거의 불편한 관계와 미래의 선린을 위한 당위 사이에서 애증의 감정을 넣어 볼 수밖에 없는 대상이기도 합니다. 우리에게는 많은 시사와 함의를 주는 모형인 동시에 우리의 심성과 현실을 구속하는 존재이기도 합니다. 과거와 미래, 애와 증 사이를 오가면서 우리가 대해야 할 숙명 같은 것입니다. 그동안 우리 몸에는 주체와 객체를 이분법적으로 포착하고 주체적 관점에서 타자를 규정해 버리는 습성이 배어 있었습니다. 살 만해지면서 점차 역사의 멍에에서 벗어나 보다 유연해지고 관대해졌지만, 이 습성은 아직 남아 있습니다. 이제 일본의 다양한 모습을 다원적 관점을 갖고 깊숙히 응시하려는 노력이 필요합니다. 이러한 습성에서 벗어날 때 우리의 몸은 더 자유로워지고 우리의 시선은 보다 풍부해지지 않을까요.

이 책은 일본의 보수를 다루고 있습니다. 특히 표상의 관점에서 일본의 보수를 들여다보고자 했습니다. 일본을 생각할 때 우리는 흔히 '보수'(혹은 '보수우익')를 떠올리곤 합니다. 이는 아마도 일본이 '보수'의 나라이기 때문일 것입니다. 그런데 우리가 일본에 대하여 '보수'라는 말을 사용할 때, 그 어법 속에는 일본을 '보수'로써 총체적으로, 단일적으로 규정해버리는 우리들의 습성도 들어 있는 것은 아닐까요. 일본 자체의 보수적 속성을 표현할 뿐만 아니라 우리의 경험에서 생성된 '보수' 이미지가 투영되어 있는 것이 아닐까요. 타자를 자기 방식으로 규정해버리는 습성은 어디서나 흔히 볼 수 있지만, 이러한 습성을 바꾸려면 일본 보수의 여러 양상을 주의 깊게 보아야 할 것입니다. 일본의 보수를 제대로 알고자 하는 일은 우리 스스로를 자각하는 행위일 것입니다. '표상'은 보수의 다양한 모습에 다가서는 실마리가 될 수 있으며, '보수'는 일본을 이해하는 유력한 매개일 수 있을 것입니다.

필자들은 꼭 보수 연구를 전문으로 하는 것은 아닙니다. 하지만 보수를 제대로 포착하려면, 보수의 이념과 행동 자체도 보아야겠지만, 각 분야에서 보이는 보수의 일상적 측면도 관찰할 필요가 있다고 생각했습니다. 학제적 관심도 많고 사고도 유연한 연구자들이기에 가능하지 않을까 싶었습니다. 분야가 다른 만큼 쉬운 일은 아니지만, 우리 공동 연구자들은 되도록 관점을 함께 하고 공동 연구의 실을 얻고자 했습니다. 참여자들은 2007년 가을 서울대학교 일본연구소에서 첫 모임을 가진 이래 표상의 방법론을 이해하고 일본의 보수/보수주의를 이해하고자 여러 차례 독회를 열고 토론하는 자리를 가졌습니다. 이를 통해 세부 주제를 조율할 수 있었고 '보수'와 '표상'에 관한 생각을 넓힐 수 있었습니다. 또한 공개 워크숍을 열어 초고를 검토할 기회도 가졌습니다. 유익한 논평을 준 강정인, 서민교, 헬렌 리 선생께 감사드립니다. 기대에 미치지 못한 결과가 되지 않을까 우려스럽지만, 일본 연구에 작으나마 도움이 될 수 있다면 더없는 기쁨이겠습니다.

이 책은 여러 분들의 노고와 도움으로 나올 수 있었습니다. 무엇보다 연구 책임자의 설익은 구상에 동감하고 열심히 참여해준 공동 연구자들에게 고마움을 전합니다. 공동 연구자인 서동주 선생은 간사의 역할을 맡아 연구 모임 준비부터 이 책의 발간에 이르기까지 애써주었습니다. 김태진 군은 최종 원고의 정리 작업을 도와주었습니다. 노고에 감사드립니다. 이 연구는 2007년도 서울대학교 일본연구소 일본학연구사업의 지원을 받아 시작되었고, 동 연구소가 한국연구재단 인문한국(HK)연구소로 선정되면서 인문한국사업의 일환으로 출판 지원을 받았습니다. 일본학연구사업에 관심을 갖고 지원해준 일본연구소와 구성원들, 특히 인문한국 연구사업을 이끌고 있는 한영혜 소장께 심심한 사의를 표합니다.

2010년 4월

관악산 자락에서 장인성

차례

서장

표상으로서의 일본과 보수

일본의 보수 표상에 관한 방법론적 성찰

장인성

1. 일본의 보수 표상

일본을 어떻게 볼 것인가. 이 물음은 그동안 수없이 되풀이되었지만, 일본을 바라보는 시선이 다양해지고 일본에 대한 인문학적·사회과학적 관찰이 깊어진 지금에도 여전히 유효하고 타당하다. 일본을 그 자체에 입각해서 객관적으로 보아야 한다는 당위적 명제는 역사적/과학적 실증 분석에 대한 강력한 믿음을 양성해냈지만, 동시에 기계적 서술에 대한 맹신과 몰가치의 일상화를 초래한 면이 없지 않다. 실증 분석은 일본에 관한 기초적 이해와 객관적 파악을 위해 불가결하지만, 비가시적인 것들을 충분히 드러내주지는 못한다. 한편, 개인의 경험이나 선입견 혹은 집단적 이미지의 전승에서 생성된 이미지와 주관적 판단을 투사시켜 일본을 이해하는 문화론적 해석도 여전히 상존한다. 문화론적 해석은 비가시적인 것을 드러내주지만, 주관적 판단에 의존하고 일본의 특수성에 집착함으로써 비과학성을 노출하기 십상이다.

이러한 과학성/객관성을 표방한 기계적인 서술과 규범성/주관성에 사로잡힌 자기중심적/주관적 해석은 일본을 보는 우리의 일상적 시선을 구성하며 일본을 보는 우리의 상상력을 제한하고 있다. 우리의 두 시선 사이에서 방황하는 '일본'을 어떻게 구출(rescuing)할 것인가.[1] 구출은 '일본'을 포착하는 방식에 관한 성찰에서 시작해야 할 것이다. 실증 분석의 과학

---

* 서울대학교 외교학과 교수.

[1] 여기서 '구출'은 두아라(Prasenjit Duara)를 의식한 말이다. 두아라는 민족국가 관념에서 만주국을 보는 관점으로부터 '역사'를 '구출'함으로써 만주국 형성을 근대국가를 넘어선 실험으로 파악하고 있다. *Prasenjit Duara, Rescuing History from the Nation: Questioning Narratives of Modern China*(Chicago: University of Chicago Press, 1995).

성과 문화론적 주관성 사이에서 보다 유연한 감각을 갖는 것, 혹은 실재에 기초하면서도 실재에 거리를 둔 상상력을 투영하는 것은 시작의 조건이다. 무엇보다 '일본'은 실재가 만들어낸 음영이며, 우리들의 시선과 감성과 기대가 투영되어 성립된 이미지 혹은 허구임을 의식할 필요가 있다. '일본'은 표상이다. '일본'은 실재의 반영이자 우리들의 시선이 투사된, 실재와 시선이 만들어내는 표상들의 집합체이다. 문화적 표상일 수도 있고 권력적 표상일 수도 있다.

이 책에서는 표상의 관점에서 일본의 보수적 실재에 대한 접근을 시도한다. 표상이 실재를 그려내는 이미지인 한, 일본이라는 실재는 일정 부분 표상을 통해 접근될 수밖에 없을 것이다. 표상은 일본을 드러내주는 매개인 셈이다. 보수 표상은 일본 사회의 보수성이 지닌 일반성과 특수성을 드러내는 매개일 수 있다. 우리는 표상론이 현상의 서술이나 기술적 분석에 치우친 일본 연구에 새로운 시선을 제공해줄 것이라 기대할 수 있다. 일본 연구는 대상과 우리 사이의 역사적 특수성으로 인해 일정한 심리적 거리가 개재되어 있고, 이 때문에 감성적 비판과 대타적 시선이 일상화되어 있는 영역이다. 표상의 관점은 이러한 관점의 일상성이나 지식 생산의 나태함을 일깨우는 방법적 시각을 제공할 것이다.

그런데 일본 표상은 일본의 실재를 내장한 표상일 뿐만 아니라, 역사적 경험에 의해 형성된 일본에 대한 우리들의 불편한 감성과 반일적 상상력 혹은 선입견이 투사된 우리들 시선이 구성(해석·이미지)해낸 것이기도 하다. 따라서 일본 표상을 '객관적으로' 파악하려면 일본의 실재를 상상해내는 우리들의 시선도 문제시해야 한다. 이런 점에서 '일본' 표상에 간직된 실재에 접근하는 것은 '대상(타자)으로서의 일본'을 포착하는 것일 뿐만 아니라, '우리(자기) 속의 일본'을 구출해냄으로써 스스로를 구원(해방)하는 것이기도 하다. 여기서 일본이라는 타자를 구출하는 것과 우리를 구출하는 것은 거의 등가적이라 할 수 있다.

일본 표상의 이러한 양면성을 인식하고 있음에도 불구하고, 이 공동 연구에서는 일차적으로 전후/현대 일본에서 영위된 표상들의 양상에 주목하고자 한다. 실재에서 발출되는 표상이 생산되고 소비되는 양태를 밝히는 일은 관찰자의 시선을 규명하는 일보다 우선한다고 믿기 때문이다. 공동 연구자들은 특히 전후 일본의 보수/보수주의와 관련된 표상에 주목한다. 물론 보수 표상이 표상들의 집합체인 한 단일 표상만으로 설명될 리 없고, 보수가 일본 사회의 유일한 속성이 아니라는 것은 말할 나위 없다. 하지만 보수는 전후 일본의 국가와 사회를 생각할 때 먼저 떠올리게 되는 표상이다. 이를테면, 우리는 '야스쿠니', '아름다운 일본', '55년체제', '일본 시스템', '보통국가', '천황', '자민당'과 같은 말에서 일본의 보수를 감지해낸다. 천황제나 정치체제는 보수 표상을 생산하고 규율하는 유력한 제도이다. 보수 표상은 정치인들의 특정 정치 언어로, 식민지 지배와 전쟁에 대한 기억을 통해, 혹은 보수논설과 같은 문자적 언어나 만화와 같은 도상(圖像) 언어나 영화와 같은 영상 언어를 통해 재현된다. 보수 표상은 보수의 이념과 행위를 통해 구체화되며, 제도를 통해 보전되고 강화된다. 따라서 보수 표상을 인지하는 것은 보수의 이념과 행동을 파악하는 것이 되며, 이념과 행동을 구속하는 제도의 성격을 이해하는 셈이 된다.

보수는 일반적으로, 개인적 가치를 중시하며 보편적 이념에 의거한 현실 변혁에 대항하여, 공동체의 가치와 그 속에 보존된 유형·무형의 전통적인 것을 중시하고 이를 보전하려는 성향을 가리킨다.[2] 보수 표상을 생각

---

2 에드먼드 버크의 보수주의에 입각한 일반적인 보수 개념이라 하겠다. 서구의 일반적

할 때 다음 세 가지 사항을 의식할 필요가 있다. 첫째, 보수는 확립된 가치를 중시하고 보수할 가치는 제도를 통해 구현된다. 보수 표상은 이러한 가치와 제도에 관한 여러 영역에서 합리적 보수에서 비합리적 극우까지 다양한 이념적 지형을 보인다. 가치와 제도를 규율하는 전통과 공동체는 보수의 중요한 버팀목이 된다. 따라서 보수 표상 분석에서는 다양한 현상이나 제도 속에서 보수할 궁극적 가치가 무엇인지를 파악하는 일이 중요하다. 일본의 보수성은 '일본=보수'라는 규정에서 도출하기보다는 보수 표상의 집합적 소산이라는 전제에서 접근해야 할 것이다. 둘째, 보수는 진보를 상대로 모습을 드러낸다. 보수 표상은 진보와의 표상 투쟁을 벌이면서 표출되며, 이를 통해 한 사회의 문제군을 구성한다. 따라서 일본의 보수는 진보와의 상호 관련 내지 투쟁 속에서 이해될 필요가 있다. 셋째, 일본의 보수 표상은 일본을 위협한다고 간주되는 타자, 그리고 국제화나 지구화라는 콘텍스트에 대한 대응으로 발전과 생존을 모색하는 전략으로서 시현된다. '국제 국가', '문화 국가', '평화 국가'라는 표상은 타자와 콘텍스트에 대응하는 보수 전략과 진보 전략을 동시에 담고 있다.

2. 표상이란 무엇인가

왜 표상을 문제 삼는가. 보수 표상들이 유통되고 소비되는 양상을 통해 일본의 보수주의 혹은 보수적인 것의 특질을 드러낼 수 있기 때문이다.

인 보수/보수주의 개념의 성격은 로버트 니스벳, 강정인 옮김, 『보수주의』(서울: 이후, 2007)에 잘 정리되어 있다.

표상은 실재의 반영이다. 실재는 이를 바라보는/해석하는 인식 주체의 주관적 시선에 의해 포착되기 이전에 표상의 형태로 모습을 드러낸다. 도사카 준(戸坂潤)의 말을 빌리자면, "사물은 사물 자체로서가 아니라 사물의 의미로서밖에 취급되지 않는다. 때문에 그러한 한에서 그것은 언제나 상징적·표현적인 성격을 벗어나지 않는다."[3] 우리가 포착하는 실재는 '표상으로서의 세계'인 셈이다. 표상이란 무엇인가. 표상(表象, representation)은 인식 주체가 대상(실재)을 재현하는 행위 혹은 재현된 결과로서의 상징을 가리킨다. 이를테면, 작가가 어떤 현상을 언어로 표현한다거나 어떤 대상을 그림으로 묘사하는 것 따위가 표상의 행위이다. 그런데 재현된 표상은 실재를 규율하는 기능을 수행하기도 한다. 혹은 실재에 대한 그러한 규율성을 상정하면서 작자는 대상을 재현할지도 모른다. 재현된, 그리고 규율하는 표상은 기호로 표시된다. 푸코에 의거해서 말한다면, 재현된 표상은 사물의 지시와 자기 시현의 기능을 하게 될 때 기호가 되며, 기호는 표상할 수 있는 한에서 표상 작용의 표상성(representativity)을 갖게 된다. 표상들은 기호로서 서로 연관된다.[4]

우리가 표상을 다루는 것은 표상을 통해 실재에 접근할 수 있다는 믿음 때문이다. 표상의 해석은 관찰자의 주관에 의존하므로 실재에 접근하는 것 역시 주관적일 수밖에 없다는 한계가 있다. 하지만 표상으로 포착되는 실재가 완전히 주관적 산물인 것은 아니다. 표상이 실재에서 발출되는

---

3 戸坂潤, 「現代哲学講話」, 『戸坂潤全集』, 第3卷(東京: 勁草書房, 1966), 173쪽.

4 푸코(Michel Foucault)에 따르면, 기호의 표상성을 통해 드러나는 표상은 '지시하는 것(indication)'인 동시에 '나타내는 것(apparaître)'이며, 어떤 대상에 대한 관계인 동시에 대상 자체의 드러냄이다. 미셸 푸코, 이광래 옮김, 『말과 사물』(서울: 민음사, 1980), 96~97쪽.

한, 표상은 실재의 개연성을 간직하며 개연성을 통해 실재의 가능성을 보여주기 때문이다. 개연성은 실재와 허구(표상) 사이에서 실재의 무언가를 드러내고 있음을 상정한다. 따라서 표상은 개연성을 통해 실재에 접근하는 매개나 통로가 된다. 보수/보수주의의 실재도 보수 표상이 함축한 개연성으로 드러난다. 따라서 보수 표상에서 보수/보수주의의 개연성을 파악하는 것은 보수 표상을 둘러싼, 혹은 보수 표상에서 생산되는 사유 양식이나 행동 양식을 밝히는 것이 된다. 다만 개연성은 모호성을 수반한다. 표상이 주체의 의지/의식을 반영하는 한 표상과 실재 사이에 거리가 존재할 수밖에 없고, 재현된 표상은 관찰자(주체)의 주관적 해석을 피할 수 없게 마련이다. 이중적인 모호함이 존재하는 셈이다. 어쩌면 표상이 간직한 실재와 허구 사이의 간극과 모호함, 개연성이야말로 표상론의 유효성을 보여주는 것일지도 모른다.

표상이 재현이라고 할 때, '재(re-)'는 재현뿐만 아니라 반복의 의미도 지니고 있다. 반복은 시간적으로 되풀이되는 것이다. 재현의 행위는 개체적이지만 반복될 때 항상성/일상성을 가지며, 이렇게 재현된 표상은 보편성을 갖는다. 재현은 반복을 통해 예측 가능한, 따라서 수용 가능한 표상으로서 성립하게 된다. 표상이 반복성과 일상성을 갖는다는 것은 표상이 이미 대중성과 규율성을 갖추게 되었음을 뜻한다. 달리 말하면, 표상의 시간적 반복은 표상의 공간적 확산(circulation)을 수반하며, 거꾸로 시간적 반복은 공간적 확산을 통해서 가능하다. 표상은 반복과 확산의 과정을 통해 사회적 규율성(규범)을 갖추게 된다. 반복과 확산은 재현된 표상들이 구속력을 갖는 힘으로서 작용함을 뜻한다. 그리고 표상의 규율성은 표상이 사회적 의미를 갖는 특정의 콘텍스트(사조·체제)가 존재한다는 것을 의미한다. 여기서 재현과 반복의 과정을 통해 표상은 작가의 개별적 행위를 넘어

한 사회의 문화를 드러내게 된다. 표상이 반복성·일상성·유통성·규율성을 갖춘다는 것은 작자가 개별적 재현을 통해 생성한 표상이 작자의 개인적·사적 의미(자율성)를 떠나 사회적·공적 의미(규율성)를 갖는다는 말이 된다.

여기서 우리는 표상이 수행하는 두 형태의 표상 작용을 상정할 수 있다. 사물(대상)을 표상화하는 재현 작용과, 재현된 표상이 현실에 작용하는 구현 작용이다. 전자가 표상의 형성(재현 혹은 창작)을 의미한다면, 후자는 표상의 구현(확산 혹은 정치화)을 뜻한다. 인문학적 표상론이 작가가 현실을 재현하는 전자의 방식에 관심을 갖는다면, 사회과학적 표상론은 재현된 표상(상징)들이 현실을 규율하는 후자의 양상에 주목한다. 물론 양자가 준별되는 것은 아니다. 재현이 표상의 구현 작용을 의도하고 구현이 재현 작용을 전제로 한다는 점에서 양자는 오히려 상관적이다. 표상은 시간 속에서 형성되는 내러티브를 통해 구축된다. 문예사조는 '표상 행위=재현 방식'의 일정한 확산과 공유를 뜻한다. 개별 행위자의 '묘사=재현'은 내러티브 혹은 사조(思潮) 속에 집적된다. 여기서 표상 작용은 재현의 사적 행위를 넘어 구현의 공적 행위가 된다. 표상은 역사적 형성물로서 공통감각을 조성하며, 공통감각은 사회 구성원을 규율하는 기제가 된다.

재현 작용과 구현 작용에는 권력의 문제가 끼어든다. 작가의 '의도', '의식', '의지'로 불리는 개체의 권력 의지는 기호나 상징을 만들어냄으로써 재현 작용을 수행하는 경우가 많다. 재현 작용은 기표(記標)와 기의(記意)로 구성되는 기호의 생성을 요구하지만, 우리는 표상이 단순한 기호가 아니라 권력 의지를 내포한다는 점에 유의한다. '일본'은 문화적 상징들의 배치로 구성된 '기호의 제국'(롤랑 바르트)으로 포착될 수도 있지만, '일본'이라는 표상에 내재된 권력성을 잡아내려면 문화적 기호에 한정되지 않는 권력 작용에 주목할 필요가 있다.[5] 현실을 규율하는 표상의 구현 작용(=표상의 정치적 작용)은 권력 작용을 동반하는 일이 많다. 표상은 단순히 기존의 무언가를 '대변(representation)'하는 이미지에 그치지 않고 주체들을 규율하는 권력으로 작용하는 정치적 함의를 지닌다. 재현의 행위조차도 권력 작용을 의도하는 일이 많다. 표상의 권력 작용은 다른 표상과의 차별화(긴장·대립) 혹은 유비화(연결·결합)라는 관계성 속에서 시현되곤 한다.

이처럼 '표상'은 인문학적 재현(상징화)과 사회과학적 구현(권력 작용)의 공존을 통해 '일본'과 '보수'를 인문학적 관점과 사회과학적 관점의 양면에서 포착할 여지를 제공하는 방법적 매개물로서 성립한다. 그렇다면 표상 분석은 표상의 재현 작용과 구현 작용을 파악하는 것이 관건이 된다. 재현 작용의 의미는 서술하는 작자의 의도를 파악하는 데 있으며, 작자의 의도는 표상과 실재 사이의 거리를 측정하고 거리에 내포된 의미를 파악함으로써 이해될 수 있을 것이다. 구현 작용이 사람들의 상상력을 조작하고 규율하고 재생산하는 방식에 유의할 필요가 있다. 여기에는 난관이 있다. 바로 표상의 재현 과정이나 구현 과정에 부단히 개입하는 해석 주체의 주관적 의지/의식이 표상에 간직된 실재의 개연성을 포착하는 것을 방해한다는 점이다. 이러한 난관을 극복하고 개연성을 포착해내기 위해서는 상상력이 요구된다. 이때의 상상력은 주관적 의지의 무한한 투사를 통해 상상의/허구의(imaginary) 영역을 만들어내는 힘이 아니라 표상의 현실적(사

[5] 바르트(Roland Barthes)는 기호학적 관점에서 일본의 언어·젓가락·음식·도시·파친코·절 등 문화적 기호들에서 '중심이 없는' '텅 빈 상태'를 읽어내고 있다. 여기에는 '기호의 진열'이 있을 뿐, 이데올로기적 관점은 해체되어 있다. 롤랑 바르트, 김주환·한은경 옮김, 『기호의 제국』(서울: 웅진씽크빅, 2008). 표상론은 이러한 기호론적 시선과 달리 기호들이 어떤 보이지 않는 '중심'과 그 중심을 둘러싼 권력망 속에 있고, 반드시 이데올로기적 시선에 구속된 것은 아니지만 문화적 기호들뿐만 아니라 이념적·정치적 기호들이 포함된다는 관점을 상정한다.

회적·정치적) 존재 양태를 포착하고, 현실에 작용하는 표상의 실재적 모습을 상상해내는(imaginative) 힘이다.[6] 부연하자면, 현실에 작동하는 표상과 실재 사이의 긴장 관계를 섬세하게 읽어내고, 개연성을 매개로 표상에 숨어 있는 실재를 상상해낼 수 있는 힘이다.

표상의 재현 작용과 구현 작용을 포착하는 데 의식해야 할 문제군을 정리하면 다음과 같다. 즉, 재현 작용과 관련해서는 누가 표상하고 있는가(재현 주체의 문제), 누구에게 표상하고 있는가(객체의 문제), 어떠한 이념에 의해 무엇이 표상되고 있는가(이념과 대상의 문제), 어떠한 표상 기제를 통해서 표상되고 있는가(표상 생산 제도의 문제), 어떠한 역사적·문화적·정치적·사회적 문맥에서 표상되고 있는가(콘텍스트와 장소성의 문제)와 같은 물음이 가능한 것이다.[7] 표상의 구현 작용과 관련해서는 누가 어떤 의도로 표상을 동원하는가(구현 주체의 문제), 표상이 무엇을 어떻게 규율하는가(규율 대상과 규율 권력의 문제), 표상과 현실 사이의 괴리를 어떠한 논리와 행동으로 메우려 하는가(정치적 행위의 문제) 등을 물을 수 있을 것이다.

3. 전후 보수비평에서 전후체제 비판까지

이 책에서는 문학·역사학·영상문화학·정치학·사상사 등 여러 분야에서 전후 일본의 보수 표상에 대한 학제적 접근을 시도한다. 전후 일본에서

---

6 'imaginary'와 'imaginative'의 의미에 관한 상세한 논의로는 Cornelius Castoriadis, *The Imaginary Institution of Society*, Kathleen Blamey tr.(Cambridge: Polity, 1987)를 볼 것.

7 표상의 재현 작용과 관련된 물음들(문제군)에 대해서는 공동 연구자인 강태웅 교수의 교시를 받았다.

어떠한 표상을 통해 보수적인 것이 생성되고 의미를 갖게 된 것일까. 표상들을 둘러싸고 어떠한 의미 연관들이 작용하는가. 보수/보수주의와 표상에 관한 저자들의 생각이 똑같다고 단정하기는 힘들다. 하지만 표상 연구의 필요성과 문제의식에 공감대를 형성하고 방법론과 관점을 공유하고자 했다. 물론 저자들이 다루는 대상에 따라 표상의 의미는 편차가 있을 수밖에 없다. 표상이 개연성과 모호성을 수반하는 한 그러한 편차는 표상의 다의성을 보여주는 예증이 될 것이다.

저자들은 일본의 보수/보수주의가 고정된 절대이념이 아니라, 상황을 반영한 어떤 변화를 상정하면서 이념의 내용을 존속시킨다는 전제 아래 보수 표상을 분석하고 있다. 따라서 '보수화', '우경화', '극우' 등의 말로 상징되는, 혹은 '보수정치가'의 정치적 행동이나 정치적 함의를 강하게 띠는 정치 언어 자체보다는 이들 정치적 행동이나 정치 언어에 가려져 있는 '보수의 일상성' 혹은 '일상적인 보수'에 관심을 갖는다. 달리 말하면, 일본의 전후체제를 직접적으로 규정한 제도적·이념적 표상, 혹은 '군사대국화', '우경화'로 동일시되거나 '극우'로 연결되기 쉬운 보수의 정치적 행동들보다는 전후체제와 제도 속에서 생성된 일상의 보수적 감각에 주목한다. 각 장의 주제와 내용을 간략히 소개하면 다음과 같다.

먼저 1장 「전후 일본문학의 자기 표상과 보수주의: 나카노 시게하루 「비 내리는 시나가와역」의 전후 수용」은 전전에 창작된 사회주의적 색채가 짙은 나카노 시게하루(中野重治)의 「비 내리는 시나가와역」이라는 시가 전후 보수 의식 속에서 개작되고 재해석되는 방식을 세밀하게 읽어냄으로써 사회주의적 의식이 보수 의식으로 포섭되는 양상을 밝힌다. 이 텍스트를 둘러싼 전후의 비평 담론에서 보수와 진보라는 정치적 입장의 차이를 초월하여 비평의 공간을 규정했던 일본문학의 보수주의적 저류를 읽어내는 것이다. 전후에 벌어진 나카노의 무의식화된 민족주의에 대한 문단의 비판과 그것에 대한 나카노의 자기비판, 그리고 나카노의 시와 관련한 1990년대 에토 준(江藤淳)의 보수주의적 비평이나 오다기리 히데오(小田切秀雄)의 에토 비판과 같은, 정치적 견해차를 넘어 작동했던 배타적 내셔널리즘의 흔적은 시를 둘러싼 전후 비평에서 내셔널리즘이 특권적 지위를 누렸던 정황을 보여준다. 또한 1929년 초판본에서 '탈내셔널리즘'의 가능성을 읽어냄으로써 표상과 실재 사이의 간극을 드러내는데, 이를 통해 전후 일본문학의 보수성이 폭로된다. 이로써 창작(재현)과 개작(재창작=재재현)의 행위가 보수주의적 콘텍스트에 의해 규율되는 양상을 포착할 수 있을 것이다.

2장 「전후 일본 보수정치의 식민지 표상: 기시 노부스케와 '만주'」는 1950년대 후반 기시 노부스케(岸信介) 정권을 사례로 만주 지배 경험을 둘러싼 전후 일본의 표상을 분석한다. 혁신관료의 상징적 존재였던 기시 노부스케는 만주국에서 통제경제에 관한 다양한 실험을 수행한 바 있고, 이러한 경험은 전후 일본의 보수정치 하에서 국가통제주의와 개발주의라는 형식으로 부활했다. 이 장에서는 안보조약 개정과 고도 경제성장 과정에 나타난 기시 내각의 국가통제주의를 분석하고, 아울러 동남아시아에 대한 국제외교와 복지국가 정책에 나타난 개발주의를 분석한다. 이 과정에서 만주국에서의 강권 통치에 대한 기억이 부활하고 있다. '만주' 표상의 부활인 셈이다. 이 부활은 식민지 과거에 대한 향수 어린 복원인 동시에 이를 통해 전후 일본에 국가통제주의와 네오내셔널리즘이 반복되었음을 보여준다. 이 장에서는 '만주' 표상이 제국 붕괴 이후에도 기억의 형태로 살아남아 유력한 보수 표상으로서 기능하고 전후 일본의 정치를 규율했음을 보여준다. 이는 '만주' 표상을 매개로 전전과 전후의 연속성을 보여준 것이기도 하다. '만주' 표상의 재생산이 '만주'에 깊이 관여했던 기시 노부스케(작자)의 부활뿐만 아니라 전후 보수체제(콘텍스트)의 성립에 의해 가능했던 것이다.

3장 「일본 영화 속의 '반전 평화' 내러티브: 히메유리 학도대의 영상화와 그 표상적 의미」는 전후에 반복 제작된, 오키나와전에서 여고생 신분으로 종군간호부 역할을 하다가 죽어간 히메유리 학도대를 다룬 전쟁 영상물에 재현된 '반전 영화'의 내러티브를 분석하고 이를 통해 전후 일본의 보수적 사고를 드러낸다. 히메유리 학도대를 묘사한 영상 내러티브의 변용과 재생산을 통해 오키나와전이라는 특수한 경험이 일본의 보수적 전쟁의 기억으로 흡수되어 표현되는 모습을 논증하는 것이다. 또한 '순진무구'한 여고생의 희생을 극적으로 재현한 영상 내러티브에서 히메유리 표상을 매개로 하여 오키나와와 본토의 대립을 은폐하고, 일본의 전쟁 도발과 가해성을 망각시키고 피해자로서의 일본을 강조하며, 전후 보수 의식을 '반전' 평화 의식으로 치장하는 보수 전략을 읽어낸다. 히메유리 표상을 통해 '반전'(평화) 내러티브가 보수적 사유와 깊이 연결되어 있다는 점과, 중요한 표상 매체인 영상물을 매개로 표상의 생산과 소비를 반복하면서 보수 의식이 재생산되는 구조의 한 단면을 밝힌 것이다.

4장 「대중문화의 표상과 일본 보수주의: 만화 『시마 과장』과 현대 일본의 샐러리맨 보수주의」는 만화의 시각적 표상을 통해 경제성장 과정에서 표출된 일본 보수주의의 한 단면을 보여준다. 3장이 영상 매체를 통해 표상의 한 전형을 보여준 것과 짝을 이룬다. 이 장은 1983년부터 현재까지 대중 만화 주간지 『모닝』에 연재되어온 히로카네 겐시(弘兼憲史)의 창작 만화 『시마 과장』을 분석한다. 이 만화는 주인공 시마 고사쿠(島耕作)라는 샐러리맨의 일과 삶을 중심으로 '단카이(團塊) 세대' 샐러리맨이 직장과 가정에서 겪는 다양한 일들을 에피소드 형식으로 시각화하면서, 회사를 중심으로 형성된 샐러리맨 보수주의의 한 단면을 보여준다. 샐러리맨 보수주의는 전후 경제 발전 과정에서, 자본주의의 핵심 개념인 능력주의와 사회주의의 핵심 개념인 공동체주의의 절묘한 균형 위에서 생성된 '회사주의' 또는 '기업주의'를 모태로 형성되었다. 또한 이러한 샐러리맨 보수주의는 대내적으로는 분업화된 성(性)에 의해 지탱되고 있으며, 대외적으로는 아시아를 타자화하면서 현대 일본 사회에서 지배적인 규범으로 작동하고 있음을 밝힌다.

5장 「전후 일본의 혈연 이데올로기와 '일본인': 법적·제도적 측면」은 천황 중심의 가족국가론에서 유래한 보수주의적 '혈연 이데올로기'가 전후 '일본인'의 '경계'를 설정하는 데 어떻게 표상되어왔는지를 법적·제도적 측면을 중심으로 분석한다. 이 장에서는 '일본인'의 등장과 제국 시기 '일본인'의 경계에 대해 고찰하고, 제국기에 설정된 '일본인'의 경계가 패전 이후 연합군 점령 시기에 들어 어떻게 변했는지, 샌프란시스코 강화조약 발효 이후 현재까지 어떠한 변화가 있었는지 살펴본다. 아울러 최근 정주 외국인의 증가로 일본이 '다문화 사회'로 바뀌는 상황에서 기존 '일본인' 경계 설정이 가지는 문제점을 지적한다. 이는 전전의 가족국가론에서 유래한 보수주의적 혈연 이데올로기가 전후 '일본인'의 경계를 설정하는 데 혈통주의에 기초한 국적법과 남성 중심의 호적 제도를 통해 표상되고 있음을 보여주는 것이다.

6장 「현대 일본의 보수주의와 '국가' 표상: 보수의 논리와 심리」는 탈냉전과 지구화의 맥락에 대응하여 '전후체제'의 해체와 전후 민주주의의 근본적 변경을 요구하는, 보수의 일상감각을 보수주의 이념으로 재구축하려는 보수지식인들의 보수 담론을 분석한다. 특히 탈냉전기 일본 보수주의의 성격과 특질을 '일상감각'과 '국가 표상'을 매개로 해서 포착한다. 탈냉전을 계기로 보수주의자들은 '싸우는 보수'를 적극적으로 표방하면서 진보주의자들이 구축해온 '전후체제'라는 '허구적 표상'을 해체시키고자 한다. 보수주의자들은 '전후체제'라는 표상 세계가 진보주의자들이 구축한, 평화헌법과 민주주의로 부식된, 리얼리티를 결여한 '가상 세계'='허구'라고 단정한다. 그러면서 이러한 '전후체제'를 해체하고 '공통 경험'에 기초하는 '신뢰할 수 있는 허구'(국가공동체)의 재구축을 상상하며, 공통 경험의 재구축을 위한 새로운 내러티브('공통의 이야기'=역사)의 서술을 주창한다. '국가' 표상은 탈냉전과 지구화에 대응하여 불안을 해소시켜줄 강력한 기제로 간주되며, 국가 의식(내셔널 아이덴티티)과 애국심이 국가 표상의 이념적 수단으로서 동원된다. 보수주의 담론에서 탈냉전과 지구화의 맥락에 대응하여 보수주의자들이 국가를 '자기를 규율하는 공동체'이자 '타자에 대응하기 위한 주체'로서 표상화하고(재현 작용), 역사의 재서술을 통해 국가 표상을 규율화 수단으로서 정치화하는(구현 작용) 논리와 심리를 읽어내고 있는 것이다. 이를 통해 탈냉전과 지구화 맥락에서 일본의 보수주의와 국가 표상의 상관적 표출을 보여주고 있다.

4. 일본 보수의 권력성과 변혁성, 문화와 정치

이 책에서 다루는 문학텍스트, 인적 네트워크, 만화, 영화, 이데올로기와 같은 표상 작용의 매개물은 전후 일본의 천황제, 정치체제, 관료제, 회사 조직 등과 같은 제도 하에 '전후체제'를 구성하면서 보수 표상을 창출해왔다. 앞에서 우리는 표상이 실재와 허구 사이에서 실재의 개연성을 보여주는 것이며, 표상에 내재된 개연성을 통해 실재를 포착하기 위해서는 상상력이 필요하다고 했다. 또한 표상은 일상성·반복성·확산성·규율성을 요구한다고 했다. 전후 일본의 보수 표상은 이러한 조건들에 얼마나 부합할 것인가. 혹은 고전적 보수/보수주의와는 어떠한 편차를 보일 것인가. 전후 일본의 보수 표상론은 이러한 질문에 답할 수 있어야 할 것이다.

보수 표상은 반복적인 표상화 작업을 통해 확립된 가치를 지니고 일상성과 자연성을 확보하게 된다. 그 과정에는 때때로 정치적 의도가 개입하기도 하지만, 일단 일상화된 그 표상은 하나의 문화로서 성립하고 기능하게 된다. 그리고 일본인들의 행위를 무의식적으로 규율하는 유력한 규범으로 작용하게 된다. 이 책에서는 '일본인'의 경계(national boundary)를 규정하는 '혈연 이데올로기' 표상이 일상성·반복성·규율성·확산성에서 강력한 보수적 제도임을 보여준다(5장). 국가 권력이 보수 표상에 강력한 규율성과 기능성과 확산성 그리고 일상성을 부여하며, 문화적 보수성을 주조할 수 있는 정치적 강제력이 될 수 있음을 시사한다. 또한 보수적 제도에 의해 지탱되는 보수 이데올로기의 강력한 권력 작용을 읽을 수 있다. 나카노 시게하루의 문학적 상징들이 전후 일본의 비평계를 거치면서 작자에 의해 보수적으로 재기술되고 평자들에 의해 재해석되는 과정(1장)을 통하여 전후 일본의 보수적 세계가 개별적 재현 작용을 억누르는 보이지 않는 권력으로 작용하고 있음을 간파할 수 있다. 텍스트의 상징들이 처해진 콘텍스트에 따라 진보(좌파)적 재현과 상징들이 변질을 강요당하고 재서술/재해석되는 것에서 전후 보수체제 혹은 보수적 비평 세계의 하중이 느껴지는 동시에, 문학자의 개별적 재현 작용이 정치적 제도와 규범으로 연결되지 못했을 때 갖는 한계가 감지된다. 보수체제에 의존하는 보수적 해석이 텍스트(표상)에 가하는 권력을 상정할 수 있다. 한편, 고도 경제성장 이후 일본 보수체제를 지탱해온 샐러리맨의 보수주의(4장)는 경제주의와 국가 주도에 의해 추동된 '발전 국가'에 부응/적응하는 소시민의 일상적 보수를 드러내준다. 경제 국가와 그에 부응하는 회사 조직, 그 속의 조직적 인간이라는 연결 고리 속에서 '전후체제'에 적응하는 일본 시민의 보수적 일상을 읽어낼 수 있다.

하지만 전후 일본의 보수가 '전후체제'에 대한 적응만을 의미하는 것은 아니다. 오히려 이 책의 다른 장들은 전후 일본의 보수가 권력을 획득하기 위해 분투하는 모습을 보여준다. 여기서 보수 표상의 반복적 재해석은 '전후체제'에 대항하는 정치적 행위로서 성립한다. '만주' 표상을 가슴 속에 간직하면서 국가주의와 개발주의에 기초한 강력한 국가를 구축하려는 기시 노부스케의 의지(2장)는 국가주의가 결여된 '전후체제'를 향한 보수정치가의 분투를 역설적으로 드러낸다. '히메유리' 표상은 영상적 기억의 재생산(반복)을 통해 전중의 기억이 전후체제 속에서 '반전 평화'를 표방한 보수의 확산성(대중성)을 확보하려는 작용을 한다(3장). 내러티브의 변용을 통한 전쟁 기억의 재생산은 '전후체제'의 일상성을 규정하는 '평화'의 의미 전환을 꾀하려는 정치적 의도를 내포하고 있다. 탈냉전기 보수주의자들은 '민주주의'와 '평화'로 분식된 '전후체제'를 전면적으로 부정하면서 '싸우는 보수'의 전투 의식을 드높이고 있다(6장). 탈냉전기 보수주의자들은 일본의 '전후체제'에 대한 근본적인 인식 전환을 요구하고 있다.

'전후체제'를 깨려는 인식의 수준에는 편차가 있지만, 주목할 것은 보수 표상의 반복적 재생산이 기억의 단순 재생산이나 수구만을 뜻하지는 않는다는 사실이다. 일본의 보수는 반복의 일상성에만 의존하는 것이 아니라 오히려 일상성을 벗어나려는 동력을 간직한다. 일상성은 변화를 내포한 반복성이며, 반복성은 일상성으로부터의 탈출을 꿈꾸는 행위이다.

반복성은 어떤 종류의 등고(登高)=변화를 상정하는 일이 많다. '히메유리' 표상의 반복적 재생산은 전후체제의 틀 속에서 보수적 가치를 강화하는 등고의 의지를 드러낸다. '만주' 표상에는 국가주의와 개발주의에 입각하여 보수체제를 강화하려는 변혁적 상승의 의지가 들어 있다. 현대 일본의 '싸우는 보수'는 '나약해진' 보수체제를 파괴하면서 보수가 구성하는 유토피아로 등고하려는 욕망을 거침없이 드러내고 있다.

이러한 등고의 욕망과 의지는 발전과 안전보장을 추구해야 하는 일본의 근대적 운명에서 비롯된 필연적 생성물일 수도 있다. 미래의 발전과 안전보장을 확보하려는 욕망은 주어진 환경의 변화에 대응하면서 더 나은 미래를 향해 현재를 변혁하려는 의지를 낳는다. 여기서 일본의 보수는 발전과 성장(팽창)을 위한 변혁=진보의 논리를 내장해왔다. 메이지시대 이래 현재까지 국제적·세계적 맥락 속에서 스스로의 발전과 안보의 존재 방식을 모색해야 했던 일본은 대국의 힘과 세계시장으로부터 안보를 확보하기 위해 스스로를 '보수'해야 하는 동시에, 안보를 위한 힘의 확보=부국강병을 위해 스스로를 '혁신'해야만 하는 이중의 과제를 수행해왔다. 근대 이래 일본의 보수가 '보수혁신'으로 존재할 수밖에 없는 일본적 특수성은 바로 일본의 국가와 사회가 처한 이러한 콘텍스트에서 유래한다.

이 '보수혁신'이라는 존재 양태는 '보수'와 '혁신'을 공유하기에 '보수'의 진정한 모습이 무엇인지를 감지하기 어렵게 만든다. 일본 보수의 혁신성은 전통을 보수하면서 점진적인 변화를 모색했던 버크(Edmund Burke)나 오크쇼트(Oakshott)와 같은 영국(서구) 보수주의와는 다르다는 것을 강력히 시사한다. 서세동점과 제국주의 그리고 지구화에서 '밖으로부터의 위협'을 확대 재생산하는 일본의 국가체제가 발전(부국강병)을 통한 안전보장을 추구할 때, 이러한 국가체제 속에서 운영된 일본 사회의 보수는 외부적 위협보다는 '안(진보)으로부터의 위협'에 대처해야 했던 서구의 그것과 차이를 보여왔다. 여기서 일본 혹은 비서구사회의 보수/보수주의를 서구식 보수주의와 구별해서 볼 여지가 생겨난다.[8]

여기서 보수 표상의 문화적(자연적·일상적) 측면과 정치적(작위적·변혁적) 측면이 부상한다. 보수 표상은 재현 작용과 구현 작용이 이루어질 때 비로소 표상으로서 성립한다. 달리 말하면, 두 작용을 통해 정치성을 띤다고 가정할 경우 비로소 보수 표상이 성립하는 것이다. 하지만 표상은 정치성과 더불어 문화적 의미를 함축하므로 사회 구성원들 사이에 받아들여진다. 문화는 보수의 일상성을 지탱하지만, 문화의 생성을 만들어내는 것은 정치적 행위이다. 표상은 재현 작용과 구현 작용의 순환 고리 속에서, 그리고 문화와 정치는 표상의 생성·운영·소멸 과정에서 상관된 모습을 드러낸다. 그렇다면 문화적 감각에 기초한 정치적 보수의 실체를 포착하는 것이야말로 일본 보수의 실체를 이해하는 관건이 될 것이다. '국가'를 매개로 부국강병을 위한 '변혁'을 지향하는 '보수혁신'을 창출한 메이지 일본의 정치적 보수주의가 문화적 감각을 만들어내는 양상,[9] 그리고 전후 일본의 문화적 보수주의가 '전통'을 매개로 정치적 감각을 일깨우는 양상[10]을

---

8 일본에서 보수/보수주의에 대한 희귀한 분석들은 버크의 보수주의를 출발점으로 원용하면서도 원론적 소개나 논지를 정당화하기 위한 장식물에 머물 뿐 적실성 있는 설명력을 갖지 못했다. 버크식 보수주의 개념으로 설명할 수 없는 현실이 전개되었기 때문일 것이다. 이러한 사정은 진보/진보주의(자유주의)에 대해서도 똑같이 이야기될 수 있다. 개인을 지향하면서도 국가를 전제로 상정하고 국가의 강한 간섭을 용인하는 자유주의가 서구의 그것과 동일한 층위에서 논의되기는 어려울 것이다. 엄밀한 분석이 요구되는 대목이다.

9 천황제 국가의 생성 과정에서 문화적 보수주의, 이른바 '일본주의', '국수주의'가 출현하는 양상을 상정할 수 있다.

10 후쿠다 쓰네아리(福田恆存)나 에토 준(江藤淳)의 보수감각을 들 수 있다.

탐색하는 것이 중요한 연구 의제로 떠오르게 된다.

이 책에서는 주로 비가시적/추상적 보수 표상에 주목하고 있기 때문에 전혀 다루지 못했지만, 건축·도시·마을·자연·풍경 등 가시적/구체적 보수 표상이 현대 일본인들의 문화적 보수감각에 어떤 의미를 갖는지를 살피는 것도 의미 있는 연구 과제가 될 것이다. 이념적 '보수변혁'과는 다른, 일상생활에서의 보수감각을 통해 일본적 특수성을 넘어선 고전적 보수주의와의 접점이 드러날 수도 있기 때문이다. 한마디로 말하면, '전통'이 현대 일본의 '보수'로 연결되는 지점에 주목하는 것이다. 이것은 '전통' 자체에 관한 논의가 '보수'를 드러내는 일이 될 것이다. 또한 '전후체제'와 깊이 관련된 이념적 '보수주의'와 전통문화에 결부된 일상적 '보수감각' 사이의 상관성 혹은 편차, 그리고 보수적 전통이 작위적(정치적)으로 창조되고 문화화되는 과정도, 비록 난제이기는 하지만, 중요한 의제로 상정될 수 있다.

📖 참고문헌

- 로버트 니스벳, 강정인 옮김, 『보수주의』(서울: 이후, 2007).
- 롤랑 바르트, 김주환·한은경 옮김, 『기호의 제국』(서울: 웅진씽크빅, 2008).
- 미셸 푸코, 이광래 옮김, 『말과 사물』(서울: 민음사, 1980).
- 戸坂潤, 「現代哲学講話」, 『戸坂潤全集』, 第3巻(東京: 勁草書房, 1966).
- Castoriadis, Cornelius, *The Imaginary Institution of Society*, Kathleen Blamey tr.(Cambridge: Polity, 1987).
- Duara, Prasenjit, *Rescuing History from the Nation: Questioning Narratives of Modern China*(Chicago: University of Chicago Press, 1995).

1장

전후 일본문학의 자기 표상과 보수주의

나카노 시게하루 「비 내리는 시나가와역」의 전후 수용

서동주

1. 왜 「비 내리는 시나가와역」의 전후를 묻는가

나카노 시게하루(中野重治)의 시 「비 내리는 시나가와역(雨の降る品川駅)」은 1928년 11월에 있었던 쇼와 천황의 즉위식(御大典) 직후인 1929년 2월 『개조(改造)』에 발표된 작품이다. 여기서 시인은 천황의 즉위식을 앞두고 일본에서 추방당하는 조선인과의 이별을 서정적인 정조로 그리면서 동시에 추방당하는 자의 천황을 향한 증오의 감정을 민족을 넘어선 계급이라는 이념으로 수렴시키고 있다. 즉, 시인은 조선인과의 민족을 넘어선 연대를 통해 일본 내셔널리즘의 정치적·문화적 상징으로 군림했던 천황에 대한 격렬한 저항을 표출하고 있다. 그러나 이처럼 '탈내셔널리즘의 상상력'[1] 위에 성립된 시 「비 내리는 시나가와역」은 동아시아의 국제 질서가 '각각의 내셔널리즘'을 통해 재배치되고, 문화의 민족적 고유성을 강조하는 문화 내셔널리즘이 부상하는 전후 일본의 지적 상황에서 적지 않은 의미상의 변화를 요구받게 된다. 그렇다면 내셔널리즘의 전후적 재편 속에서 이 시가 보여준 변화의 양상이란 어떠했으며, 그러한 변화와 연동하여 형성된 이 시에 대한 비평의 담론은 어떠한 구도 속에서 무엇을 논점으로 전개되었는가. 더불어 국민국가 비판과 포스트콜로니얼 비평이 문학비평의 담론 공간을 장악해가는 1990년대 이후 이 시를 둘러싼 비평의 구도에는 어떠한 변화가 일어났는가. 이 장은 이러한 문제의식을 중심으로 전후

---

* 서울대학교 일본연구소 HK연구교수.

* 이 글의 초고는 한국일본어문학회 편, 『일본어문학』, 제33집(2008)에 수록되었음.

1 김윤식은 이 시가 간직한 탈내셔널리즘의 지향성을 일찍이 임화의 답시 「우산받은 横浜부두」를 들어 한국문학과 일본문학의 '주고받기'로 표현한 바 있다. 즉, 이 글의 관점에서 보자면 임화의 답시는 나카노의 시가 담고 있었던 탈내셔널리즘의 상상력에 의해 촉발된 것으로 이해할 수 있다.

쇼와 초기의 나카노 시게하루. 그가 남긴 「비 내리는 시나가와역」은 '탈내셔널리즘의 상상력'을 통해 천황제와 식민지 조선이라는 근대 일본사상의 역사적 난제를 극복하려고 했던, 일본문학이 성취한 기념비적 작품이다.

내셔널리즘과 문학적 언어가 복잡하게 교차하는 비평 공간 속에 「비 내리는 시나가와역」이라는 텍스트가 밟아온 의미의 변용 과정을, 특히 일본의 전후 문학이 전제로 했던 '일본문학'에 대한 자기 표상의 내용에 주목하여 검토하고자 한다.

그렇다면 왜 「비 내리는 시나가와역」인가.

주지하는 바와 같이, 패전을 계기로 일본의 내셔널리즘은 '다민족국가' 속의 내셔널리즘에서 '혈족 내셔널리즘' 혹은 '단일민족주의 내셔널리즘'으로 전환되었다.[2] 전전의 내셔널리즘이 일본의 정치적 팽창의 결과로 주어진 다민족국가라는 현실에 대응하여 '국체론'을 대신해 기본적으로 '혼합민족론'과 같은 발상 위에서 '일본인'을 정의했다면, 전후의 일본인은 철저하게 '열도적 존재'로서 표상되었다. 즉, 전전의 내셔널리즘이 극단적인 일본주의에서조차 피식민 민족과의 관계가 의식되었다면, 전후의 내셔널리즘은 일본의 문화를 대륙(혹은 '아시아')으로부터 분리시켜 그 '고유성'을 강조하는 방식으로 전개되었다. 이러한 전환을 일본문학을 둘러싼 담론에서 살펴보면, 일본어를 제국의 공용어라는 보편적 언어로 격상시키기 위해 비일본인의 일본어 창작을 장려했던 과거 제국의 기억, 예를 들어 전시기에 주창되었던 다민족 문학으로서의 '국민 문학'이라는 구상은 전후에 들어서서 철저히 잊혀졌다. 대신 전후의 국민 문학 논쟁이 보여주듯이 전후적 담론 공간 속에서 '국민 문학'은 일본인에 의해 만들어진 주체적인 성격을 갖는 민족 문학의 의미로서 통용되었다. 따라서 제국의 흔적을 간직한 텍스트는 전후의 문학 공간에서 대부분 기억의 저편으로

2 駒込武, 『植民地帝国日本の文化統合』(東京: 岩波書店, 1996)과 小熊英二, 『単一民族神話の起源』(東京: 新曜社, 1996) 등 참조.

‘봉인’되거나 의식적으로 ‘망각’되었다.

반면 「비 내리는 시나가와역」의 전후는 이것과는 양상이 조금 달랐다. 거기에는 ‘봉인’ 혹은 ‘망각’과는 구별되는 독특한 ‘변용’의 과정이 존재한다. 본론에서 자세히 다루겠지만, 우선 시인 자신에 의해 전후적 상황을 의식한 시의 개작이 이루어졌다. 또 1970년대 이후 초출의 조선어 번역본의 존재가 알려지면서 시와 내셔널리즘의 관계를 둘러싼 다양한 비평 담론이 분출하게 되는데, 이들 담론은 공통적으로 초출이 간직하고 있는 ‘탈내셔널리즘의 지향성’을 내셔널리즘의 문맥 속으로 왜소화시켰다. 이어 쇼와 천황의 즉위 직후 세상에 나온 이 시는 쇼와 천황의 사망과 동시에 한 보수적 비평가에 의해 새로운 의미를 부여받게 된다. 즉, 시에서 명시적으로 드러난 조선인과의 연대에 대한 지향은 천황의 신민일 수밖에 없는 시인의 무모한 시도의 산물이자 천황에 대한 ‘충성’과 ‘반역’ 사이에서 방황하는 시인의 분열적 의식을 상징하는 것으로 재해석되면서 일거에 ‘보수주의’의 담론 속으로 포섭되었다. 이러한 일련의 역사는 내셔널한 상징으로서의 천황을 거부하고, 민족을 넘어선 계급적 연대를 지향했던 초출의 지향성을 전후 내셔널리즘의 자장 안으로 수렴시키는 담론의 변용 과정이라 할 수 있다.

이처럼 이 시를 둘러싼 전후 비평사에는 ‘보수주의’라는 사상이 간과할 수 없는 맥락으로 지속적으로 관여하고 있다. 따라서 이 장의 작업은 ‘보수주의’라는 개념을 통해 「비 내리는 시나가와역」의 전후 수용에 관여한 전후 내셔널리즘의 결정적인 영향을 재평가하는 것으로 확대된다. 여기서 말하는 ‘보수주의’는 단순히 ‘진보주의’에 반대하여 변화를 거부하는 정치적 이데올로기의 의미를 넘어서는 것으로, 예컨대 ‘급격한 변화를 거부’할 뿐만 아니라, 무엇보다도 “과거를 경배하며, 오래된 것과 전통적인 것에 존경"을 표하는 태도를 의미한다.[3] 다시 말해서, 보수주의란 현재를 과거로부터 이어지는 종적인 시계열상에 위치시키고 과거와의 연관 속에서 현재의 의미를 발견하려는 태도라고 할 수 있겠다. 그런 의미에서 일본문화를 열도라는 한정된 공간 안에서 과거와의 연속성이라는 시점을 통해 파악하는 전후 내셔널리즘은 명백히 보수주의적 발상을 그 핵심에 위치시키고 있다고 할 수 있다. 여기서 이러한 보수주의가 과거로부터 현재로의 연속을 '순수'라는 이미지와 결부시킨다는 점에 주목할 필요가 있다. 결국 보수주의가 상정하는 '순수한 시간'이란, 달리 말하면 이 시간을 공유하지 않는 이질적인 것을 배제함으로써 성립한다는 것을 알 수 있다. 보수주의에서 현재 속에서 발견되는 전통이 중요한 이유는 현재가 과거와 순수하게 연결되어 있음을 보여주는 결정적인 증거가 되기 때문이다. 이런 관점에서 이 글은, 시 「비 내리는 시나가와역」을 둘러싸고 전개된 전후의 문학적 담론이 앞서 언급한 전후 내셔널리즘에 의해 재구축된 일본문학에 대한 보수주의적 자기 규정에 의존하고 있음을 밝히는 작업으로서 의미를 갖는다.

2. 「비 내리는 시나가와역」의 전전과 전후: 사라진 피식민자의 '울분'

1929년 2월 종합잡지 『개조』에 발표된 「비 내리는 시나가와역」의 초

3 이 글의 보수주의에 대한 정의는 로버트 니스벳, 강정인 옮김, 『보수주의』(서울: 이후, 2007)를 참고한 것이다.

「비 내리는 시나가와역」의 초출본이 실렸던 1929년 2월호 『개조』 표지. 『개조』는 1919년 창간되어 자유주의와 사회주의 계열의 필자를 통해 조선 문제를 논단의 이슈로 제기했다.

출본(이하, [개조판])과 패전 이후에 유통된 시의 [전후판] 사이에는 적지 않은 차이가 놓여 있다. 우선 [전후판]에는 [개조판]에 존재했던 부제, 즉 "어대전 기념에 이북만·김호영에게 보낸다"라는 구절이 빠져 있다. 반면 [개조판]에는 없던 "잘 가라 신/잘 가라 김/잘 가라 이/잘 가라 여자인 이"라는 구절이 [전후판]에서는 새롭게 제11연으로 삽입되어 있다. 또한 [개조판]에서는 "일본 프롤레타리아트의 앞 방패 뒤 방패"였던 것이 [전후판]에서는 "일본 프롤레타리아트의 뒤 방패 앞 방패"로 순서가 바뀌어 있다. 그러나 무엇보다도 그 변화가 현저한 곳은 시의 후반부이다. 즉, 추방당하는 조선인이 다시 일본으로 돌아와 천황에게 테러를 연상시키는 과격한 '복수'를 감행하는 [개조판]의 말미가 [전후판]에서는 완전히 사라져 있다. 두

판본을 비교해보면 이러한 차이를 바로 확인할 수 있다. 우선 [개조판]은 다음과 같다.[4]

> 【개조판】[5]
> 비 내리는 시나가와역
> ＊＊＊ 기념에 이북만·김호영에 보낸다

---

4 본문의 번역은 『무산자』에 실린 [개조판]의 조선어 번역본을 주로 참고하여 필자가 현대어로 옮긴 것이다.

5 인용한 [개조판]의 원문은 다음과 같다.

雨の降る品川駅
＊＊＊記念に 李北満·金浩永におくる

辛よ さやうなら
金よ さやうなら
君らは雨の降る品川駅から乗車する

(中略)

君らは雨に濡れて君らを＊＊＊＊＊＊＊を思ひ出す
君らは雨に濡れて ＊＊＊＊＊ ＊＊＊＊＊ ＊＊＊＊ ＊＊＊ ＊＊＊＊＊＊＊を思ひだす

(中略)

君らは出発する
君らは去る

おゝ
朝鮮の男であり女である君ら
底の底までふてぶてしい仲間

신이여 잘 가거라
김이여 잘 가거라
그대들은 비 내리는 시나가와역에서 열차에 오르는구나

(중략)

그대들은 비에 젖어서 그대들을 ＊＊＊＊＊＊＊을 생각한다
그대들은 비에 젖어서 ＊＊＊＊＊ ＊＊＊＊＊ ＊＊＊＊＊＊＊＊ ＊＊＊＊＊＊을 눈앞에 그려본다

(중략)

그대들은 출발하는구나.
그대들은 떠나는구나.

아아

日本のプロレタリアートの前だて後ろだて
行つてあの堅い 厚い なめらかな氷を叩き割れ
長く堰かれて居た水をしてほとばしらしめよ
そして再び/海峡を踊りこえて舞ひ戻れ

神戸 名古屋を経て 東京に入り込み
＊＊＊＊に近づき
＊＊＊＊にあらはれ
＊＊＊＊
＊＊顎を突き上げて保ち
＊＊＊＊＊＊＊＊＊＊＊＊
＊＊＊＊＊＊＊
温もりある＊＊の歓喜のなかに泣き笑へ

조선의 남자이며 여자인 그대들
머리끝 뼈끝까지 꿋꿋한 동무
일본 프롤레타리아트의 앞 방패 뒤 방패
가서 그 딱딱하고 두터운 미끈한 얼음장을 두드려 깨라
오랫동안 갇혀 있던 물을 홍수처럼 흘려보내라
그리고 다시
해협을 건너 뛰어 돌아와

고베 나고야를 지나 도쿄에 들어와
＊＊＊＊에 다가가
＊＊＊＊＊에 나타나서
＊＊＊＊＊
＊＊ 멱살을 움켜쥐고
＊＊＊＊＊＊＊＊＊＊＊＊
＊＊＊＊＊＊＊
뜨거운 ＊＊의 환희 속에서 울어라 웃어라[6]

---

[6] 나중에 조선어 번역본이 발견됨으로써 복원된 복자 부분은 다음과 같다.

＊＊＊記念 → 御大典
君らは雨に濡れて君らを＊＊＊＊＊＊を思ひ出す → 逐ふ日本天皇
君らは雨に濡れて＊＊… ＊＊を思ひ出す → 彼の髪の毛 彼の狭い額 彼の眼鏡 彼の髭 彼の醜い猫背
＊＊＊＊に近づき → 彼の身辺
＊＊＊＊にあらはれ → 彼の面前
＊＊＊＊ → 彼を捕へ
＊＊顎を突き上げて保ち → 彼の
＊＊…＊＊ → 彼の胸元に刃物を突き刺し
＊＊…＊＊ → 反り血を浴びて
＊＊の歓喜のなかに泣き笑へ → 復讐

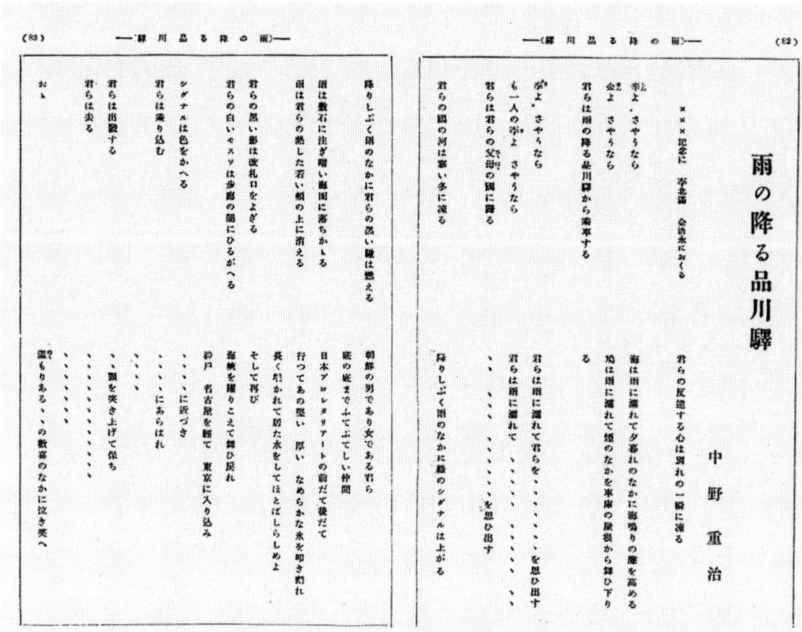
(82) —(雨の降る品川驛)—

雨の降る品川驛

中野重治

×××記念に　李北滿　金浩永におくる

辛よ　さやうなら
金よ　さやうなら
君らは雨の降る品川驛から乘車する

李よ　さやうなら
も一人の李よ　さやうなら
君らは君らの父母の國に歸る

君らの國の河は寒い冬に凍る
君らの叛逆する心は別れの一瞬に凍る

海は雨に濡れて夕暮れのなかに海鳴りの聲を高める
鳩は雨に濡れて煙のなかを車庫の屋根から舞ひ下りる

君らは雨に濡れて君らを、、、、、、を思ひ出す
君らは雨に濡れて　、、、、、、　、、、、、、　、、
、、　、、、　、、、、、、を思ひ出す

降りしぶく雨のなかに綠のシグナルは上がる

(83) —(雨の降る品川驛)—

降りしぶく雨のなかに君らの黑い瞳は燃える

雨は敷石に注ぎ暗い海面に落ちかゝる
雨は君らの熱した若い頬の上に消える

君らの黑い影は改札口をよぎる
君らの白いモスソは歩廊の闇にひるがへる

シグナルは色をかへる
君らは乘り込む

君らは出發する
君らは去る

おゝ
朝鮮の男であり女である君ら
底の底までふてぶてしい仲間
日本プロレタリアートの前だて後だて
行つてあの堅い　厚い　なめらかな氷を叩き割れ
長く堰かれて居た水をしてほとばしらしめよ
そして再び
海峡を躍りこえて舞ひ戻れ
神戸　名古屋を經て　東京に入り込み
、、、、に近づき
、、、、にあらはれ
、、、、
、、顎を突き上げて保ち
、、、、、、、、、、
、、、、、、
温もりある、、の歡喜のなかに泣き笑へ

[개조판] 원문. 오른쪽 하단과 왼쪽 하단을 장식하고 있는 복자는 천황의 표상화를 둘러싼 천황제 국가의 강한 경계 심리를 보여준다.

위와 같이 [개조판]에서 특징적인 것은 여러 곳이 복자로 처리되어 있어 전체적인 의미 파악이 매우 곤란하다는 점이다. 특히 인용에서 알 수 있듯이, 복자로 처리된 부분이 모두 천황과 관련된 내용이기 때문에 초출의 시에서 천황제 문제는 문면을 장식한 복자의 뒤편으로 사라지고 있다. 그런 까닭에 적어도 시의 초출에서 왜 조선인들이 '비 내리는' 어느 날 일본을 떠나야만 했으며, 왜 그들이 다시 일본으로 돌아와야 하는가를 표면적인 의미의 수준에서 이해하기란 거의 불가능하다. 바로 이러한 이유로, 복자 투성이의 [개조판]을 "일본 프롤레타리아트의 앞 방패 뒤 방패"라는 구절을 근거로 일본인 시인이 조선인에게 보내는 계급 연대의 시로서 읽는 것은 가능해도, 천황제 비판의 시로서 읽어내기는 어렵다. 「비 내리는 시나가와역」의 전후 수용사만 보더라도 이 시가 천황제 비판의 시로서 그 의미를 명확히 획득한 것은 1970년대에 들어와 [개조판]의 조선어 번역본이 발견된 이후였다.[7]

시의 후반부, 즉 이른바 천황 암살을 연상시키는 장면은 「비 내리는 시나가와역」이 단순한 천황제 비판을 넘어서 천황 개인에 대한 어떤 증오의 감정과 결부되어 있음을 보여준다. 그런 의미에서 이 시의 주제를 시인의 천황제 인식이라는 문맥에서 보고자 할 때 후반부는 중요한 의미를 갖는다. 그러나 이 경우 주의해야 할 것은 시의 후반부에서 암살(복수)의 대상이 단지 '그'라고만 언급되어 있어 이 부분만으로 '그'가 누구인지 판단할 수 없다는 점이다. 시의 후반부에 반복해서 등장하는 '그'가 '일본 천황'을 가리킨다는 것은 시의 부제에 보이는 "어대전", 그리고 무엇보다도 "그대들은 비에 젖어서 그대들을 쫓아내는 일본의 천황을 생각한다" 혹은 "그의 보기 흉한 곱사등을 눈앞에 그려본다"와 같은 앞선 구절을 참조할 때 비로소 가능하다. 즉, 시의 후반부를 장식하는 천황에 대한 '복수'의 장면은 추방당하는 조선인들이 천황을 떠올리는 형식을 띠고 있는 선행하는 장면에 결정적으로 그리고 구조적으로 의존하고 있는 것이다.

이런 관점에서 보자면, 이러한 시의 구조에서 볼 때 선행하는 '일본

---

7 사토 겐이치(佐藤健一)는 미즈노 나오키(水野直樹)에 의한 이 시의 조선어 번역본의 발견(1975년)과 그에 따른 원시의 복원을 계기로 이 시에 대한 평가의 중점이 '서정'적 시에서 '천황 비판'의 시로 전환되었다고 지적한다. 佐藤健一, 「『雨の降る品川駅』: 中野重治(作品別現代詩を読むための研究事典: 詩はどのように読まれてきたか)」, 『国文学解釈と教材の研究』, 37巻 3号(1992), 56~67쪽. 또한 김윤식은 초출에는 워낙 복자가 많아서 그 누구도 전모를 파악할 수 없었을 것이라고 논하고 있다. 김윤식, 『한·일근대문학의 관련양상 신론』(서울: 서울대학교출판부, 2001), 144쪽.

천황'이라는 단어만을 복자로 처리해도 '그'의 지시 대상이 불분명하게 되어 천황 암살의 장면은 자립적인 의미를 획득할 수 없다. 그럼에도 불구하고 왜 검열의 권력은 '일본 천황'만이 아니라 '좁은 이마', '그의 보기 흉한 곱사등'과 같은 구절까지 복자로 처리할 필요가 있었을까. 사실 시의 후반부가 검열하는 권력에 의해 복자 세례를 받은 이유는 천황에 대한 거부를 거의 직접적으로 드러냈기 때문이다.[8] 그러나 '좁은 이마', '보기 흉한 곱사등' 등이 복자로 처리된 배경에는 조금은 다른 차원의 논리가 개입한 듯이 보인다. 거기에는 천황의 외모에 대한 그 묘사의 사실성이 복자라는 권력의 개입을 초래했다고 할 수 있다. 즉, 천황에 대한 사실적 묘사가 문제가 되는 것은 천황이 무엇보다도 신성한 존재여야 한다는 당시의 공식적인 관념을 위반했기 때문일 것이다.[9] 천황의 표상은 결코 사실성의 시점에서 이루어져서는 안 되며 언제나 신성을 지닌 존재로서 드러나야 했다. 실제로 나카노는 사실적이고 그런 이유로 세속적이라 할 수 있는 천황의 모습을 시 속에 새겨 넣었다고 언급하고 있기도 하다.[10]

---

8 예컨대, 당시 『개조』의 편집부에 있었던 가미바야시 아카쓰키(上林暁)는 당시의 검열 제도 속에서 「비 내리는 시나가와역」이 담고 있는 천황에 대한 적대감의 처리를 둘러싸고 편집부 내부의 고충에 관해 다음과 같은 기록을 남겼다. "당시는 검열이 심했기 때문에 복자로 처리하지 않을 수 없는 부분이 있었고, 편집장도 이 문제로 고민이 많았다. 시의 맛을 잃거나 의미가 불분명해질 우려가 있어 신중하게 처리하지 않을 수 없었다. 그래서 우리도 여기저기에 의견을 구했다." 上林暁, 「中野重治の印象」, 『旧版中野重治全集 月報十一』(竹間書房, 1962년 2월).

9 근대 일본에서 천황 표상에 관한 자세한 자료는 다음 문헌을 참고할 것. フジタニ·タカシ, 米山リサ 訳, 『天皇のページェント: 近代日本の歴史民族誌から』(東京: 日本放送出版会, 1994).

10 "수염, 안경, 굽은 등과 같은 단어는 시적 표현으로서는 다소 차원이 낮다는 느낌이 여전히 있지만, 당시의 증오, 거의 생리적이라 할 수 있는 것이 거기에는 관계되어 있다. 굽은 등과 같은 것은, 나도 그렇지만 특별히 조악한 것은 아니다. 다만 옛날에는—패전

한편, [전후판]은 천황과 관련된 부분이 대폭 삭제되었다. [개조판]에서 복자로 처리되었던 '일본 천황'이 모습을 드러냈지만, "그의 머리털 그의 좁은 이마 그의 안경 그의 수염 그의 보기 흉한 곱사등"의 표현은 "수염 안경 곱사등"과 같이 간략하게 처리되고 있으며 천황에 대한 표현도 상당히 완곡해지고 있다.

【전후판】[11](1947년 小山書店版)

비 내리는 시나가와역

까지—천황이 관병식에 등장할 때, 천황 혼자만 흰말을 타고 등장하고 다른 장군들은 누구도 흰말을 타지 않았다. 천황기를 나부끼며 오는 그 사진이 신문에 실린 적이 있는데, 그 사진은 천황을 비스듬히 앞에서 찍은 것이었다. 심하게 굽은 등을 감출 수 있는 각도에서 천황을 찍은 것이다. 그것을 볼 때의 느낌은 매우 불쾌한 것이었다. 나는 증오가 일반적으로 저차원적인 것이라고 생각하지 않는다." 中野重治, 「「雨の降る品川駅」のこと」, 『季刊三千里』, 1975年 5月号, 77쪽.

11 [전후판]의 원문은 다음과 같다.

雨の降る品川駅

辛よ さようなら
金よ さようなら
君らは雨の降る品川駅から乗車する

(中略)

君らは雨にぬれて君らを追う日本天皇をおもい出す
君らは雨にぬれて 髭 眼鏡 猫背の彼を思いだす

(中略)

신이여 잘 가거라
김이여 잘 가거라
그대들은 비 내리는 시나가와역에서 열차에 오르는구나

(중략)

그대들은 비에 젖어서 그대들을 쫓아내는 일본 천황을 생각한다
그대들은 비에 젖어서 수염 안경 곱사등의 그를 생각한다

(중략)

그대들은 출발하는구나.
그대들은 떠나는구나.

잘 가라 신
잘 가라 김

君らは出発する
君らは去る

さようなら 辛
さようなら 金
さようなら 李
さようなら 女の李

行ってあのかたい 厚い なめらかな氷をたたきわれ
ながく堰かれていた水をしてほとばしらしめよ
日本のプロレタリアートのうしろ盾まえ盾
さようなら
報復の歓喜に泣きわらう日まで

잘 가라 이
잘 가라 여자인 이

가서 그 딱딱하고 두터운 미끈한 얼음장을 두드려 깨라
오랫동안 갇혀 있던 물을 홍수처럼 흘려보내라
일본 프롤레타리아트의 뒤 방패 앞 방패
잘 가라
보복의 환희에 울며 웃을 날까지

[개조판]에서 [전후판]으로의 변화는 다음과 같이 요약할 수 있다. 첫째, 조선인의 천황에 대한 '테러'를 암시하는 [개조판] 후반부의 소실은 '천황제 비판'이라는 주제를 약화시키고 있다. 둘째, "해협을 건너 뛰어 돌아와", "고베 나고야를 지나 도쿄에 들어와"와 같은 구절이 삭제됨으로써 [개조판]이 취하고 있는 열도와 반도 사이의 '이동'이라는 모티브도 [전후판]에서는 희미해지고 있다. 그리고 [전후판]은 '보복'이라는 단어를 통해 조선인의 '증오'를 유지하고는 있지만, [개조판]과 달리 구체적인 묘사가 없을 뿐만 아니라 이동에 관한 구절도 사라짐으로써 그 보복이 어떤 형태로 가능할지 매우 모호하게 되어 있다. 셋째, 반면 [전후판]에서는 이별을 시사하는 구절이 새로 추가됨으로써, 결론적으로 강렬한 '천황제 비판'의 시로서 면모를 보이던 [개조판]은 [전후판]에 이르러 일종의 '서정시'로 그 성격을 달리해가고 있다고 할 수 있다.

이처럼 [개조판]에서 [전후판]으로의 변화는 추방과 귀환이라는 이동의 모티브를 통해 천황에 대한 피식민자의 분노를 담아내고 있는 지극히 정치적인 성격의 시가 이별의 정서를 기조로 하는 '서정시'로 탈바꿈하는 과정이라 할 수 있다. 그런데 문제는 이런 시의 성격 변화에 동반하여 천황에 대한 테러를 방불케 하는 복수를 하지 않을 수 없었던 피식민자의 감정, 즉 다민족 제국의 왕권으로 군림하던 천황이 피식민자에게 불러일으킨 집단심리의 흔적도 사라지고 말았다는 점이다. 다시 말해서, 이러한 시의 변용은 전전 일본이 다민족 제국이었다는 역사적 사실 그리고 그러한 천황을 정점으로 하는 제국으로의 통합과 지배가 피식민자에게 남긴 상흔까지 망각시키고 있다는 점이 중요하다.

[개조판]에 보이는 천황에 대한 조선인의 복수 동기는 일반적으로 그들이 천황에 의해 열도에서 추방당하고 있다는 것과 연결되어 이해되었다. 물론 여기에는 추방뿐만 아니라 자의든 타의든 당시 일본으로 건너왔던 조선인들이 감내해야 했던 극심한 차별의 역사 또한 이러한 복수의 동기를 형성하고 있음은 두말할 나위도 없다. 그러나 이러한 해석은 시가 천황 즉위식을 앞두고 열도에서 추방당하는 조선인의 추방지로서 낯선 이국이 아니라 그들의 부모가 살고 있는 고향 조선('부모의 나라')을 설정하고 있다는 점에서 난점을 지닌다.[12] 다시 말해서, 시인의 눈앞에서 벌어지고 있는 추방이란 천황제 국가에 의한 매우 정치적인 탄압의 결과임이 분명하지만, 적어도 추방으로 쫓겨 가게 되는 곳이 낯선 이국이 아니라 고향인 조선이라는 점에서 추방이 적나라한 복수의 동기가 된다는 설명은 납득하기 어렵다. 적어도 시가 표현하고 있는 격렬한 복수의 동기를 설명하기 위해서는 추방이 안겨주는 분노를 넘어서는, 좀더 절실한 심리적이고 감정적인 내용이 필요하다고 할 수 있다.

이 문제와 관련해서 주목할 부분은 이 시가 '(조선으로의) 추방'과 '(일

12 [개조판]과 [전후판]은 모두 제2연에서 "그대들은 그대들의 부모의 나라(父母の国)로 돌아가는구나"라고 하여, 추방지가 '조선'이라는 것을 보여주고 있다.

본으로의) 귀환'이라는 열도와 반도 사이의 이동(왕복)을 그 주요한 시적 모티브로 취하고 있다는 점이다. 여기에 '추방'이 일어나기 위해서는 반도에서 열도로의 도항이 선행되어야 한다는 사실을 덧붙여본다면, 결국 이 시는 반도와 열도 사이에서 일어난 조선인의 이동의 역사를 그 배경으로 하고 있음을 알 수 있다.

더욱이 이 시가 배경으로 하는 열도와 반도 사이의 이동의 역사에서 천황은 매우 모순적인 존재로 관여했다. 주지하는 바와 같이, 1919년의 3·1운동 이후 조선총독부는 치안 문제를 들어 조선인의 열도로의 도항을 적극 규제하다가, 1922년 12월 조선의 노동력 대한 열도 내부의 수요 증가에 대응하기 위해 '자유 도항 제도'를 실시하게 된다. 그런데 조선총독부가 이 자유 도항의 명분으로 '일시동인(一視同仁)'이라는 동화주의 이데올로기를 내걸었다는 점이 중요하다. 총독부의 논리란 조선인도 일본인과 같은 천황의 신민이기 때문에 도항의 자유를 제한할 수 없다는 것이다.[13] 그러나 한편으로 이 시가 분명하게 기록하고 있는 것처럼 제국의 정부는 쇼와 천황의 즉위식을 앞두고 조선인을 어대전에 대한 위험 세력으로 간주하여 열도 밖으로 추방하는 등의 조치를 단행했다.[14] 이러한 일련의 도항과 추방의 역사가 보여주는 것은 적어도 1920년대 반도와 열도 사

13 山脇啓造, 『近代日本と外国人労働者』(東京: 明石出版, 1994)는 동화 정책과 자유 도항의 관계에 관해 "조선이 일본의 식민지였기 때문에 조선인도 일본인과 마찬가지로 일본 신민이라는 '일시동인'의 명분상, 그 명분에 따른 정당한 이유가 없는 한 도항을 관리하는 것은 가능해도, 제한은 하기 어려운 측면이 있었다. 그러한 측면이 현저하게 나타난 것이 1922년 12월과 1924년 6월의 도항증명제도의 폐지이다"라고 적고 있다.

14 예를 들어, 일본 대중당의 아사하라 겐조(浅原健三)는 제56회 제국의회에서 어대전 당시 치안 당국의 조선인에 대한 과도한 검문과 배제 조치를 지적한 바 있다. 자세한 내용은 萩野富士夫, 『特高警察体制史』(東京: せきた書房, 2001)를 참조.

이에서 이루어졌던 조선인의 이동의 역사에서 천황은 내지(열도)로의 도항을 허용하는 이념의 근거이자 동시에 조선인을 열도에서 강제적으로 내쫓는 차별과 배제의 논리적 근거로서도 작용했다는 점이다.

천황은 이렇게 피식민자인 조선인에게 한편으로는 차별 해소의 담론과 함께, 다른 한편으로는 차별과 배제의 정치적 탄압자라는 양면성을 띠고 나타났다. 그 속에서 조선인이 천황에 대해 가졌을 분노의 감정, 즉 지배의 기만성이 초래했을 분노 섞인 감정을 이해하는 것은 결코 어렵지 않다. 이와 같이 [개조판]의 시는 천황이 식민지주의적 지배/피지배의 관계 속에서 피식민자에게 보여주었던 이른바 차별을 둘러싼 모순적 태도 그리고 그것이 피식민자에게 초래했던 '울분'에 기초하고 있는 것이며, 시의 후반부를 장식하고 있는 복수의 장면은 천황이 당시의 다민족 제국이라는 현실 속에서 모순적으로 움직였던 역사와 결부시킬 때 온전히 이해될 수 있다. 그렇다면 전후 이 부분의 소실은 달리 말하면 시가 토대로 하고 있었던 제국 일본의 식민지주의적 지배가 초래한 피식민자의 '울분'의 소거를 의미한다고 할 수 있다.

그렇다면 왜 나카노는 [전후판]으로 개작할 수밖에 없었을까. 사실상 시에 관한 최초의 개작은 전전에 이루어졌다. [전후판]의 최초의 형태는 1931년에 나온 『나카노 시게하루 시집』에서 확인할 수 있다. 이 시점에서의 개작은 [개조판]을 통해 경험했던 정치적 압력에 대한 부담감과 더불어 테러리즘을 연상시키는 복수의 장면이 사회주의적이지 못하며 오히려 '군주제의 폐지에 광분한 자유주의자의 태도'에 가깝다는 시인의 사상적 입장에 대한 주위의 비판에 따른 것으로 간주되고 있다.

그러나 문제는 여전히 남는다. 천황제 국가가 붕괴된 전후에 들어와서도 왜 나카노는 [개조판]으로 회귀하지 않고 1931년에 개작된 판본을 따른 것일까. 우선 천황의 '인간 선언'에 뒤이어 상징천황제를 골자로 하는 신헌법이 이미 공포된 상황에서 천황 개인에 초점을 맞춘 '보복'을 노래하는 시를 발표한다는 것에 대한 시인 자신의 주저함이 있었을 것이다. 아마도 그런 이유 때문에 국경을 넘어선 연대의 휴머니즘을 '일반론'의 수준으로 다루는 방식이 선택된 것으로 보인다.[15] 그리고 덧붙여 다민족 제국의 몰락 이후 '내셔널리즘'이 새롭게 동아시아 전후 질서의 기축으로 부상하게 된 거시적인 정치적 담론의 변화도 간과할 수 없을 것이다. 특히 이 점이 중요한데, 이를테면 전후 동아시아의 각 민족이 과거 제국주의에 대한 반동으로 '민족' 단위의 국민국가 형성을 최우선 과제로 설정하게 되고 천황제도 상징천황제라는 이름으로 '일국화'된 상황에서, 조선인과 일본인이 민족을 넘어 계급을 통해 연대해야 한다는 정치적 필요성이 그 유효성을 상실하게 했던 것은 아닐까.

3. 「비 내리는 시나가와역」과 '민족 에고이즘'

제국에 포섭되어 있던 민족 집단이 제국의 붕괴를 계기로 각각 독자적인 민족국가를 형성해가는 전후의 상황은 [개조판]이 담아내던 조선인과 일본인의 계급적 연대라는 정치적 필요성을 소멸시켰다. 이러한 새로운 정치적 환경은 시인으로 하여금 시를 제국의 정치직 징점이었던 천황에 대한 조선과 일본의 공동 저항을 대신하여 추방이 불러온 이별의 정서

15 丸山珪一, 「「雨の降る品川駅」をめぐって」, 『金沢大学教養学部論集』, 第28巻 第1号(1990), 74쪽.

가 강조되는 서정시로 다시 쓰게 만들었다. 1970년대 [개조판]의 조선어 번역본이 발견되기까지 「비 내리는 시나가와역」은 [전후판]이 결정판으로 간주되는 가운데 줄곧 '서정시'로 읽혀왔다.[16]

그러나 조선어 번역본의 발견은 시를 둘러싼 비평의 담론 구도를 새로운 방향으로 유도하게 된다. 우선 천황제를 비판하는 시로서의 성격이 다시 분명해짐에 따라, 제국의 천황제와 식민지 조선의 문제 그리고 이 시가 보여주는 시인의 태도가 새로운 비평의 논점으로 급부상하게 된다. 새롭게 제기된 논점은 결국 민족을 초월한 계급적 연대를 기조로 하는 이 시가 내셔널리즘을 진정으로 극복했는가의 여부였으며, 특히 재일 문학자를 중심으로 시인 나카노 시게하루의 조선 인식의 한계를 비판적으로 추궁하는 형태로 전개되었다.

시와 내셔널리즘의 문제를 둘러싼 비판적 문제 제기는 조선의 프롤레타리아트를 "일본 프롤레타리아트의 앞 방패 뒤 방패"라 지칭하는 것이 상기시키는 조선과 일본을 일종의 위계적 관계로 표상하는 문제와, 왜 천황제에 대한 정치적 공격의 주체가 일본인이 아니라 조선인이어야 하는가라는 문제로 수렴된다. 여기서 이러한 두 가지의 문제 제기가 공통적으로

---

16 『무산자』에 실린 조선어 번역본의 존재가 알려지고, 그것에 기초한 초출시의 복원 작업이 이루어지는 1970년대 이전까지 이 시는 '이별의 서정시'라는 범주로 이해되었다. 물론 패전 이후로 오랫동안 이러한 해석이 주류를 점할 수 있었던 것에는 천황제 비판의 맥락이 사라진 자리에 이별의 정서가 강화된 [전후판]의 존재가 결정적인 역할을 했다고 할 수 있다. 한편, 이 시를 천황제 비판의 시로 명확하게 규정한 최초의 비평은 쓰다 미치오(津田道夫)의 「나카노 시게하루의 차별관(中野重治における差別観)」(『新日本文学』, 400号, 1982)으로 알려져 있다. 쓰다는 다음과 같이 평하고 있다. "「비 내리는 시나가와역」은… 가까운 친구·동지를 잔혹하고 부당하게 추방하는 일본 천황에 대한 격한 증오를 핵심으로 하여, 그것을 '잘 가라'를 주제로 하는 이별의 서정에 의탁한 작품으로 보인다"(31쪽).

민족을 초월한 계급을 말하는 시의 문면과는 달리, 그 이면에는 일본에 대해 조선을 상대적으로 열등한 위치에 놓는 의식이 흐르고 있지 않은가라는 의심에 의해 촉발된 것임을 알 수 있다.

이러한 비판에 대해 나카노는 자기비판의 형태로 응답을 내놓게 되는데, 그 자기비판이 나오기까지의 경위는 다음과 같다.

시의 [개조판]은 앞에서 살펴본 바와 같이 복자 처리로 인하여 그 전모를 파악하는 것이 거의 불가능한 상태였다. 하지만 1970년대에 들어와 초출의 조선어판의 존재가 알려지면서, [개조판]의 원시에 근접하는 의미의 복원 작업이 이루어지게 된다. 그뒤 잘 알려진 것처럼 미즈노 나오키(水野直樹)에 의해 조선어 번역본을 참고로 한 초출시의 복원 작업이 일어난다.[17]

이렇게 해서 복자 이전의 원시에 가깝다고 간주되는 일본어판 「비 내리는 시나가와역」이 만들어지게 된다. 그리고 그뒤 윤학준과 김달수가 나카노를 방문해 「비 내리는 시나가와역」을 둘러싼 대담을 진행시키는데, 그 대담의 와중에 "일본 프롤레타리아트의 앞 방패 뒤 방패"라고 하는 표현에 대한 나카노의 이른바 '자기비판'이 이루어지게 된다. 그 내용은 『계

---

17 『나카노 시게하루 전집』의 제9권 월보에 「비 내리는 시나가와역」의 조선어 번역본을 발견했다고 적은 것은 나였다. 하지만 이와 같은 경우 '발견'이라고 하는 것이 타당한 말인지는 알 수 없다. 조선어 번역본의 존재에 대해 안 것은 내가 최초가 아니다. 김윤식이 쓰고 오무라 마스오(大村益夫)가 번역한 『상흔과 극복』의 236쪽에는 시가 『무산자』에 게재되었다는 사실이 적혀 있다. 다만, 내가 그것을 계기로 복자의 내용을 떠올릴 수 있겠다고 생각해서, 조선어를 직역한 것을 마쓰오 다카요시(松尾尊兊) 선생을 통해 나카노 씨에게 전했다. 나카노 씨는 그때까지 조선어 번역본의 존재를 알지 못했기 때문에 매우 기뻐하면서, 그것에 근거하여 기억을 되살려 원시의 복원을 시도할 수 있었다. 나의 '발견'이라고 하는 것은 이와 같은 것이었다. 中野重治, 「著者うしろ書き」, 『中野重治全集第二十四卷』(東京: 筑摩書房, 1979), 679쪽.

간 삼천리』의 1975년 5월호에 게재되었는데, '민족 에고이즘'이라는 유명한 표현은 여기서 처음 등장한다.

> (시의) 마지막 대목에서 일본 프롤레타리아트의 앞 방패 뒤 방패라고 썼는데, 여기에는 '굽은 등'과는 다른, 민족 에고이즘의 꼬리와 같은 것에 질질 끌리고 있다는 느낌이 없어지지 않습니다.[18]

"일본 프롤레타리아트의 앞 방패 뒤 방패"라는 구절과 더불어 논란의 대상이 되었던 것은 시의 후반부의 천황 암살을 연상시키는 장면이었다. 초점은 일본인인 시인이 천황 암살을 당사자인 일본인이 아니라 피식민자인 조선인에게 호소하고 있는 것처럼 보이는 시의 형식에 놓여 있었다.[19]

---

18 '민족 에고이즘'에 대한 무의식적 굴복을 의미하는 나카노 스스로의 이러한 자기비판 이후, '민족 에고이즘'이라는 말은 민족을 초월한 계급적 연대를 주창하는 「비 내리는 시나가와역」의 의심할 수 없는 결함 또는 나카노의 조선 인식의 한계로 자리 잡게 된다. 다만, 이 경우에도 「비 내리는 시나가와역」의 시로서의 서정성과 예술성, 그리고 시가 표현하고 있는 타자에 대한 태도는 결정적으로 부정당하지 않았다. 예를 들어, 이회성은 「나카노 시게하루와 조선」(『新日本文学』, 1982年 2月号) 에서 조선 문제를 생각하는 나카노의 태도에 대한 성실함과 진지함을 높이 보면서도 "일본 프롤레타리아트의 앞 방패 뒤 방패"라는 구절을 인용하며 "역시 나카노 시게하루조차도, 당시대의 사상적 제약성—민족 문제를 계급 문제에 종속시키는 사고—에 매여 민족 문제에 대해서 다른 태도를 보여주지 못했다"라고 평가하는가 하면, 조선어 번역본의 발견자인 김윤식도 민족 에고이즘의 침투를 지적하면서도 "60만 재일 한국인의 존재감과 함께 인식된 작품 가운데서 가장 우수한 것"으로 평가한다. 여기서 '예술적 완성과 인식의 한계'라는 비판론의 전형적인 내러티브를 찾아볼 수 있다.

19 최초의 비판은 나카노의 신인회(新人会) 시절 동료였으며 1933년 일본 공산당 규슈지부위원회 위원장으로 활동하다가 그해 검거되어 옥사한 니시다 신지(西田信治)에 의해서였다. 그는 1931년 5월 나카노 앞으로 보낸 편지에서 시의 마지막 장면은 일반적으로 코뮤니스트에게 보이는 정치적 오류, 즉 "군주제의 철폐만을 위해 광분하는 자유주의자의 태도"를 보여주고 있다며, 사회주의자로서 나카노의 사상적 한계성을 지적하고 있다.

그 점에 대해 나카노는 다음과 같은 '자기비판'을 수행하고 있다.

> 나는 설령 천황 암살 따위를 생각해도 어째서 시를 쓴 일본인 본인에게 그것을 생각하게 하지 않았을까? 어째서 그것을 나라를 빼앗긴 쪽인 조선인의 어깨에 옮기려고 했던가? 그 점에 나라고 하는 나라를 빼앗은 쪽의 일본인이 있었다는 것이다. 나는 내 일로 이 일을 기록한다. 동시에 이와 같은 잘못이 아직도 광범위하고 깊게 지배자측, 피지배자측, 민주적-혁명세력측을 포함해서 우리들 내부에 만연되어 있다고 생각한다.[20]

나카노를 향한 비판론은 「비 내리는 시나가와역」을 민족을 초월한 계급적 연대에 대한 지향과 일본인으로서의 자기의식이라는 상반되는 지향이 착종되어 나타난 텍스트로 간주하고, 그 위에서 후자에 의해 전자의 지향이 퇴색해버렸다는 인식에 기초하고 있음을 알 수 있다.

그런데 여기서 주목할 점은 이러한 비판과 자기비판의 구도 속에서 이른바 내셔널리즘이 중요한 비평의 기준으로 작동하고 있다는 점이다. 나카노에 대한 비판적 의견은 기본적으로 과거 조선인과 일본인이 민족을 넘어선 연대를 지향했다는 것보다는 양자의 관계가 동등하게 인식되고 있지 않다는 것에 그 초점을 맞추고 있다. 이것은 무엇보다도 제국 일본이 식민지 조선의 제국 내 통합을 위해 조선의 내셔널리즘을 억압했던 과거에 대한 반성에 따른 것임은 분명하지만, 전후의 한국과 일본이 모두 내셔널리즘에 근거한 국민국가 건설을 목표로 했다는 시대적 상황과도 결코 무관하지 않을 것이다.

---

20 中野重治, 「著者うしろ書き」, 『中野重治全集第二十四卷』(東京: 筑摩書房, 1979), 679쪽.

덧붙여 시에 관한 비판적 담론이 매우 사후적인 성격을 띠고 있다는 점도 간과할 수 없다. 이는 전후 한국과 일본으로 분리된 정치적 상황이 비평의 시점을 주도함으로써 시가 쓰여진 당대의 역사적 문맥이 상대적으로 간과된다는 점에서 문제가 있다. 예를 들어, 내셔널리즘의 관점에서 보자면 일본인이 아닌 조선인이 천황의 암살을 시도한다는 것이 결코 자연스러울 수 없다. 그러나 조선이 천황을 정치적 정점으로 하는 제국의 식민지였다는 상황에서 본다면 조선인에 의한 천황 암살의 행위는 충분히 상상할 수 있으며, 실제로 식민지시대를 통해 이러한 시도가 여러 차례 있었다. 또한 이 시는 사회주의적 연대를 주장하면서도 내셔널리즘을 극복하지 못한 일본 사회주의자의 식민지 문제에 대한 인식의 한계를 단적으로 보여주는 사례임에 틀림없지만, 한편으로 당시 사회주의가 지향했던 민족을 초월한 계급적 연대가 제기된 배경을 이해할 필요도 있다. 당시 일본의 조선 통치의 기본 방침은 동화주의였다. 구체적으로는 일선동조론의 행위로써 혈연적 연계에 근거한 정체성을 통해 조선민족을 제국에 통합하려 했다. 이에 대해 사회주의자들은 계급이라는 사회경제적 조건의 유사성에 기초하여 대항적인 정치적 주체를 형성하려고 했던 것이다. 전후 내셔널리즘이라는 시대적 압력 속에서 등장한 사후적 성격의 비평은 시가 쓰여진 당대의 역사적 문맥을 배제시켰을 뿐만 아니라, 시를 전후 내셔널리즘이 구축한 구도 속으로 수렴시키고 있는 것이다.

그러나 1990년대 이후 이른바 국민국가론의 융성과 함께 일어난 내셔널리즘 비판 및 포스트콜로니얼 이론의 유행 속에서 시에 대한 담론의 구도는 새로운 양상으로 전개된다.[21] 구체적으로는 최근의 이러한 비평의 담

21 물론 1990년대에 일어난 이러한 변화가 오직 사상계에 국한된 것은 아니다. 그것은 냉전

론은 나카노의 자기비판을 '유해'한 행위로 간주하며, 오히려 나카노를 내셔널리즘적 자기의식과 식민지주의를 극복한 문학가로서 적극적으로 평가하려는 방향을 공통적으로 보여주고 있다.

[개조판]의 탈내셔널리즘적 지향에 대한 재평가에 앞서 나카노의 '자기비판'에 대한 새로운 해석, 정확하게는 역전된 접근이 먼저 등장했다. 그것은 오니시 교진(大西巨人)에 의해 이루어졌는데, 그는 「콤플렉스 탈각의 당위」[22]라는 논문에서 나카노의 자기비판은 "한편으로 작지만 유의미한 구석이 있는 (것이지만)… (중략)… 명백히 유해한 자기비판이다"라고 규정하여 이전까지의 논의와 뚜렷하게 구별되는 주장을 내놓았다.

이러한 오니시 교진의 해석을 계승한 린슈쿠미(林淑美)는 포스트콜로니얼 비평의 문제의식을 도입하여 「비 내리는 시나가와역」에 대한 전면적인 재해석을 시도한다. 우선 오니시의 비평을 '「비 내리는 시나가와역」에 관한 것 중 최상의' 문장이라고 평가하면서, 오니시의 주장을 인용해 "나카노 시게하루는 이와 같은 것(자기비판의 말)을 적을 필요가 없었다"고 주장한다. 나아가 「비 내리는 시나가와역」이 보여주는 조선과 일본의 연대는 천황에 의해 쫓겨나는 조선인이 품은 '증오'에 대한 감정의 공유 위에서 성립하고 있다고 하며, 「비 내리는 시나가와역」은 민족 에고이즘에 의해 훼손되고 실질적인 연대에는 미치지도 못한 결함의 시가 아니라, 천황제 내셔널리즘의 열기에 사로잡힌 일본인에게 천황의 현실적 모습을 보여줌으로써 오히려 민족 에고이즘과 같은 의식의 극복을 달성한 텍스트로 자리매김한다.[23]

붕괴 이후 진전되어갔던 글로벌화가 자극한 내셔널리즘과 제국주의에 대한 재인식의 촉진과 맞물려 진행된 것임을 확인해두고자 한다.

22 大西巨人,「コンプレックス脱却の当為」,『みすず』, 1990年 3月号, 27~28쪽.

또한 천황 암살에 관해 나카노가 자기비판의 과정에서 던진 자문을 "왜 천황을 겨냥한 시가 조선인에게 호소하는 형식을 취했는가"라는 질문으로 바꾼 후 그것은 "이 나라의 포학이 조선민족에게 한층 더 가혹했기 때문"이며, "그와 같은 무법이 천황의 이름으로 이루어졌기 때문"이라는 응답을 내놓는다. 시는 결코 천황 암살을 자극하고 있지 않으며 "설령 그런 것이 있든 없든 천황에 대항하는 시가 조선인에게 호소하는 형식을 취하지 않을 수 없었던 것은… (중략)… 조선인의 감정을 통하지 않고서는 극복하기 곤란한 것이 천황제이기 때문이다"라고 덧붙인다. 따라서 그녀에게 "그대들은 비에 젖어서 그대들을 쫓아내는 일본 천황을 생각한다"는 구절은 천황제를 이화(異化)시키기 위한 사고실험(시점의 상상적 이동)이며, 일본 프롤레타리아트의 앞 방패이자 뒤 방패로 호명되는 조선인은 일본 프롤레타리아트의 들러리가 아니라 일본인에게는 너무도 자명한 천황을 '탈구축'하기 위해 반드시 필요한 문학적 장치인 것이다.[24]

1990년대 이후 시 「비 내리는 시나가와역」에 대한 평가에서 두드러진 점은 린슈쿠미의 비평이 보여주듯이 '내셔널리즘'에서 '탈내셔널리즘'으로의 논점의 전환이며, '탈내셔널리즘'의 텍스트로서의 시의 재평가이다.

---

23 林淑美, 『昭和イデオロギー: 思想としての文学』(平凡社, 2005), 67~84쪽. 린슈쿠미는 "일본 프롤레타리아트의 앞 방패 뒤 방패"라는 구절에 대해서도 식민국민이 스스로의 의식·무의식의 민족 에고이즘을 극복하고 '인간 해방의 국제적 연대성'을 추구한 것이라고 하면서, 이 구절은 민족 에고이즘의 꼬리와 같은 것에 질질 끌린 표현이 아니라 천황제 내셔널리즘을 극복하기 위한 불가결한 모든 피억압자와의 연대를 의미하고 있다고 말한다.

24 다카하시 히로시(高橋博史)도 린슈쿠미와 유사한 견해를 표명한다. 즉, 나카노에게 민족 에고이즘은 존재하지 않으며, 시인은 조선인들과 감정의 면에서 '일체화'되고 있다고 본다. 高橋博史, 「中野重治·海と機関車」, 『国文学解釈と鑑賞』, 2005年 2月号, 160~161쪽.

이러한 전환이 글로벌화의 진전 속에서 전후 내셔널리즘이 붕괴되어가는 현실의 변화에 따른 것임은 두말할 나위도 없다. 하지만 한편으로 이러한 전환이 역설적으로 보여주는 것은 시의 '민족 에고이즘'을 둘러싼 비판과 나카노의 '자기비판'이 과거 제국의 지배에 대한 반발로서 확산되었던 전후 동아시아에서의 '각각의 내셔널리즘'의 문맥에 결정적으로 의존했다는 점일 것이다.

4. 포박당한 탈내셔널리즘: 에토 준과 오다기리 히데오

1990년대 이전 이 시를 둘러싼 비판과 자기비판의 과정을 지배한 것은, 조선과 일본이 민족국가로서 독립한 이상 그 의도와 상관없이 양자의 관계를 대등하지 않게 표상했던 과거의 유산은 청산되어야 한다는 인식이었다. 이러한 인식이 극단으로 간다면 애초에 서로 다른 민족인 일본과 조선이 어떤 식으로든 '연대'를 형성한다는 것이 과연 가능한가라는 의문으로 귀결될 수밖에 없다. 전후 고도성장기의 보수주의를 대표하는 논객 에토 준(江藤淳)은 쇼와기가 저물어가던 시기에 이러한 극단적인 관점에서 「비 내리는 시나가와역」에 대한 재해석을 내놓는다.

1989년에 출간된 『쇼와의 문인』에서 에토는 "하나의 몸으로 두 삶을 산다(一身にして二生を経る)"는 후쿠자와 유키치의 말을 끌어들여 히라노 겐(平野謙), 나카노 시게하루(中野重治), 호리 다쓰오(堀辰雄)라는 세 문인이 쇼와라는 시기를 통해 보여준 천황에 대한 '변절'과 '충성'의 문제를 다룬다.

그 가운데 시 「비 내리는 시나가와역」을 다루는 것은 「신(辛)이여, 김(金)이여, 이(李)여,…(辛よ、金よ、李よ、…)」라는 글이다. 이 글은 1989년의 단

행본 출간에 앞서 『신조(新潮)』 1985년 5월호에 게재된 바 있다. 에토는 사회주의라는 이념에 경도된 한 문학청년이 남긴 일련의 시는 '일본인으로서의 시선'과 '국가 붕괴'에 대한 슬픔을 동시에 담아내고 있으며, 바로 그 지점이 이 시가 주는 감동의 근간을 이룬다고 주장한다. 구체적으로 시 「비 내리는 시나가와역」에 대해서도 '잘 가라'라는 구절에 내포된 "어떤 래디컬한 선율이 생각지도 못한 전율을 환기시켰다"고 적고 있다. 특히 이러한 선율이 조선인과 일본인의 차이에 대한 '청결한 거리'의 감각과 공명하는 곳에 자신이 받은 감동의 원천이 존재한다고 말한다.

> (내가 시에 공감을 느낀 것은) 이데올로기가 아니라 '잘 가라 신…'이라는 고별의 말에 담겨진 어떤 래디컬한 선율이 돌연 생각지도 못한 전율을 불러일으켰기 때문….
>
> 지금 다시 읽어보면 처음부터 이 속에 그렇게 이데올로기적인 저항을 느끼지 않게 만드는 어떤 적절한 거리의 축이 내포되어 있다. '잘 가라'라고 부르는 '신'도 '김'도 누구도 일본인이 아니다. 조선인이면서 동시에 일본제국의 신민이기를 강요받았던 그들이 일본 천황에 적대감을 갖고, 반면 경애의 마음을 갖지 않는 것은 극히 자연스러운 것이다.[25]

여기서 이데올로기란 이른바 '프롤레타리아트의 국제주의'와 같은 것인데, 결국 이러한 이데올로기가 개입되지 않는 부분에서 자신이 느끼는 감동의 원천을 발견한다.

그런데 에토에게 이 시가 문제가 된 것은 '잘 가라'라는 이별의 말을 통해 느껴지는 조선인과 일본인 사이에 놓여진 차이에 대한 감각, 즉 시

[25] 江藤淳, 『昭和の文人』(東京: 新潮社, 1989), 41~42쪽.

가 확보한 '적절한 거리'의 감각이 시의 마지막에 등장하는 "일본 프롤레타리아트의 뒤 방패 앞 방패"라는 한 구절에 의해 붕괴된다는 점이다. 결론적으로 그는 일본인과 조선인의 차이를 인지했으면서도 이것을 일순간 계급의 이름으로 넘어서려고 했던 나카노의 시도를 '몽상'으로 일축한다. 그것이 '몽상'인 까닭은 나카노가 시나가와역을 떠나 조선으로 돌아가는 '신'과 '이' 등과 달리 '일본 천황의 신민'이기 때문이다.

> 신과 김과 이 등이 명확하게 조선인인 것에 대해 시인 나카노 시게하루는 좋든 싫든 관계없이 일본 천황의 정통적인 신민 이외에 어떤 것도 될 수 없다. 그리고 너무나 당연하게도 조선인인 그들과 일본 천황의 신민인 시인 간에는 결코 해소할 수 없는 거리가 엄연하게 존재하기 때문이다.[26]

에토가 계급적 연대를 부정하고 '거리의 감각'에 집착하는 이유는 민족적 정체성(자기동일성)이라는 의식의 문제가 아니라 어느 '민족 집단'에서 태어났는가에 의해 결정되는 선택 이전의 문제이기 때문이다. 따라서 민족을 넘어선 정체성을 추구하는 어떤 시도도 에토에게는 실현 불가능한 것을 고집하는 무모한 의지이며 몽상에 불과한 것이다. 이러한 에토의 비평은 앞서 언급한 전후 내셔널리즘의 가장 극단적인 형태가 문학의 담론 속에서 나타난 것이라 할 수 있다.[27]

---

26 江藤淳, 『昭和の文人』, 45~46쪽.

27 덧붙여, 에토의 이러한 비평이 [개조판]이 아니라 [전후판]을 근거로 이루어졌다는 점을 언급해두지 않을 수 없다. 앞에서 언급한 바와 같이, [개조판]은 귀환과 복수가 맞물린 서사를 통해 피식민자의 울분을 구조화하고 있으며, 그것은 린슈쿠미도 지적했듯이 시인이 피식민자의 감정과 시점을 통해 일본인의 내셔널리즘을 극복하려는 탈내셔널리즘의 지향을 표현하고 있다. 물론 이러한 해석도 [개조판]에 대한 다양한 해석의 일부일

사실 에토의 이러한 비평은 그가 1967년에 발표한 『성숙과 상실』에서 주장했던 '모성적=자연적인 것'의 붕괴 이후 그것을 사상의 측면에서 대신(보완)하려는 탐색의 연장선에 위치한다. 예를 들어, 1973년 '혈연적 동일성'을 주제로 한 『일족재회(一族再會)』라는 작품을 기점으로 에토는 그것을 국가로 수렴시키는 사고를 보다 분명히 해간다. 이러한 사고가 현실에서는 '천황제'로 수렴될 수밖에 없다는 것은 분명해 보이는데, 국가란 혈연적 동일성에 근거하며 따라서 그것은 선택 이전에 주어진 '자연'인 까닭에 그런 국가에서 태어난 나카노가 '신민'인 것은 자명한 사실이며 변경 불가능한 전제가 된다. 그런 의미에서 민족을 초월한 연대는 몽상을 재촉하는 이데올로기에 불과한 것이다.[28]

한편, 앞에서 언급한 것처럼 「비 내리는 시나가와역」이 전후 일본문학에서 식민지 문제에 관한 문학적 정전(canon)의 위상을 부여받을 수 있었던 것은 시 속의 조선 표상에 내재한 시인의 내셔널리즘에 대한 무의식적 굴복에도 불구하고, 피식민자의 입장에서 제국의 식민지주의적 지배를 파악하려 했던 탈내셔널리즘적 상상력 때문이었다. 따라서 이러한 시의 의미를 적극적으로 평가하려는 사람들에게 나카노를 보수주의의 담론 속으로 끌고 가려는 에토의 시도는 나카노 문학에 대한 그간의 합의된 전제(패러다임)를 부정하는 정치적 비판을 의미했다.

수 있으며, 따라서 에토가 [개조판]을 참조했다고 해서 다른 해석을 할 가능성을 장담할 수는 없다. 오히려 일본인의 정체성을 본질주의적으로 인식하는 에토에게 이러한 탈내셔널리즘조차 망상의 표현으로 단죄될 수 있을 것이다. 다만, 적어도 [전후판]에는 [개조판]과 달리 탈내셔널리즘적으로 읽을 수 있는 가능성을 담고 있는 부분이 삭제되어 있으며, 바로 그러한 텍스트의 변용에 의해 '민족 에고이즘'과 '계급적 인터내셔널리즘'이 어떠한 매개도 없이 평행하고 있다는 인상을 줄 수 있다는 점만을 지적해두고자 한다.

28 大澤真幸, 『戦後の思想空間』(東京: 筑摩書房, 1997), 79~80쪽.

이러한 에토의 도전에 대한 주목할 만한 대응[29]은 전후 나카노 문학 연구의 제도화를 주도했던 오다기리 히데오(小田切秀雄)에 의해 이루어진다. 잘 알려진 바와 같이 그는 전전부터 나카노와 개인적 교류 관계를 형성하고 있었으며, 전후 비평계를 양분했던 『근대문학』과 『신일본문학』에 모두 관여하면서 문학자의 전쟁 책임을 주도했을 뿐만 아니라 전후 일본문학 연구의 제도적 틀을 확정하는 데도 핵심적 역할을 담당했던 인물이다. 예를 들어, 그는 다수의 일본문학 관련 사전의 편찬 작업에 집필자로서 참여했으며 나카노 시게하루 관련 사항의 집필은 대부분 그의 몫이었다.

오다기리의 초점은 우선 에토가 이 시가 제공하는 감동의 원천에 대해 국제주의적 이념이 아니라 이별의 정서라고 주장하는, 이른바 시의 탈

---

29 물론 에토의 비평에 대한 비판은 오다기리에 한정되지 않는다. 다만, 여기서는 정치적으로 각각 전후의 보수주의와 자유주의를 대변하는 두 사람의 일본문학에 관한 인식을 대조하기 위해 오다기리를 선택한 것이다. 그러나 이 글의 이러한 논점과는 별도로 에토의 주장은 여러 가지 측면에서 비판적으로 검토될 필요가 있다. 여기서는 마루야마 게이이치의 다음과 같은 논의를 소개함으로써 에토의 비평, 나아가 전후 보수주의의 한계점에 대해 언급하는 것으로 대신하고자 한다. 그는 "조선인에게 왜 (조선으로의) 강제 송환이 '신민으로부터'의 '이탈'이 되며, '본연으로 돌아가는' 것이 되며, '정당한 욕구의 실현'이 되는가, 어째서 '보복에의 제일보'를 내딛는 것이 불가능한가"라는 질문을 던지며 이 시의 주제는 이러한 에토의 주장과는 정반대에 놓여 있다고 역설한다. 즉, "'보복' 없이, '신민으로부터의 이탈'도 '본연으로 돌아가는' 것도 '정당한 욕구의 실현'도 불가능하다는 것을 보여주는 것이며, 나아가 조선인에게 한정되지 않고 일본인에게도 그렇다는 것이다. 에토는 나카노를 우선 '일본인'=민족주의자로 발견하고 거기에 감동을 하면서 바로 '천황의 정통적인 신민'으로 등치시킨다. 거기서 당연하게도 자의적인 독해는 배신당한다. 따라서 그가 그리려는 나카노의 모습은 '이데올로기에 현혹된 불철저한 민족주의자'에 지나지 않는다. 조선인과의 연대와 천황제 타도의 투쟁을 호소하는 것은, 에토에 의하면 일본인으로서의 본연을 잃어버린 이데올로기에 지나지 않는다. 그러나 천황제를 타도·극복하는 것은 일본인 자신의 과제이며 그 누구의 과제도 될 수 없다." 丸山珪一, 「「雨の降る品川駅」をめぐって」, 113쪽.

이념적 해석에 있다. 시의 감동이 내용이 아니라 '어떤 래디컬한 선율'에 의한 것이라는 에토의 주장은 감동의 문제에서 내용을 분리시키는 것이라 지적하며, 오히려 시의 감동은 내용에 어울린 형식을 갖추고 있기 때문이라고 주장한다. "이 작품의 감동은 이별의 서정에 관한 농후한 절실함과 그 깊은 진실에 의한 것이지만, 이것은 추상적이고 일반적인 이별의 정서와 같은 것만이 아니라, 그것은 함께 천황제 지배와 싸워온 동료인 재일 조선인의 혁명가들이 체포되어 추방당하는 것을 눈앞에 둔 동지로서의 깊은 인간적 슬픔의 통절함이 그것에 걸맞는 선율을 취해 여기에 전개되고 있기 때문이다."[30] 즉, 이 시가 주는 감동은 결코 일본인과 조선인의 연대라는 주제를 빼놓고 말할 수 없는 성질의 것이며, 오히려 이러한 주제가 그것에 적절한 형식을 통해 표현되었기 때문에 사회주의자가 아닌 자에게도 감동을 주게 된다고 말하고 있다.

또한 나카노를 일본 천황의 신민으로 규정한 에토의 주장에 대해 다음과 같은 비판을 전개한다. 즉, 에토는 천황제의 지배 아래에 있는 한 시인 나카노도 신민의 한 사람일 수밖에 없다고 말하고 있는데, 이것은 에토가 한번도 지배체제와 결정적인 대결과 저항을 체험한 적이 없고 바로 그런 이유 때문에 그 시대를 살아간 모든 사람들을 규정해버렸다며, 아이덴티티에 관한 에토의 선험적 결정론이 그의 상상력을 구속했다고 지적한다.[31]

이처럼 에토와 오다기리는 내셔널리즘과 자기정체성에 관해 매우 대립적인 견해를 보이고 있다. 에토에게 민족정체성이 어느 민족 집단 속에서 태어나는가에 의해 정해지는 것이라면, 적어도 오다기리에게는 당사자

30 小田切秀雄,『中野重治: 文学の根源から』(東京: 講談社, 1999), 247쪽.

31 小田切秀雄,『中野重治』, 251쪽.

의 경험과 의식이 선천적인 조건에 우선한다. 에토의 주장이 전후 내셔널리즘에 대한 보수주의적 해석을 대표한다면, 오다기리의 담론은 이른바 '근대적 주체' 위에 내셔널리즘을 구축하려 했던 전후 자유주의에 연결되어 있다.

민족정체성에 관한 오다기리의 논의는 분명 그가 전후 보수주의와 일정한 거리를 두고 있었다는 것을 보여준다. 그러나 적어도 '일본문학'이라는 문화적 제도에 대한 그의 발상은 매우 보수주의적이었다. 그것은 우연하게도 한 미국인 연구자의 나카노 시게하루 연구에 대한 비평을 통해 드러나게 된다.

오다기리의 문화적 보수주의를 자극한 것은 미리엄 실버버그(Miriam Silverberg)[32]가 다이쇼 말기에서 쇼와 초기에 걸쳐 쓰여진 나카노 시게하루의 시 작품을 마르크스주의자의 문학적 표현으로 새롭게 읽어낸 *Changing Song: the Marxist Manifestos of Nakano Shigeharu*(1990)라는 저서이다. 이 책[33]은 전전의 나카노를 '서정시인'으로 간주하는 일본의 문학 연구 공동체가 공유하는 암묵적 합의에 이의를 제기하며, 그를 루카치·그람시·벤야민 등 동시대 유럽의 마르크스주의자들과 사상적으로 공명하는, 이른바 '모던 마르크스주의자'로 재정의하는 담대하고 의욕적인 시도의 산물이다. 1999년 일본어로 번역되자 일본문학 연구자 사이에서 적지 않은 반향을 일으켰는

32 책 말미에 소개된 그녀의 이력을 보면, 일본에서 성장한 후 시카고대학에서 일본 근대사 전공으로 박사학위를 받았다. 그뒤 오하라사회문제연구소의 객원 연구원으로 일본에 체재하면서 그 사이 후지타 쇼조 밑에서 연구 활동에 종사했고, 1999년부터 캘리포니아대학 로스앤젤레스교의 역사학부 교원으로 재직하고 있다. *Changing Song: the Marxist Manifestos of Nakano Shigeharu*는 1990년 프린스턴대학 출판부에서 출판되었다.

33 참고로 일본어 번역본은 1999년에 린슈쿠미 등에 의해 『中野重治とモダン·マルクス主義』라는 제목으로 출간되었다.

데, 일본 연구자들의 비판적 의견은 다음과 같은 점에 집중되고 있다. 즉, 대담하고 의욕적인 시도에도 불구하고 시를 다루는 이상 시에 대한 분석이 중요한데, 실버버그는 일본의 나카노 시 연구의 성과를 무시하고 있을 뿐만 아니라 그 분석에서도 시의 본질을 제대로 파악하지 못한다는 것이다. 그리고 이러한 비판의 선두에 오다기리가 있었다.

> 특히 실버버그의 이 책의 서장은 '나카노 시게하루를 구제하다'라는 제목으로 상당한 분량이 할애되어 있는데, '구제'가 단순한 선전 문구가 아니라는 것을 알았다. 그러나 이것은 자신의 논의에 대한 과대평가가 아니면 일본의 나카노 연구 상황에 대한 무지함을 드러내는 것이다. 나는 문예사회학에 속하는 이 저서의 대담한 평론에서 나카노를 구제해야겠다는 생각을 하지 않을 수 없었다. 외국인 학자에게 시의 문학적 해설, 감상은 대단히 어렵다. 실버버그는 일본에서 자라 후에 시카고대학에 있었다고 하는데, 일본어의 운율과 이미지와의 깊은 상호 관계는 매우 신중한 검토와 시적인 감수성이 없으면 온전히 파악할 수 없다. 특히 단가(短歌)와 하이쿠(俳句)라면 이것 없이는 아무것도 알 수 없다고 말해도 좋을 것이다.[34]

이것은 거의 전면적인 부정에 가까운 비판이다. 하지만 여기서 문제가 되는 것은 단지 실버버그의 의도와 방법을 비판하는 것에 그치지 않고, 그러한 비판의 전제로서 외국인에 의한 일본문학 연구의 존재 의의에 대한 편견을 드러내고 있는 점이다. "외국인 학자에게 시의 문학적 해설, 감상은 대단히 어렵다.… 일본어의 운율과 이미지와의 깊은 상호 관계는 매우 신중한 검토와 시적인 감수성이 없으면 온전히 파악할 수 없다. 특히

---

[34] 丸山珪一, 「「雨の降る品川駅」をめぐって」, 15쪽.

단가(短歌)와 하이쿠(俳句)라면 이것 없이는 아무것도 알 수 없다고 해도 좋을 것이다"라는 구절은 실은 '아무리 연구를 해도 외국인의 연구로는 일본어의 본질을 이해하는 것은 불가능하다'는 극히 편협한 내셔널리즘,[35] 즉 문학에 대한 보수주의적 사고와 문학을 국적이라는 경계를 넘어 사고하려는 시도 자체를 부정하는 경직된 태도를 보여준다.[36]

앞서 오다기리는 에토에 대한 비판에서 시나가와의 감동의 근원은 인간의 보편성에 대한 주제가 격렬한 선율과 조화를 이룬 것에 있다고 하며, 에토의 경우 주제의 보편성을 의도적으로 무시하고 형식에만 집착했다고 비판했다. 그런데 이번에 실버버그에 대해서는 그녀가 외국인이기 때문에 내용은 접어두더라도 일본인이 아닌 이상 시의 선율과 이미지를 이해하는 것은 어렵다고 말한다. 에토는 알 수 있는데 은폐하고 있다면, 실버버그는 결코 이해할 수 없는 대상에 대해 앎을 주장하는 과욕을 부린 셈이다.

그런데 주의 깊게 보면 실버버그에 대한 오다기리의 논리는 에토가 나카노에게 적용했던 비판의 논리를 그대로 답습하고 있다는 것을 알 수 있다. 나카노가 일본 신민인 한 민족을 초월한 연대가 불가능하듯이, 바로 나카노의 시는 일본문학의 소산이기에 외국인 연구자가 민족의 경계를 넘어 이해하는 것이 불가능하다는 것이다. 결국 편협하고 자기충족적인 내셔널리즘은 에토만이 아니라 오다기리의 것이기도 한 것이다.

---

35 島村輝, 「創造的誤読のすすめ」, 『文学の闇/近代の沈黙』(東京: 世織出版, 2003), 146쪽.

36 오다기리의 실버버그 비평에서 '위험한 내셔널리즘'을 보고 있는 것은 시마무라만이 아니다. 예를 들어, 사토 겐이치는 "'우선 개인이 있다'고 말하는 이 '친마르크스주의자'의 언설은 독자를 내셔널리즘에 연결시킬 위험이 있다. '우선 개인'을 내세우는 오다기리 히데오의 '새로운 자아의식'에는 배외적인 '우리들 일본인'이 구조화되어 있기 때문이다"라고 말한다. 佐藤健一, 「『雨の降る品川駅』」 참조.

5. 전후 일본문학의 자기 표상

오다기리 히데오는 패전 직후 문학의 정치로부터의 자립을 주창했던 『근대문학』의 일원으로 참여하는 한편, 일본문학 연구가 아카데미의 영역에서 독립된 분과 학문으로 자리 잡는 데 핵심적인 역할을 수행했다. 이러한 그의 작업은 예컨대 일본문학과 관련된 각종 사전의 편찬으로 구체화되기도 했다. 특히 나카노 시게하루 관련 항목의 집필은 거의 오다기리가 전담했다. 나카노가 사망하기 2년 전인 1977년에 발간된 『일본문학대사전』에서 그는 나카노 시게하루의 일생과 문학을 전체적으로 조망하는 가운데, 쇼와 시기의 시문학에 대하여 "(초기의 시는) 혁명가의 생활과 감정과의 훌륭한 낭만적 표현, 그리고 혁명시인으로서의 고양하는 정열과 의지와의 미적 표현에 의해, 그뒤의 시(「비 내리는 시나가와역」)와 함께 일본 초기 프롤레타리아 시를 예술적으로 대표하는 것이 되었고, 쇼와 현대시를 이러한 방향에서 형성시킨 것이다"라고 자리매김하면서, 다음과 같은 문학사적 구도 속에서 나카노 시문학의 의미를 심화시키고 있다.

> 여러 가지 예기치 못한 고통에 갇혀 있었던 생활자들을 향한 정직한 애상(哀傷)과, 그 때문에 내향하거나 혹은 그 울분에 굴곡졌던 젊은 영혼과의 상쾌하고 명석한 서정적 표현이 되고 있다. 이것들은 무로 사이세이(室生犀星), 하기와라 사쿠타로(萩原朔太郎) 이후의 성숙된 다이쇼기 근대시, 특히 무로 사이세이의 예리한 미의식에 뒷받침된 생활파적 서정을 계승하면서도, 그것을 의식과 정서에 대한 파악의 명석함에 의해 쇼와시로 매개하는 것이 되었다.[37]

---

37 日本近代文学館 編, 『日本近代文學大事典』(東京: 講談社, 1977), 327~329쪽.

오다기리가 포착한 나카노 시게하루 시문학의 역사적 위치는 다이쇼기의 시와 쇼와의 현대시를 매개하는 지점에 놓여 있다. 즉, 최종적으로 오다기리는 나카노 시문학의 의의를 종적인 일본문학의 전통 속에서 발견해내는 것이다. 19세기 유럽의 보수주의적 문학자들이 예술과 문학의 의의를 '사람들이 사용하는 언어와 마찬가지로 역사·전통·민족의 산물'로 간주했다[38]는 점을 상기해볼 때, 나카노를 매개로 표출된 오다기리의 일본문학에 대한 사고가 문학적 보수주의의 이른바 일본적 표현이라는 것은 명백하다.

전후 일본문학의 제도화에 깊이 관여했던 오다기리 히데오의 일본문학(연구)에 대한 이상과 같은 언급은 전후 일본문학이 스스로를 어떤 내용으로 표상했는가를 단적으로 보여준다. 그것은 일본인이 일본어로 일본인의 감정과 정서를 표현한 것이 일본문학이며, 현재의 일본문학은 과거 일본인들이 축적해온 문학적 표현의 현재적 유산으로 존재한다는 것이다. 따라서 이러한 범주적 인식 위에서 성립하는 일본문학이 외국인의 접근과 이해를 쉽게 허용하지 않을 것이라는 것은 두말할 나위도 없다. 이 경우 오다기리가 스스로 입증했듯이, 그것이 특히 '시문학'일 경우 외국인과 같이 고유한 일본적 정서를 공유하지 못하는 타자가 그 문학적 본질에 도달하는 것은 거의 불가능하다는 일종의 배타주의로 나타나는 것은 어떤 의미에서 자연스러운 귀결이라 할 수 있다.

그러나 이러한 일본문학에 대한 보수주의적 자기 표상도 1990년대 이후 급속히 그 힘을 상실해가고 있다. 그러한 변화는 예컨대 '일본문학'이라는 개념을 대신해 '일본어문학'이라는 대안적 개념이 제기되는 것에서

38 로버트 니스벳, 강정인 옮김, 『보수주의』, 132쪽.

찾아볼 수 있다.[39] 식민지 문학에 대한 연구가 활성화되면서 등장한 '일본어문학'이라는 개념은 민족과 언어와 문화의 '삼위일체'라는 폐쇄적 내셔널리즘에 근거해 성립했던 '일본문학'에 대한 상대화 작업의 일환으로 제기된 것이다. 식민지 출신 작가의 일본어문학이라는 과거 식민지 지배의 문학적 유산이 촉발시킨 이 발상은 비일본인에 의해 쓰여진 문학과 일본인이 일본어가 아닌 다른 언어로 창작한 문학을 일본문학이라는 범주로 파악할 수 있는가라는 문제와도 연동되어 있다.[40] 물론 주지하는 바와 같이 이러한 인식의 전환에 재일 조선인의 일본어문학은 중요한 계기를 제공했다. 결국 '일본어문학'이라는 개념이 제안하는 것은 문학을 내셔널리즘적 기준에서 바라보는 것에서 벗어나, 역사적으로 일본문학이 매우 다민족적이며 다문화적인 상황 속에서 존재해왔다는 것을 냉정하게 인정하는 이른바 탈내셔널리즘으로의 태도 변경이다. 장혁주와 김사량과 같은 작가의 일본어 작품이 뒤늦게 주목을 받게 된 것도 이러한 흐름과 결코 무관하지 않다.

일본문학의 보수주의적 자기 표상이 상대화되고 있는 현재의 시점에서 80여 년 전에 쓰여진 시 「비 내리는 시나가와역」의 의미도 새롭게 재조명될 필요가 있다. 나카노는 이 시에서 일본인이라는 위치에서 벗어나 피

---

39 '일본어문학'이라는 개념이 학술용어로서 정착된 것은 1990년대 이후이다. 하지만 이 개념이 처음으로 제안된 것은 1972년 재일 조선인 문학자 김석범에 의해서이다. 김석범은 『ことばの呪縛:「在日朝鮮人文学」と日本語』에서 일본어와 조선어라는 두 개의 언어에 의해 구속받는 재일 조선인 작가가 일본어로 글을 쓰는 문제를 언급하는데, 나라와 언어를 빼앗기고 '타자의 역사'를 살아가지 않을 수 없었던 재일 조선인 작가가 빼앗은 쪽의 언어로 글을 쓰지 않을 수 없을 때 그것은 '일본문학'이라고 부를 수 없으며, 따라서 '일본어문학'이라는 개념이 요청된다고 적고 있다.

40 黒川創篇, 『〈外地〉の日本語文学選』, 全三卷(東京: 新宿書房, 1996)은 이러한 문제의식이 낳은 주목할 만한 최초의 성과라고 할 수 있다.

식민자의 입장에서 일본인이 타민족에게 행하는 지배의 기만성에 대한 폭로에 그치지 않고, 그것을 넘어서 기만적 지배가 피식민자에게 일으키는 '울분'을 보고자 했다. 따라서 이 시는 일본인이 일본어로 썼다는 사실만으로 기존의 일본문학 속에 가두어두려는 태도를 근원적으로 거부하는 텍스트라고 할 수 있다. 무엇보다도 '민족을 넘어선 계급'이라는 추상적 이념의 힘에 의지하지 않고, '상상력'을 통해 내셔널리즘의 제약을 넘어 타자에 육박하려고 한 시인의 시도는 제국의 지배를 향해 분출했던 문학적 저항의 기록이자 일본문학을 둘러싼 탈내셔널리즘적 재편의 의미를 다시금 생각하게 하는 문학의 자산으로서 기억될 필요가 있다.

📖 참고문헌

- 김윤식, 『한·일근대문학의 관련양상 신론』(서울: 서울대학교출판부, 2001).
- 로버트 니스벳, 강정인 옮김, 『보수주의』(서울: 이후, 2007).
- 黒川創篇, 『〈外地〉の日本語文学選』, 全3巻(東京: 新宿書房, 1996).
- 日本近代文学館 編, 『日本近代文学大事典』(東京: 講談社, 1977).
- 島村輝, 「創造的誤読のすすめ」, 『文学の闇/近代の沈黙』(東京: 世織出版, 2003).
- 丸山珪一, 「「雨の降る品川駅」をめぐって」, 『金沢大学教養学部論集』, 第28巻 第1号.
- 小田切秀雄, 『中野重治: 文学の根源から』(東京: 講談社, 1999).
- 大澤真幸, 『戦後の思想空間』(東京: 筑摩書房, 1997).
- 駒込武, 『植民地帝国日本の文化統合』(東京: 岩波書店, 1996).
- 小熊英二, 『単一民族神話の起源』(東京: 新曜社, 1996).
- 江藤淳, 『昭和の文人』(東京: 新潮社, 1989).
- 高橋博史, 「中野重治·海と機関車」, 『国文学解釈と鑑賞』, 2005年 2月号.
- 萩野富士夫, 『特高警察体制史』(東京: せきた書房, 2001).
- 山脇啓造, 『近代日本と外国人労働者』(東京: 明石出版, 1994).
- 中野重治, 「「雨の降る品川駅」のこと」, 『季刊三千里』, 1975年 5月号.
- フジタニ·タカシ, 米山リサ 訳, 『天皇のページェント: 近代日本の歴史民族誌から』(東京: 日本放送出版会, 1994).
- 佐藤健一, 「『雨の降る品川駅』: 中野重治(作品別現代詩を読むための研究事典: 詩はどのように読まれてきたか)」, 『国文学解釈と教材の研究』, 37巻 3号(1992).

2장

전후 일본 보수정치의 식민지 표상

기시 노부스케와 '만주'

임성모

1. 전후 일본의 만주 기억과 기시

최근 들어 기억의 문제가 탈식민주의 연구의 화두로 급부상하고 있다. 탈냉전 이후의 '제국'론과 맞물려 종래의 오리엔탈리즘 비판과 마찬가지로 일상화되고 신체화된 '제국'의 흔적을 상흔으로서의 기억에서 찾으려는 것이리라. 그것은 전후 일본 사회의 각종 현상들이 각 개인들의 일상적인 경험의 차원을 토대로 정치적 차원에 투영되어 나타나는 '표상'으로서의 '제국의 기억'을 문제로 삼는 일이기도 하다. 이 '제국의 기억' 속에는 일본인의 식민지 체험에 입각한 식민주의적 의식과 무의식이 작동하게 된다.

패전 후의 일본 사회에서 식민지 지배, 특히 '만주' 지배의 경험은 어떻게 기억으로서 표상되었을까. 만주 지배의 기억은 무엇보다도 외상(trauma)과 향수(nostalgia)라는 두 측면에서 조명될 수 있다. 우선 외상으로서의 기억은 패전 직후의 인양(引揚)과 관련된 이른바 '잔류 고아' 문제를 통해 나타난다.[1] 한편, 향수로서의 기억이라는 측면은 사회와 정치의 두 층위로 나누어볼 수가 있다. 먼저 사회적 층위에서는 대중의 일상과 직결되는 만주 관광의 경우가 전형적인 사례이다.[2] 한편, 정치적 층위에서 만주 지배의 향수가 환기된 사례는 1950년대 후반에 내각을 조직해 강권 통치 하에서 고도

---

* 연세대학교 사학과 부교수.

* 이 글의 초고는 『일본학보』, 제78집(2009년 2월)에 수록되었음.

1 井出孫六, 『中国殘留邦人: 置き去られた六十余年』(東京: 岩波書店, 2008); 蘭信三 編, 『中国殘留日本人という経験: '満洲'と日本を問い続けて』(東京: 勉誠出版, 2009); 蘭信三 編, 『'中国歸国者'の生活世界』(東京: 行路社, 2000) 등 참조.

2 高媛, 「記憶産業としてのツーリズム: 戦後における日本人の'満洲'観光」, 『現代思想』, 29-4(2001).

만주국과 전시 통제경제의 주도자에서 전후 자민당 보수정치의 주역으로 변신한 기시 노부스케.

경제성장의 토대를 구축했던 기시 노부스케(岸信介)의 경우를 대표적으로 꼽을 수 있다.

'쇼와(昭和)의 요괴'[3]라고도 불리는 일본 보수정치의 상징 기시는 최근 언론을 통해 아베 신조(安倍晋三) 정권의 '모델'로서 재평가되기도 했다. 냉전 해체 이후 네오내셔널리즘이 전면적으로 대두하는 보수화의 추세 가운데 '보수 방류'에 대한 재평가의 대두를 배경으로 한 것이다. 예컨대, 정치학자 하라 요시히사(原彬久)는 "점령통치자 맥아더의 '하도급자' 역할을 하면서 '강화'와 '독립'의 길을 추구해 (구)안보조약을 주도했던 요

[3] 岩見隆夫,『新版 昭和の妖怪 岸信介』(東京: 朝日ソノラマ, 1994).

시다 시게루(吉田茂)와, 요시다의 '피점령적 체질'에 반발하여 (신)안보조약 체결로 나아갔던 기시"[4]라고 하여, 요시다의 '보수 본류'에 맞선 '보수 방류'의 상징으로서 기시를 자리매김한다.

기시 노부스케가 재조명되고 있는 구체적인 이유는 최근 제9조를 중심으로 한 헌법 개정 논의가 본격화되고, 또 '잃어버린 10년'을 극복할 경제 재건의 비전과 관련해서 고도성장기의 '일본적 경영'과 국가 주도적 복지 정책에 다시금 주목하기 때문이다. 후술하듯이, 기시가 패전 후 공직 추방에서 해제되면서 투신했던 일본재건연맹(1952)은 5대 정책 가운데 헌법 개정과 '민생 안정'을 명시하고 있었다. 특히 복지 정책과 관련해서는 전 수상 아베 신조가 이른바 '탈(脫)전후 레짐'의 경제 정책으로서 기시 내각 시기의 최저임금법과 국민연금법 입법을 '민생 안정' 대책의 획기적 실례로서 강조한 바 있다.[5] 기시 노부스케가 표방했던 '국가 개조'와 '혁신'의 외양을 탈냉전기에 다시 부활시키려는 의도가 엿보인다.

이처럼 기시 노부스케를 긍정적으로 재평가하려는 움직임에 대해서는 여러 방면에서 비판이 전개되어왔으며, 비판의 전제로서 전전·전시와 전후 보수정치의 연속성에 대해서도 새로운 조명이 이루어지고 있다.[6] 필

---

4 原彬久,『吉田茂: 尊皇の政治家』(東京: 岩波書店, 2005), 240쪽.

5 "거의 알려져 있지 않지만 기시 내각 당시에 최저임금법과 국민연금법을 성립시켰죠.… 전전(戰前)부터 조부(祖父)가 생각하고 있던 정책, 즉 국민의 생활을 보장하고 민심이 안정될 때라야 비로소 국가라고 하는 인식에서 취해진 정책이라 볼 수 있어요.… 조부는 '빈곤한 사람들의 곤궁'을 만들어내고 있는 국가 자체를 개조해나감으로써 빈곤한 이들을 돕고자 권력에 접근해나갔던 겁니다." 安倍晋三·福田和也,「(対談)岸信介の復活」,『諸君!』(2003年 9月), 24~25쪽.

6 이와 관련해서는 小林英夫,『満州と自民党』(東京: 新潮社, 2005); 宮崎学&近代の深層研究会,『安倍晋三の敬愛する祖父岸信介』(東京: 同時代社, 2006);『現代思想』, 35-1(特集: 岸信介: 戦後国家主義の原點)(東京: 青土社, 2007) 등 참조. 특히 고바야

자도 기본적으로 이들 비판에 동의하지만, 한 가지 문제점이라면 기시의 전시 만주(국) 경험과 전후 보수정치의 연속성이 정치와 경제, 또 내정과 외교의 양 측면에서 통일적으로 파악되기보다 분절적으로 파악되는 경향이 있다는 점이다.[7] 이 글에서는 기시 노부스케의 만주국 경영, 그리고 전후 보수정치의 내정과 외교에 나타난 관료통제·국가주의·개발주의의 세 지표에 의해서 전시 총력전체제와 전후 보수정치의 연속성을 통일적으로 파악해보고자 한다. 이를 통해 식민지 체험과 그 기억이 일본 사회의 탈식민주의화와 탈국가주의화를 지연시키고 있는 요인의 일단을 밝히려는 것이 이 글의 목적이다.

2. 혁신관료의 전시 통제경제 경험

산업합리화에서 통제경제로

'혁신관료'[8]로서 기시가 두각을 나타내기 시작한 것은 1920년대 농상

시 책의 띠지에는 "전후 일본은 만주국의 재현이었다. 만철조사부, 상공성, 전후의 경제안정본부, 그리고 보수합동까지—그 중심에는 기시 노부스케가 있었다"라는 문구를 넣음으로써 전전과 전후의 연속성을 강조하고 있다.

7 예컨대, 原彬久, 『岸信介: 權勢の政治家』(東京: 岩波書店, 1995); 金俊燮, 「岸信介の思想と行動」, 広島大学大学院社会科学研究科博士論文(1997); 김준섭, 「기시 노부스케: 전후 일본의 우익 정치인의 원형」, 『일본연구논총』, 15(현대일본학회, 2002) 등은 정치적 측면을 분석하는 데 치중한 반면, 中村隆英·宮崎正康 編, 『岸信介政權と高度成長』(東京: 東洋経済新報社, 2003)이나 小林英夫, 『満州と自民党』 등은 경제적 측면에 강조점을 두고 있다.

8 후루카와 다카히사(古川隆久)는 전시기 일본을 주도했던 관료들을 '신관료'와 '혁신관료'로 구분하고 있다. '신관료'에는 1910년대에 도쿄제국대학을 졸업하고 관료가 된 요

무성-상공성에서 '산업합리화'의 국가통제 구상을 제시하면서부터였다. 도쿄제국대학 법학부를 수석으로 졸업한 기시는 1920년 농상무성(1881년 개설)에 들어가게 된다. 왜 대장성도, 내무성도 아닌 농상무성이었을까.[9] 기시는 전후의 회고 가운데서 "내무성이라면 권력 중심의 경찰 행정이라는 게 되는데, 그러한 권력만의 기구가 아니라는 것이 농상무성의 특징"[10]이었으며 자신은 "산업 경제의 실체에 관심을 갖고 있었다"고 말한 바 있다. 여기서 제1차 세계대전 이후 총력전체제가 준비되는 가운데 '산업 경제의 실체'가 급격히 변모하고 있었다는 점에 주목할 필요가 있다.

시다 시게루(1911년 졸업, 이하 숫자만 표시함), 요시노 신지(吉野信次, 1915) 등이 있는데, 정당정치에 비판적이고 산업 통제, 총동원 정책, 만주국 통치 등에도 관여했지만 체제의 혁신까지 구상하지는 못했다. 전시기에 차관·대신 등을 역임했던 이들과 달리 '혁신관료'는 1920년대에 도쿄제국대학을 졸업하고 관료가 된 기시 노부스케(1920), 시이나 에쓰사부로(椎名悦三郎, 1923) 등의 그룹으로, 학창시절에 마르크스주의의 영향을 받고 통제경제 경험을 쌓아 중일전쟁 전후부터 급부상하기 시작했다. 이들은 전시기에 각 성(省)의 과장·국장이나 기획원 등 종합 국책 기관의 정책 입안 스태프로 활동했으며, 체제 혁신적 지향이 강한 그룹이다. 중요한 것은 이들 신관료 및 혁신관료가 각각 '육군정경(政經)장교' 1세대 및 2세대와 결합되었다는 점이다. 육군정경장교 '1세대'란 1900년대에 육사를 졸업한 도조 히데키(東條英機, 1905) 등으로, 쇼와 초기에 결성된 각종 결사의 중심적 존재로서 대부분 전시기에 육군성·참모본부나 관동군의 과장·국장·부장 등을 거쳐 육상·차관·군사령관 등 요직에 오른 군사 관료들이다. 한편, '2세대'는 1910년대에 육사를 졸업한 아키나가 쓰키조(秋永月三, 1915), 이케다 준쿠(池田純久, 1916) 등으로, 제국대학 파견 학생 경험자가 많으며 전시기에 육군성·참모본부의 과장·국장이나 종합 국책 기관의 부장 등 중간 관리직에서 활동했고 전반적으로 급진적인 체제 개혁의 지향성을 보였다. 古川隆久, 『昭和戦中期の総合国策機関』(東京: 吉川弘文館, 1992), 16~19쪽 참조.

9 하타 이쿠히코(秦郁彦)의 연구에 따르면, 도쿄제국대학 법학부의 이른바 '은시계 그룹(銀時計組)'(졸업 시 천황으로부터 은시계를 하사받은 우등생 그룹)이 관료로 진출할 경우 1899~1918년 사이의 우선 순위는 대장성·내무성·농상무성순이었다. 秦郁彦, 『官僚の研究』(東京: 講談社, 1983), 185쪽.

10 原彬久 編, 『岸信介證言錄』(東京: 毎日新聞社, 2003), 348~349쪽.

일본에서의 총력전체제 구상은 육군에 의해 시작되었다. 일본 육군은 제1차 세계대전의 와중인 1915년 육군성과 참모본부 요원으로 구성된 임시 군사조사위원을 유럽으로 파견해 전시 동원의 실태를 시찰하게 함으로써 일본의 총력전체제화를 추진할 기초 자료를 수집했다. 시찰 결과는 고이소 구니아키(小磯国昭)의 『제국 국방자원』(1917)과 나가타 데쓰잔(永田鉄山)의 『국가총동원에 관한 의견』(1920) 등으로 구체화되어 입안 단계에 돌입했고, 육사 16기의 트리오인 나가타 데쓰잔, 오바타 도시시로(小畑敏四郎), 오카무라 야스지(岡村寧次)를 주축으로 군부 내에 실행을 위한 조직적 기반이 마련되었다.

1918년 고이소 등의 구상에 입각해「군수공업 동원법」이 제정되는 동시에 군수국(軍需局)과 군수평의회가 칙령으로 설치되었고, 육해군성에 병기공정과(兵器工政課)와 함정국(艦政局) 제6과가 신설되었다. 이들 군 관료 기구는 군수 자원과 군수 생산력에 대한 조사 및 입안을 담당했는데, 1919년 제정된「군수조사령」은 이들의 조사 활동을 본격화시키는 계기가 되었다. 이어 1920년에는 내각통계국(1898년 개설)과 군수국을 통합한 국세원(國勢院)이 신설되고, 그 제2부에서「군수공업 동원법」관련 사무를 전담하기에 이르렀다. 이러한 일련의 흐름은 제1차 세계대전 이후 본격화된 세계적인 총력전체제화의 흐름과 궤를 같이하는 것이었다.[11]

기시가 농상무성 관방문서과(官房文書課)에 배속된 1922년은 세계적인

11 총력전체제의 도입과 경과에 대해서는 小林英夫,「総力戦体制と植民地」, 今井清一 編,『體系日本現代史』, 2(東京: 日本評論社, 1979), 50~59쪽; 筒井清忠,『昭和期日本の構造』(東京: 有斐閣, 1984), 117~188쪽; Michael Barnhart, *Japan Prepares for Total War: The Search for Economic Security, 1919~1941*(Ithaca, New York: Cornell University Press, 1987), 22~49쪽 참조.

군축 조류에 발맞추어 일본에서도 행정 개혁이 단행된 시점이었다. 이해에 「군수조사령」이 개정되면서 국세원이 해체되고 군수평의회도 폐지되었다. 그러나 군수평의회가 1927년에 부활한 데서도 알 수 있듯이, 당시의 군축 행정 개혁은 일시적인 것이었다. 실제로 국세원 제1부(내각통계국 업무 승계)는 통계국으로 존속되었고, 제2부가 담당했던 군수 조사와 군수공업 지도 업무는 농상무성 공무국(工務局)이 담당하게 되었다. 요컨대, 기시의 농상무성 시기(1920~25)는 경제 관련 관료 기구와 군부가 인적·제도적으로 결합하기 시작한 시점과 중첩되어 있었던 것이다.[12]

기시는 1925년의 행정 기구 개편에 의해 농상무성이 농무성과 상공성으로 분할되자 상공성으로 배속되었다. 그는 상공성 사무관으로서 1926년 필라델피아 엑스포 참관차 미국을 방문했다가 귀국하는 길에 처음으로 유럽(영국과 독일)을 시찰했다. 미국과의 생산력 격차를 직접 목도하고 초조했던 기시는 이 제1차 유럽 시찰에서 독일의 이른바 '국가통제(Nationalisierung) 운동', 즉 산업합리화 운동에 큰 자극을 받아 귀국 후에 그 시찰기를 보고서로 작성했다. 이 보고서는 당시에 별 반향이 없었지만 3년 뒤인 1929년에 발족한 하마구치 오사치(濱口雄幸) 내각의 관심을 끌게 되었고, 그 결과 1930년 5월부터 11월까지 베를린으로 파견되어 제2차 유럽 시찰에 나서게 되었다.

기시가 남긴 두 차례의 보고서는 현재 남아 있지 않지만, 1930년 제2차 보고서의 개략적인 내용은 그가 1932년에 쓴 글[13]을 통해서 간접적으로 파악할 수가 있다. 기시는 여기서 "산업합리화 운동을 일관하고 있는 정신은

---

12 長原豊, 「「連続」と「断絶」の対合(キアズム)」, 『現代思想』, 35-1(2007), 91쪽.

13 岸信介, 「歐洲に於ける産業合理化の実際に就いて」, 『産業合理化』, 第4輯(1932年 1月). 이 잡지는 상공성의 외국(外局)인 임시산업합리국의 기관지이다.

각자가 자기 기업 내부에 틀어박혀 서로 대치하며 자유경쟁하는 것이 아니라 다른 기업가와 협조하는 것"이라고 하여 기존의 자유시장경제에 대한 반감을 표명한다. 그리고 일본의 경제 불황을 극복하기 위해서는 '코스트'의 절감이 필요한데, 미국식 테일러·포드주의식 '대량 생산'이 아니라 '소량 생산'을 하더라도 코스트를 낮출 수 있는 방식이 일본에 적합하다고 보았다. 대기업을 위주로 한 독일의 산업합리화 운동과는 달리 중소기업을 고려해 기업 간, 생산자·판매자·소비자 간, 노자 간의 '협조의 정신에 의해 지도되는' 합리화 정책을 강조하고 있다. 한편, 합리화의 방식 면에서는 '생산·분배·소비를 포괄하는 국민경제 전반에 걸친 합리화'를 이루기 위해 정당정치의 영향력으로부터 자유로울 수 있도록 '반관반민의 국민적 중추 기관'이 주도하는 '자주통제'가 필요함을 강조했다.[14]

기시가 자유시장경제에 대한 반감을 표명한 대표적 사례로는 1928년에 쓴 「거래소법」 해설을 들 수 있다. 이 글에서 기시는 '대자본의 집중'을 특징으로 하는 '현대 경제 조직'이 "전체적으로 무질서하고 통제가 없는 자본주의 자유주의 경제 조직"이라 규정한 뒤, 증권거래소가 지닌 '백주의 공개 도박장'이라는 측면을 부각시키고 있다. 즉, "거래소가 '재계의 바로미터'라고 불리는 데는 그럴 만한 이유가 있지만, 과연 지금의 거래소가 실제로 이런 중책을 다하고 있느냐는 별개의 문제이다. 무라마사(村正)[15] 명도(名刀)의 호쾌한 맛에 현혹되어 그 칼이 얼마나 많은 선인(善人)을 죽였는가 하는 현실 문제를 잊어서는 안 된다"[16]고 비판했던 것이다. 결국 기

14 岸信介, 「歐洲に於ける產業合理化の実際に就いて」, 30~35쪽.

15 무라마사는 무로마치(室町)시대의 전설적인 도공(刀工)이다. 그가 만든 명도로 도쿠가와 이에야스(德川家康)의 조부가 살해되었다고 하여 에도(江戶)시대에는 금기시된 인물이기도 했다.

시는 증권거래소에 대한 국가의 감독권, 즉 '면허주의'를 주장함으로써 시장에 대한 국가의 우위를 강조했다. "우리 거래소법이 의도하는 바는 일체의 투기시장을 국가의 감독 아래 두는 데 있다. 투기시장은 상공대신의 면허를 받아 설립된 법인이 아니면 개설할 수 없"게[17] 해야 한다는 것이 그의 결론이었다.

그런데 기시가 1934년 3월 일본상공회의소와 도쿄상공회의소 연합으로 개최한 강연회에서 했던 강연의 요지를 보면, 1926년 당시를 회고하는 가운데 미국의 압도적 경제력에 대한 패배감과 초조감 그리고 독일 시찰 때 화학공업의 발전을 보고 전략적 전망을 얻게 되었음이 강조되고 있다.[18] 결국 산업합리화가 애초부터 통제경제였다고 보아 그 정책적 정통성을 부각시키면서 독일형 통제경제의 도입에 의해 미국과 대립하는 노선을 선택하려 했던 것임을 알 수 있다.

이와 관련해서 주목할 점은 제1차 유럽 시찰 직후와 비교할 때 기시의 논조에 중요한 변화가 엿보인다는 것이다. 나가하라 유타카(長原豊)의 분석에 의하면, 중소기업 위주의 '자주통제'에서 대자본 위주의 '국가통제'로 바뀌었다는 점, 또한 국내 경제의 차원을 넘어서서 제국 규모의 '국제적 협력'을 전망했다는 점이 그 변화의 내용이다.[19] 실제로 '국제적 협

16 岸信介, 「取引所法」, 南正樹 外, 『現代法学全集』, 第23巻(東京: 日本評論社, 1928), 103~104쪽. 이 책에는 호시노 나오키(星野直樹)의 「세법(稅法)」 등 모두 4편의 글이 실려 있다.

17 岸信介, 「取引所法」, 198~199쪽.

18 岸信介, 「産業合理化より統制経済へ」, 『産業合理化』, 第12輯(1934年 4月).

19 長原豊, 「「連続」と「断絶」の対合(キアズム)」, 96~97쪽. 나가하라는 기시의 직속 상관인 상공차관 요시노 신지(요시노 사쿠조[吉野作造]의 동생)의 구상이 '국내시장, 즉 민수(民需) 확대에 의한 불황 대책 전략'이었던 것과 달리 기시의 구상은 결코 국내 차원

력'의 전망은 기시가 제2차 유럽 시찰 중이던 1930년 7월, 당시 상공성의 상관이던 기도 고이치(木戸幸一)에게 보낸 서한에서도 피력된 바 있다. 그가 이 서한에서 사용한 '국제적 협력'이라는 말은 일본열도를 넘어선 식민지, 점령지와의 경제적 네트워킹을 뜻하는 것으로 이해된다.[20]

요컨대, 기시의 제2차 유럽 시찰 보고의 골자는 자유경쟁에 입각한 독점의 강화로 공황에 대응하려는 일본 재계의 자주적 대응이 공공성, 즉 '협조 정신'의 결여 때문에 실패할 수밖에 없다는 것, 그러므로 국가의 직접적인 개입에 의해 대자본 중심의 재계에 '협조'를 촉진하는 위로부터의 국가통제가 필요하며, 이 통제경제는 일본열도 규모가 아니라 제국 규모의 전망을 갖고 이루어져야 한다는 것이었다. 합리화 운동의 지도 정신을 제국 규모의 자유경쟁 부정과 코스트 절감의 국가통제로 요약한 이 보고에 대해서 총력전체제를 구상하고 있던 육군 '통제파'는 지대한 관심을 표명했다.[21]

1931년 3월에 제정된 「중요산업 통제법」은 기시 등 혁신관료의 산업 합리화 구상과 군부의 총력전체제 구상이 맞물리게 되는 디딤돌이었다.

의 대책에서 그치지 않았다는 점을 강조하고 있는데, 이는 '제국 관료'로서 기시의 구상력을 정확하게 짚은 것이다.

20 기시는 이 편지에서 "합리화의 진정한 정신은 국민적 공동(共働)에 있다(Gemeinarbeit des Volks). 이 점이 미국의 합리화 및 독일의 그것과 가장 큰 차이이다. 한 기업이나 한 산업 부문 같은 사소한 문제가 아니라 국민경제 전체의 문제이다.… 산업합리화 운동을 경제사적으로 고찰한다면 세계대전을 획기로 한 세계경제 재편 운동에 다름 아니다. 현재의 상황에서는 세계경제의 단위인 각 국민경제 내부에서 합리화를 수행해나가겠지만 결국 국제적 협력을 필요로 한다"고 말했다. 岸信介, 「昭和五年ドイツ出張中, 木戸幸一に宛てドイツの産業合理化を報じた手紙」(1930年 7月 13日), 岸信介·矢次一夫·伊藤隆, 『岸信介の回想』(東京: 文藝春秋社, 1981), 290~291쪽.

21 原彬久, 『岸信介』, 49~50쪽.

당시 기시는 문서과ㅅ장 요시노 신지 아래에서 이 법안의 입안을 주도하여 19개 중요 산업의 카르텔 결성을 중심으로 국가에 의한 대자본 육성책을 현실화함으로써 혁신관료로서 두각을 나타내기 시작한다. 통제법은 공황 대책으로서 재계의 지지를 받아 성립한 만큼 대기업 측의 '자주통제'적 측면이 강했기 때문에 당시로는 '국가통제'라고 보기 힘들었지만,[22] 이후 1936년까지 모두 26개 산업으로 확대되는 가운데 상공성 소관의 기간 산업을 총망라하는 국가 주도적 통제경제로의 전환점을 이루었다. 예컨대, 기시가 입안한 1936년 5월의 「자동차 제조 사업법」은 「중요산업 통제법」의 대상 가운데 하나였던 자동차 산업을 '국방의 요구'와 결합시킨 전형적인 통제경제 입법이었다. 사업법은 도요타·닛산·이스즈에 대한 집중적인 보호 육성을 통해 자동차의 국산화를 꾀한 것인데, 만주사변 이후 군사적 차원에서 자동차 국산화를 제창하고 있던 군부의 요구와 완전히 합치되는 것이었다.[23] 이처럼 통제법 입안 이후 기시는 통제경제의 중요한 매듭 때마다 핵심 법규의 제정과 실시에서 주도적인 역할을 수행함으로써 통제경제론자로서 이름을 떨치게 되었다.

관료통제의 실험장, 만주국

만주국은 기시의 통제경제론이 군부와 본격적으로 결합하여 관료통제를 실험하는 공간이었다. 1935년 5월 상공성 문서과장에서 공부국장으로 승진해 출세 가도를 달리던 기시는 1936년 10월 만주국 실업부(實業部) 총무사장(總務司長)으로 전출을 가게 된다. 그 배경으로는 먼저 이해 3월에

---

22 武田晴人,「資本蓄積(3) 独占資本」, 大石嘉一郎 編,『日本帝国主義史 2 世界大恐慌期』(東京: 東京大学出版会, 1987), 220~221쪽.

23 原彬久,『岸信介』, 50~51쪽.

조각된 히로타 고이치(廣田弘毅) 내각의 신임 상공대신 오가와 고타로(小川鄕太郎)가 상공성의 실세였던 요시노-기시 라인을 배제하려 했다는 정치적 알력을 들 수 있다. 그러나 더 중요한 것은 그 이전부터 기시 본인이 만주국 산업개발에 관심을 갖고 있었고, 군부(육군성과 관동군)에서도 만주국 통제경제의 지휘자로서 기시를 요구하고 있었다는 점이다.

기시가 만주에 관심을 보인 것은 적어도 1932년 이래의 일이다. 관동군은 만주국 건국 이후 대장성과 상공성의 경제 관료들을 영입해 그들을 일본의 농림성과 상공성에 해당하는 실업부 등에 기용하기 시작했다(〈표 1〉 참조).[24]

기시는 1932년 9월 자신이 가장 신임하는 후배 시이나 에쓰사부로를 만주로 보냈는데, 그 배경을 다음과 같이 회고하고 있다.

> 만주사변이 일어난 뒤 상공성에서 다카하시 고준(高橋康順)을 비롯해 여러 명이 만주로 건너갔다. 그런데 만주의 산업 행정에 대해서는 관동군 제4과가 멋대로 하고 있었다. 군인이기 때문에 잘못 보는 것도 상당히 있고 해서 일본 재계에서도 관동군이 지나친 전횡을 일삼는다고 불만이었다. 이래서는 안 된다, 산업 행정 문제에 대해서는 상공성의 가장 우수한 인재들이 가서 군인들로부터 산업 행정을 넘겨받아야 한다, 언젠가는 자신이 가서 하지 않

---

24 이는 日本近代史料研究会 編, 『戦前期日本官僚制の制度·組織·人事』(東京: 東京大学出版会, 1981)에서 작성한 것이다. 한편, 사법관료의 경우 1934년 초부터 상당수의 일본인 사법관이 만주국의 중요 포스트에 취임했으며, 내무관료의 경우에는 1934년 말에 20여 명의 내무성 경찰 관계 관료가 만주로 파견되었는데, 종래의 파견이 지원자의 단독 파견이었던 것과는 달리 성 차원의 조직적 준비에 의해 만주국 민정부의 수뇌부를 내무성의 베테랑으로 채운다고 하는 군부의 구상에 따른 것이었다. 満洲国史編纂刊行会 編, 『満洲国史 各論』(東京: 満蒙同胞援護会, 1971), 376~378쪽; 満洲回顧集刊行会 編, 『あゝ満洲: 国つくり産業開発者の手記』(東京: 同刊行会, 1965), 55쪽.

〈표 1〉 일본 경제 관료의 만주국 파견 실태(1932~1937)

1932	대장성	10	호시노 나오키(星野直樹, 재정부), 야마나시 다케오(山梨武夫, 재정부), 겐다 마쓰조(源田松三, 재정부), 다무라 도시오(田村敏雄, 재정부), 다나카 다카시(田中恭, 재정부), 마쓰다 레이스케(松田令輔, 총무청), 후루미 다다유키(古海忠之, 총무청), 다카쿠다 규키치(高久田久吉, 재무부), 데라사키 히데오(寺崎英雄, 감찰원), 사카타 스미오(阪田純雄, 재정부)
	상공성	8	다카하시 고준(高橋康順, 실업부), 오노 기시치로(小野儀七郎, 실업부), 시이나 에쓰사부로(椎名悦三郎, 실업부), 야마모토 다케시(山本武, 실업부), 나라하라 쓰토무(楢原勉, 실업부), 히로세 마쓰오(広瀬松夫, 실업부), 미노베 요지(美濃部洋次, 실업부), 이시자카 젠고로(石坂善五郎, 실업부)
1933	대장성	7	이토 히로시(伊藤博, 내무부), 요네다 마사후미(米田正文, 국도부), 나카자와 다케오(中澤武夫, 재정부), 난바 게이이치(難波経一, 재정부), 마쓰자키 겐키치(松崎健吉, 재정부), 후루키 류조(古木隆藏, 재정부), 모리 히데오토(毛利英於菟, 총무청)
	상공성	0	
1934	대장성	2	스기무라 다다시(杉村正, 재무부), 고미야 요(小宮陽, 재무부)
	상공성	2	다카하시 데쓰(高橋哲, 실업부), 가자하야 요시오(風早義雄, 실업부)
1935	대장성	3	아오키 미노루(青木實, 재정부), 하토리 다쓰조(服部辰藏, 감찰부), 니시야마 사나이(西山左內, 재무부)
	상공성	4	다카쓰 히코지(高津彦次, 실업부), 시세키 이헤이(始関伊平, 임시산업조사국), 쓰다 히로시(津田広, 실업부), 하나부사 마사미(蕚優美, 실업부)
1936	대장성	0	
	상공성	2	기시 노부스케(岸信介, 실업부), 우에하라 군이치로(上原群一郎, 실업부)
1937	대장성	6	니시무라 준이치로(西村淳一郎, 재정부), 마쓰야마 소토키치(松山外吉, 재정부), 가토 하치로(加藤八郎, 재정부), 하라 규이치로(原久一郎, 총무부), 우치다 쓰네오(內田常雄, 재정부), 히라타 다케마쓰(平田丈松, 총무청)
	상공성	3	간다 오소이(神田遲, 실업부), 오카베 구니오(岡部邦生, 실업부), 마쓰오카 다케오(松岡猛雄, 실업부)

으면 안 된다고 하는 게 내 생각이었다. 그래서 우선 '시이나 군, 자네가 데려가고 싶은 사람은 내가 말해서 그렇게 해줄 테니 한발 먼저 가주지 않겠나' 하고 그를 설득해서 가게 했던 것이다.[25]

25 岸信介·矢次一夫·伊藤隆, 『岸信介の回想』, 22쪽.

만주국 건국 당시 관동군은 '재벌 배제(財閥不入滿)' 방침을 취했기 때문에 재계로부터 불만을 사고 있었다.[26] 하지만 관료들에게 만주국은 신국가 건설 과정에서 각종 정치·경제·사회 정책을 입안하고 실행하며 실험할 수 있는 장으로서 커다란 매력을 갖고 있었다. 이처럼 만주국에서의 활동에 대한 본인의 관심이 높았을 뿐만 아니라, 육군 통제파 쪽에서도 「중요산업 통제법」 이래 기시의 통제경제론과 그 실행 수완을 높이 평가해 만주국 경제의 경영을 맡기고자 노력했다. 육군성 군사과의 만주반장이던 가타쿠라 다다시(片倉衷)는 기시를 영입하기 위해 1935년부터 상공성을 출입했을 정도였고, 특히 군무국의 아키나가 쓰기조가 가장 적극적으로 기시 영입을 주장했다고 한다.[27]

당시 만주국은 이른바 '총무청 중심주의'라는 이름 아래 국무원 총무청의 일본인 관료(각부 차장)가 실권을 장악하는 중앙집권적 지배체제를 구축하는 한편, 일본에서 파견된 혁신관료 그룹의 비중을 높여가고 있었다. 그리고 그 배후에는 실질적 국책 결정 기구인 총무청 차장회의에 대한 관동군 참모부의 통제에 의해 관동군의 내면 지도가 관철되고 있었다. 요컨대, 제국 일본은 관동군과 일본인 관료의 이른바 '군관복합체'[28]에 의해 만주국의 정치적 헤게모니를 장악했던 것이다. 특히 1934년 말 일본에 대만사무국(對滿事務局)이 설치되면서 만주국의 관료 지배체제는 일본 본국 관료와의 연계를 강화시켜나가게 된다.

---

26 坂本雅子, 「戦争と財閥」, 『体系日本現代史』, 4(東京: 日本評論社, 1979), 50~52쪽.

27 原彬久, 『岸信介』, 55~56쪽.

28 이 용어는 전시기 일본 관료체제의 두드러진 특징이었던 현역 장교의 정치적 진출을 분석할 때 사용된 것이다. 永井和, 『近代日本の軍部と政治』(東京: 思文閣出版, 1993), 175쪽.

이런 상황에서 자발적으로 만주국에 건너간 기시는 '산업개발 5개년 계획'을 실행하면서 통제경제의 본격적인 운용을 실험하게 된다. 그는 만주국 총무장관 호시노 나오키(星野直樹) 밑에서 실업부 총무사장을 거쳐 산업부 차장, 총무청 차장으로 승진하며 통제경제를 운용해나갔다. 만주국 산업개발 5개년 계획의 입안은 이시하라 간지(石原莞爾)의 싱크탱크였던 일만재정경제연구회에 의해 이루어졌고,[29] 관동군, 만철(滿鐵, 남만주철도 주식회사) 경제조사부, 일만재정경제연구회 공동의 탕강쯔(湯崗子) 회의(1936년 9월)를 통해 성안되어 있었으나, 자금 조달과 경영진 영입이라는 핵심 사안은 기시가 담당하고 있었다.

만주국 산업개발 5개년 계획의 내용을 보면, 첫째로 광공업, 특히 철강·석탄·금속·인조석유 부문에 전체 소요 자금의 절반을 집중 투하한다는 것, 둘째로 무엇보다 만주국 자체에서의 중화학공업 건설을 일차적으로 고려한다는 것, 셋째로 군수공업의 핵심인 기계공업과 숙련 노동력은 일본 군수공업의 육성과 재편에 의존하여 해결한다는 것, 넷째로 만철을 자금 공급원으로 해서 만주국 건설 초기에 만들어진 특수회사와 준특수회사들을 중심으로 경제 건설을 추진한다는 것이었다.[30] 전체 소요 자금으로 총 25억 엔이 상정된 이 거대한 계획은[31] 정부의 재원으로 중화학공업을 중심으로 한 만주국의 생산력 확충을 일본의 생산력 확충과 연계시키고 있었던 것이다.

1937년 4월 이후 호시노-기시 콤비는 5개년 계획과 관련된 통제입법

---

29 자세한 내용은 小林英夫, 『「日本株式会社」を創った男: 宮崎正義の生涯』(東京: 小学館, 1995), 127~143쪽 참조.

30 小林英夫, 『「大東亜共栄圏」の形成と崩壊』(東京: 御茶の水書房, 1975), 73~76쪽.

31 당시 일본의 국가 예산은 16억 엔이었다.

들을 하나씩 마련해나갔다. 5월에 「중요산업 통제법」과 「산금매상법(産金買上法)」, 10월에 강화된 「어음관리법」과 「면화통제법」, 12월에는 「무역통제법」이 시행되었다. 이듬해 2월에는 「국가총동원법」, 4월에 「철강류 통제법」, 9월에 「임시자금 통제법」, 11월에는 「미곡관리법」과 「만주 미곡주식회사법」, 그리고 12월에 「노동통제법」이 제정되었다. 자금·물류·노동력 그리고 식량에 대한 전면적인 관료통제가 강화되었던 것이다.[32] 「미곡관리법」은 이후 일본에서 입안된 「식량관리법」의 원형에 해당한다.

한편, 기시는 관동군의 '재벌 배제' 방침을 전환시켜 만철의 방만한 경영을 종식시키고 신흥 재벌 등 민간 기업을 동원한 통제경제를 모색했다. 우선 철도뿐만 아니라 제강 등 중공업 분야까지 다각 경영을 하고 있던 기존의 만철을 철도·탄광·조사 부문으로 대폭 축소시키는 이른바 '만철 개조(改組)'를 단행하여 군수 산업과 직결되는 통제경제의 핵심인 중화학공업 부문을 국가통제 하에 둘 수 있는 틀을 모색했다. 이와 함께 중화학공업 경영을 주도할 신흥 재벌 닛산의 만주 이전을 주도해나갔다. 기시는 이 문제들을 해결하기 위해 만철 총재 마쓰오카 요스케(松岡洋右)와 닛산 총수 아유카와 요시스케(鮎川義介)의 회견을 주선하는 데 결정적인 역할을 했다. 그가 적임자였던 것은 아유카와가 같은 야마구치현(山口縣) 출신의 먼 친척이었을 뿐 아니라, 마쓰오카는 숙부의 의형(義兄)으로서 기시를 항상 조카라고 자랑 삼아 소개하던[33] 사이였기 때문이다. 결국 기시는 닛산을 모체로 한 만업(滿業, 만주 중공업 개발주식회사)이 만철 산하 중공업 부문을 인수하는 빅딜을 성사시킴으로써 5개년 계획의 추동력을 만들어냈

---

32 小林英夫, 『「日本株式会社」を創った男』, 162쪽.

33 原彬久, 『岸信介』, 64쪽.

다. 1937년 12월 치외법권이 철폐되면서 자본금 4억 5,000만 엔의 만주국 특수법인 만업이 신징(新京, 지금의 창춘[長春])에서 탄생할 때 기시는 명실공히 그 산파 역할을 했던 것이다.

당시 만주국 총력전체제의 구축을 주도했던 기시 등의 고위 관료들은 관동군과 거의 대등한 관계를 유지하고 있었던 것으로 보인다. 기시가 "일반적으로 만주국의 행정은 관동군의 내면 지도 아래 군 참모 쪽이 마음대로 조종하므로 만주국 관리가 되는 것은 불쾌하기 짝이 없는 일이었다는 식으로 이야기들 하지만, 나는 재임 3년 여 동안 주관 사항에 대해 거의 내 생각대로 할 수 있었다. 물론 관동군의 내면 지도 아래 있는 만주국에서 중요 사항에 대해서는 사전에 관동군과 협의해야 했지만, 그것은 내게 단순한 절차에 불과했다"고 회고한 것은 단순한 자화자찬이 아니라 만주국 운용의 실태를 보여주는 단면이다.[34]

1939년 10월 아베(阿部) 내각의 상공차관으로 귀국,[35] 「경제신체제 확립요강」을 둘러싼 재계와 정계, 신관료와 혁신관료 사이의 대립[36]과 '기획

[34] 岸信介·矢次一夫·伊藤隆, 『岸信介の回想』, 329쪽. 군사사학자 요시다 유타카는 기시의 이 회고담에 대하여 "일본계 관리 출신자의 회상록은 대부분 관동군의 내면 지도의 철저성이나 관동군의 권한의 강대성을 과도하게 강조하는 경향을 갖는데, 그것은 일본계 관리의 독자성이나 자신이 맡았던 큰 역할을 애매하게 처리함으로써 자신의 전쟁 책임을 모면하려는 심정이 작용한 것이라고 생각된다. 이 점에서 기시의 회상은 매우 솔직하다"고 평가하고 있는데, 실로 적절한 지적이다. 吉田裕, 「軍事支配(1) 滿州事變期」, 淺田喬二·小林英夫 編, 『日本帝国主義の満州支配』(東京: 時潮社, 1986), 159쪽.

[35] 1940년에 호시노 나오키가 귀국하는 등 기시의 뒤를 이어 만주국 고위 경제 관료의 귀국이 잇달았다. 이들은 기시가 상공성 차관, 호시노가 기획원 총재가 되는 등 고위 관료로서 만주국에서 익힌 수완을 발휘했다.

[36] 대립의 자세한 논점과 경과에 대해서는 中村隆英·原朗, 「経済新体制」, 日本政治学会 編, 『年報政治学: 「近衛新体制」の研究』(東京: 岩波書店, 1973), 96~99쪽 참조.

원(企劃院) 사건'(1941년 1월)[37]에 의한 사임, 1941년 10월 도조 내각 상공대신으로의 복귀와 통제회를 통한 생산력 증강 등, 기시는 만주국 통제경제를 일본에 적용하는 데 시행착오를 거듭했다. 한 가지 주목할 것은 기시가 전시경제의 곤경이 시작된 1942년에 기업의 생산의욕 고취를 모색했다는 점이다. 그는 공정가격 인상에 소극적이었던 '원리주의적' 기획원과 대립하여 공정가격 인상에 의한 이윤 확보 기대를 통해 기업의 생산의욕을 높인다는 '현실주의적' 정책을 관철시켰다. 그 성과가 「긴급 물가대책 요강」(1943)이었다. '통제경제의 현실주의적 운용자'로서의 면모를 과시했던 것이다.[38]

미드웨이 해전과 과달카날 전투의 참패에 의해 패색이 짙어지고 있던 1943년, 기시는 군수 생산의 효율화를 위해 상공성과 기획원을 폐지하고 신설된 군수성의 차관(대신은 도조) 겸 국무대신으로 군수 물자 조달을 책임지는 지위에 올랐다. 기시는 미국과의 자원 격차를 냉철하게 실감하면서 1944년 7월 사이판이 함락되자 도조 수상에게 전쟁 종결을 주장해 전쟁계속론자 도조와 대립하게 된다. 도조는 기시에게 국무대신 사임을 요구하고 내각 개조를 단행하려 했지만 기시가 완강하게 사임을 거부함으로써 사태는 도조 내각의 총사퇴로 귀결되었다. 패전 후 기시의 심복 시이나 에쓰사부로가 맥아더 사령관에게 A급 전범 용의자 기시의 석방 탄원서를 제출했을 때 강조했던 부분도 바로 이 대목이었다.[39] 이렇게 기시는 전시 관

---

37 당시 혁신관료의 거점이었던 기획원의 조사관 이나바 히데조(稲葉秀三) 등이 공산주의 활동에 관여했다는 혐의로 치안유지법에 의해 체포된 사건이다. 당시 고바야시 상공대신은 기시가 사건의 원흉이라고 주장하며 직접 사퇴를 요구했다.

38 岡崎哲二, 「経済史から見た岸信介」, 『現代思想』, 35-1(2007), 68쪽. 김준섭의 표현에 따르자면 '실무적(實務的)' 사고의 발로이다. 金俊燮, 「岸信介の思想と行動」, 60쪽.

39 原彬久, 『岸信介』, 138쪽.

료통제의 이력을 끝맺게 되었다.

만주국에서의 통제경제 실험이라는 경험은 기시에게 어떤 의미를 갖는 것일까. 우선 기시가 만주국에서 보여준 3년 동안의 '활약'은 그에게 만주국의 '2키 3스케(2キ 3スケ)'[40]라는 닉네임을 부여할 만큼 혁신관료로서의 성가를 올리는 결정적 계기였다. 또한 '육군정경장교 2세대'와의 인맥을 본격적으로 강화할 수 있었고 이 밖에도 관료와 민간을 포함해 방대한 인맥을 형성할 수 있었다. 후술하듯이, 이들은 귀국 후에 그리고 전후까지도 이른바 기시의 '만주 인맥'으로서 기능하게 된다. 마지막으로 만주국 경험은 기시가 관료통제·국가주의·개발주의의 유산을 간직한 채 제국의 경제관료에서 냉전의 정치가로 변신할 수 있는 징검다리 역할을 했다. 호시노 나오키는 "돌아갈 때의 기시 군은 만주로 올 때의 기시 군이 아니었다. 상공성에서 손꼽는 존재였지만 올 때의 기시 군은 아직 일개 관료, 양리(良吏)였다. 그러나 돌아갈 때의 기시 군은 상공성을 뛰어넘어 객관적으로 훌륭한 일본의 정치가로 성장해 있었다"[41]고 말했는데, 이것은 전시 일본이라는 시공간을 뛰어넘어 전후 보수정치의 정치가로서의 기시까지 사정거리에 넣은 말이다.

[40] '2키'는 도조 히데키(관동군 참모장)와 호시노 나오키(총무장관)를, '3스케'는 마쓰오카 요스케(만철 총재)와 아유카와 요시스케(만업 총재) 그리고 기시 노부스케를 가리킨다. 만주국 실세들을 지칭한 말이었다.

[41] 星野直樹, 「岸信介來り又去る」, 『特集文藝春秋 人物読本』(1957年 10月).

3. 전후 보수정치에서의 만주 표상

일본 점령사 연구자 샬러(Michael Schaller)는 1945년 10월 연합군 점령 하의 도쿄에서 벌어진 매우 상징적인 에피소드를 언급한 바 있다. 미쓰이(三井) 재벌을 접수하러 온 미국인 관료에게 미쓰이 측의 한 간부가 "저겁니다, 우리가 하려고 했던 건. 이걸 보면 당신들이 무얼 해야 할지 알 겁니다" 하면서 벽에 걸린 '대동아공영권' 지도를 가리켰다는 것이다.[42] 이 광경은 동아시아 국제정치에서 '제국의 교체'[43]를 잘 드러내주는 동시에, 기시 등 혁신관료들이 직면한 전후 보수정치의 일국적·지역적 구도까지 암시한다.

기시가 도조 내각의 총사퇴 이후 신당 호국동지회를 결성해 활동하다가 패전을 맞아 A급 전범 용의자로 지명되어 스가모 형무소에 수감되었다는 것, 3년 후 불기소 처분으로 석방되고 한국전쟁의 와중인 1952년 공직추방에서 해제된 뒤 자유당에 입당해 정계 재편을 추진했다는 것, 일본민주당 간사장을 거치면서 1955년의 보수합동에 의한 자민당 결성을 주도하고 간사장에 취임했다는 것 등은 익히 알려진 사실들이다.[44]

기시가 자민당으로 보수 세력을 결집하는 데서 그 대항축은 이른바 '요시다 노선'이었다. '보수 본류'라고 불리는 이 노선은 대미 의존, 경무장, 경제 중시로 요약된다. 즉, 헌법 개정에 소극적이고 미국에 의존해 점

---

[42] Michael Schaller, *The American Occupation of Japan: The Origins of the Cold War in Asia*(Oxford: Oxford University Press, 1985) / 五味俊樹 監訳, 『アジアにおける冷戦の起源』(東京: 木鐸社, 1996), 46쪽.

[43] 임성모, 「제국의 교차로: 만주국·오키나와 비교서설」, 『동아시아: 비교와 전망』, 창간호(2003) 참조.

[44] 1945~1955년 시기 기시의 정치 활동에 대해서는 原彬久, 『岸信介』, 111~177쪽 등 참조.

진적 재군비를 추구하며 경제성장을 우선시하는 이른바 '소국주의' 노선이었던 것이다.[45] 문제는, 요시다 노선을 비판하면서 국가주의적 강권정치를 펼치기 위해 보수합동을 현실화한 뒤에 급기야 1957년부터 1960년까지 1·2차 내각을 조직하기도 했던 기시의 경우, 대미 자립과 군비 확충을 근간으로 한 '대국주의' 노선의 지향성을 어떻게 현실화했는가, 그리고 이때 만주의 경험이 어떻게 반영되고 있었는가 하는 점이다. 이하에서는 기시 내각 시기의 대국주의 노선에 나타난 만주의 표상을 국가주의와 개발주의라는 두 측면에서 고찰해보고자 한다.

국가주의와 국방국가의 망령

요시다와 달리 '대국주의' 노선을 추구했던 '제국의 경제 관료' 기시는 궁극적으로 전시기와 같은 제국의 부활을 꿈꾸었다. 그러나 패전 후 일본의 현실은 '대동아공영권'의 반복을 허용하지 않는 국제정세 아래 놓여 있었다. 국제정세에서 전시와의 결정적인 차이점은 두 가지였는데, 먼저 전후 일본의 대국주의가 전시기와는 달리 '친미반공'에 입각한 자유민주 진영의 일원으로서만 가능했다는 점이고, 또 그 '세력권'이 동북아시아 중심에서 동남아시아 중심으로 이행하게 되었다는 점이다.[46]

미소 냉전체제의 등장 그리고 자유민주 진영 내에서 미국의 압도적 위상이라는 새로운 조건 아래에서 전후 일본의 대국화를 추진하려면 우선 미국과의 동맹 관계를 유지하면서 소련과 대치하는 미국의 힘을 빌려 아

---

45 평화주의·자립경제·일중우호를 표방했던 이시바시 단잔(石橋湛山)의 '소일본주의'도 기시와는 대척적인 관계였다.

46 渡邊治, 「戦後保守政治の中の安倍政権:「軍事大国」派の系譜」, 『現代思想』, 35-1(2007), 118~119쪽.

시아에서 자기 세력권을 구축해야 했다. 그리고 이때의 세력권은 동북아시아를 중심으로 동남아시아까지 포괄하려 했던 대동아공영권과는 달리 그 중심이 동남아시아로 옮아갔다. 북한과 중국이 사회주의화된 상황에서 예전의 식민지·점령지와 같은 동북아시아에서의 세력권을 부활시킬 수는 없었기 때문이다.

기시의 대국주의적 시각에서 볼 때 전후 일본의 보수정치가 처한 상황은 심각했다. 헌법 제9조로 인해 대국의 최저 필요조건인 독자적 군사력의 보유 자체가 불가능한 상태였고, 대국의 물질적 토대인 경제력의 회복에도 아직 시간이 필요한 상황이었다. 전전의 세력권은 모두 상실하여 일본열도로 축소되었으며, 제국 운용을 지탱할 정치체제나 국민적 통합도 결여되어 있는 상태였다. 무엇보다 요시다식의 소국주의적·소일본주의적 보수정치 자체가 현상의 혁신을 지향하기는커녕 대미 추종에 입각한 현상 유지적인 소극정치에 머물러 있었다. 기시 내각은 이와 같은 전후 보수정치의 현상 타파를 내걸고 자신의 '만주 인맥'[47]을 총동원하여 국가주의와

---

[47] 기시의 '만주 인맥'은 전시기의 관료와 기업인을 중심으로 이루어져 있었다. 관료로서는 대장성의 호시노 나오키(도큐호텔 사장, 다이아몬드사 사장), 후루카와 다다유키(古海忠之), 마쓰다 레이호(松田令輔, 홋카이도 도호쿠 개발공고[公庫] 총재), 우치다 쓰네오(內田常雄, 중의원 의원), 농림성의 구스미 요시오(楠見義男, 농림중앙금고 이사장), 히라카와 마모루(平川守, 농림사무차관), 상공성의 미노베 요지(美濃部洋次, 일본평론사 사장), 그리고 내무성의 오다치 시게오(大達茂雄, 참의원 의원), 사법성의 무토 도미오(武藤富男, 메이지가쿠인 원장) 등이 있었다. 특히 상공성 출신으로 만주국과 전시체제 하에서 콤비를 이루었던 시이나 에쓰사부로는 기시의 심복 중 심복으로, 기시 내각의 관방장관과 통산상으로 활동했고 자민당 부총재를 역임했으며 한일회담 시에는 외상으로서 일본 측 대표 자리에 있었던 핵심 인물이다. 또한 후술하듯이 동남아시아로의 경제 진출과 관련해서는 만주국 대동학원(大同學院) 출신으로 전후 기시의 동남아시아 경제외교를 보좌한 아시아경제조사회 사무국장 후지사키 노부유키(藤崎信幸), 압록강 수력발전 개발에 종사하다가 전후 일본의 동남아시아 수력발전 프로젝트를 주도했던 일본

개발주의에 기초한 보수정치의 혁신을 국내외적으로 실현하고자 했다. 그것은 통제경제의 실험장 만주국처럼 '국방국가'[48]의 망령을 부활시키는 국가주의적 강권정치의 도래를 의미하는 것이었다.

기시 내각은 종래 일본의 대국화를 실현하는 데 최대의 전제로 삼아왔던 헌법 개정에 의한 군비 확충이 아니라 안보 개정에 의한 군사적 지위의 향상을 우선과제로 삼아야 했다. 방침을 바꾸게 된 가장 큰 이유는 정치적·사회적으로 개헌의 장벽이 높았고, 더욱이 기시 내각이 발족할 무렵에는 그 장벽이 넘어설 수 없을 정도로 높아져 있었기 때문이다. 여기서 개헌의 장벽이란 헌법 개정을 발의하려면 중참의원 3분의 2 이상을 획득해야만 한다는 제도적 제약을 뜻하는 것이다.

기시가 보수합동을 추진할 당시에는 보수정치 세력이 결집하면 의석의 3분의 2선을 넘을 수 있는 전망이 보였으나, 자민당 결성 이후가 되면서 개헌에 반대하는 여론이 높아졌다. 1955년의 중참의원 선거에서 사회당의 약진은 보수파의 3분의 2선을 무너뜨렸고, 보수정치 세력은 위기 상황을 타개하기 위해 기존의 중선거구제를 소선거구제로 바꾸고 전국구를 폐지하는 선거제도 개악을 모색했지만 이 또한 대중적 저항에 부딪혀 실패로 돌아갔다.

이런 상황이었기 때문에 결국 헌법 개정은 기시 내각의 당면 목표에서 제외될 수밖에 없었고, 헌법 개정을 대신할 대국화 정책이 변형된 형태

공영(日本工營) 사장 구보타 유타카(久保田豊) 등이 중요한 인맥이다. 原彬久, 『岸信介』, 71쪽; 小林英夫, 『満州と自民党』, 74~88쪽 참조.

48 '국방국가'라는 용어는 일본에서 1940년을 전후해 사용되기 시작했는데, 단순히 '국방을 중시하는 국가'라는 의미가 아니라 '자유주의 국가관이 아닌 전체주의 국가관에 입각한' '정치신체제'로 정의될 수 있다. 그것은 파시즘의 다른 이름이기도 했다. 임성모, 「'국방국가'의 실험: 만주국과 일본파시즘」, 『중국사연구』, 16호(2001), 196~197쪽.

로 추진되기에 이른다. 우선 안보조약의 개정에 의한 미국과의 대등화를 개헌에 선행시키는 전략이 추진되고, '해석개헌'에 의한 헌법 제9조의 법적 구속력 완화가 동시에 모색되었던 것이다.

기시는 종래 헌법 개정 이후의 일정으로 잡아놓았던 일·미 안보조약의 개정에 착수했다. 안보조약을 개정해 일·미 동맹의 대등화를 선행시킴으로써 '미국과의 공동작전을 수행할 수 있기 위해서라도 개헌이 필요하다'고 하는 분위기를 조성하고자 했던 것이다. 미국으로서는 '평화헌법 하에서의 대등한 공수 동맹'이라는 논리적 모순에 난색을 표명했다. 그러나 1950년대 후반에 비등한 전국적인 미군 기지 반대 운동으로 인해 일본에서 기지의 안정적인 사용이 위협받고 있었기 때문에, 안보조약 개정에 의해 이들 반대 운동을 잠재울 수 있을 것으로 기대했고 이를 간파한 기시 정권도 이 점을 적극적으로 강조했다. 그러나 조약 개정에 의해 정권의 기반을 강화하고 개헌으로 나아간다고 하는 기시의 구상과는 달리 안보 개정은 미증유의 개정 반대 운동, 이른바 '안보 투쟁'에 직면했고 1960년 내각 사퇴로 귀결되기에 이른다.

'안보 투쟁'이라는 전후 최대 규모의 시민 운동은 기시 내각의 국방국가적 강권정치에 대한 불만이 고조되던 상황을 배경으로 그 정점에서 폭발한 것이었다. 기시 정권의 강권정치에 대한 시민적 불만이 안보 투쟁 직전에 표출된 대표적 사례는 1958년에 불거진 「경찰관 직무집행법」(약칭 경직법) 개정 문제였다. 안보 개정에 대비해서 입안된 이 개정 경직법은 경찰관이 시민에게 직무상의 질문이나 소지품 조사를 할 수 있는 권한을 대폭 확대하고 시민들의 집회·시위 등의 자유를 크게 제한하는 내용이었다. 여론에서는 "'이봐 거기 경찰'의 부활"이라는 등의 표현을 써가며 기시 내각의 강권주의적 정치 스타일에 대한 반감을 표명했다. 사회당과 일본 노

1960년 5월 미·일 안보조약 개정에 반대하는 대규모 시위 군중이 일본 국회의사당을 포위하고 있는 모습.

동조합 총평의회(약칭 총평) 등 65개 사회단체도 경직법 개악 반대 국민회의를 결성하여 다섯 차례에 걸친 전국적 통일 행동을 조직하면서 저항했다. 국민회의에 참가한 노동조합원의 수는 무려 400만 명에 달했고 이 숫자는 1950년대의 최대 수치였다. 결국 기시 내각은 경직법의 국회 통과가 어렵다고 판단해 법안을 철회하게 된다.

경직법 반대 투쟁에서 주목할 점은 이 시기의 대중 소비 사회화와 이른바 '중산계층'의 멘탈리티이다. 당시에는 급속한 도시화가 진행되는 가운데 도시 중산계층이 형성되고 있었다. 1958년에는 공공 임대주택 단지에 사는 사람들을 지칭하는 '단지족'이라는 신조어가 생겨날 정도였다. 1960년에는 2차 산업 취업자가 1차 산업을 상회하게 되면서 도시 중산계층이 유력한 사회계층으로 부각되기에 이른다. 이들 도시 중산계층은 사생활의 존중과 가정의 행복을 우선시하는 '마이홈주의'의 멘탈리티를 보이면서 표면적으로는 정치적 무관심으로 이어지는 사회 분위기를 만들어내기도 했다. 그러나 이들의 멘탈리티는 개인의 권익이 침해되고 위협받는 상황에 대해서는 수동적 공격성을 드러내는 이중성을 지녔다. '데이트조차 방해하는 경직법'이라는 국민회의의 구호는 이러한 중산계층의 멘탈리티와 절묘하게 부합되면서 반대 투쟁을 고조시켰던 것이다.[49]

한편, 기시의 대국주의 노선은 군사적 측면에서도 두드러지게 나타났는데, 오늘날까지 계속 이어지고 있는「국방의 기본 방침」의 제정과 이른바 '1차방' 추진에 의한 군비 확충은 그 전형적인 사례였다. 기시 내각은 제3차 하토야마 내각 시기인 1956년 12월에 설치된 국방회의를 인계받았다. 국방회의는 조각 4개월 뒤인 1957년 6월에「제1차 방위력 정비 3개년 계획」(약칭 1차방)을 결정하고 각의 또한 이를 승인했다. 1차방의 3개년 계

49 中村政則,『戦後史』(東京: 岩波書店, 2005) / 유재연·이종욱 옮김,『일본전후사 1945~2005』(서울: 논형, 2008), 78쪽.

획(1960~1962)은 육상 6개 관구대, 4개 혼성단, 자위관 18만 명, 해상함정 4만 톤, 항공비행부대 33개 대대, 비행기 1,300대의 정비를 그 내용으로 삼고 있었다. 기시 내각은 이 1차방 결정에 앞서서 1957년 5월 국방회의 및 각의에서 「국방의 기본 방침」을 정했는데, 그 내용은 첫째 국제연합의 활동을 지지하여 국제 협조를 꾀하고 세계평화를 실현한다, 둘째 민생을 안정시키고 애국심을 고양하여 국가의 안전을 보장하는 데 필요한 기반을 확립한다, 셋째 국력과 국정에 부응하여 자위를 위해 필요한 한도 내에서 효율적인 방위력을 점진적으로 정비한다, 넷째 외부 침략에 대해서는 장래 국제연합이 유효하게 이를 저지할 기능을 맡을 수 있을 때까지 미국과의 안보체제를 기조로 대처한다는 것이었다.[50]

기시 내각은 안보조약 개정과 함께 해석개헌에 의한 자위대의 행동범위를 확대시키려는 구상도 적극적으로 추진했다. 기시 내각은 헌법 제9조의 구속력을 완화시키기 위해 먼저 '집단적 자위권'에 대한 해석을 재조정했다. 그때까지 체약국이 무력 공격을 받을 경우에 출동해서 그 나라를 방위한다고 하는 의미에서의 집단적 자위권은 일본 헌법에 보장되어 있지 않다고 해석해왔던 종래의 입장을 바꾸고자 한 것이다. '개별적 자위권'도 확대시키려 했다. 1956년 2월, 기시 정권은 공격을 막기 위해 불가피한 경우에는 적의 기지를 타격해도 합헌이라는 해석을 내세웠다. 세번째로는 핵무기 보유에 관한 규정을 재고하고 보유의 가능성을 주장하기 시작했다. 자위를 위한 소형 핵무기는 9조 하에서도 유시할 수 있다고 함으로써 장래 핵무기를 보유할 수 있다는 입장을 표명했던 것이다.

한편, 기시 내각은 이상과 같은 안보·정치·군사적 측면에서의 대국

50 中村隆英·宮崎正康 編,『岸信介政權と高度成長』, 53쪽.

주의화 정책을 뒷받침할 수 있는 물적 토대를 구축하기 위해서 강력한 국가 주도적 경제성장 정책을 추진했다. 경제성장 정책은 하토야마 내각 시기에 책정된 경제 자립 5개년 계획을 이어받은 신(新)장기경제계획의 수립(1957)과 계통적인 국가 개입에 의해서 진행되었다. 기시에게 경제계획이란 1920년대 이래, 특히 만주국 산업개발 5개년 계획의 '통제경제' 운용을 통해서 익숙한 것이었지만, 계획과 통제를 기피했던 요시다 노선으로부터는 대대적인 전환이 아닐 수 없었다. 이 국가 주도 경제의 주체는 통상산업성(통산성)과 경제기획청이었다.

전후 일본의 경제부흥은 1946년에 신설된 경제안정본부를 중심으로 전시와의 연속성 아래 이루어졌다. 그 중심인물들은 공직 추방으로 배제된 고위 관료들이 아니라 추방을 모면한 중견 관료들이었다. 특히 광의의 '만주 인맥'에 포함될 수 있는 만철조사부 관련 중견 관료들이 두각을 나타냈다. 이들은 만주국 산업개발 5개년 계획에서부터 전시 일본의 물자동원계획까지 모두 담당했던 경험이 있었다. 대표적으로 경제안정본부의 경제부흥계획 실장과 부실장을 역임한 사사키 요시타케(佐々木義武)와 사에키 기이치(佐伯喜一)를 들 수 있다. 이들은 이른바 '경사 생산 방식'에 의한 국가통제경제에 의해 경제부흥의 기초를 만들어냈다.[51] 이러한 경제안정본부가 1952년의 '덧지라인' 시행 이후 경제심의청(이후 경제기획청)으로 축소되는 가운데 통상산업성(통산성)으로 바통을 넘겨주면서 고도성장기의 통산성-경제기획청 라인을 준비했던 것이다.[52]

기시 퇴진 이후 일본의 고도 경제성장을 상징하는 이케다 하야토(池田

---

51 小林英夫, 『満州と自民党』, 100~108쪽.

52 Chalmers Johnson, *MITI and the Japanese Miracle: The Growth of Industrial Policy, 1925~1975*(Stanford, California: Stanford University Press, 1982) 참조.

勇人)의 '소득배증계획'은 기시 내각 시기에 이미 마련되고 있었다. 1957년 12월 각의에서 결정된 신장기경제계획은 실질경제성장률을 6.5퍼센트로 설정하고 생활수준의 향상과 완전고용의 달성을 주장하는 한편, 고용·무역·투자·산업구조·국민생활·재정금융 등 각 부문의 정합성을 감안한 계획 책정 방법을 취했는데, 이러한 패턴은 이케다 내각의 '소득배증계획'에도 그대로 적용되었다. 무엇보다 결정적인 것은 1959년 제2차 기시 내각에서 기시가 이케다를 통산성 대신으로 임명했다는 점이다. 이케다는 이때부터 이미 '월급 2배론' 등을 주장하기 시작했다. 그 배경에는 1958년 7.2퍼센트, 1959년 9.2퍼센트, 1960년 13.3퍼센트라는 실질경제성장률이 말해주는 호황 국면('이와토[岩戸] 경기')이 자리 잡고 있었다.[53]

한 가지 간과해서는 안 될 것은 경제성장의 수혜자인 '국민'의 범주에서 재일 조선인 등 구식민지 출신자 집단이 철저히 배제되었다는 점이다. 재일 조선인의 경우에는 이른바 '북송 사업'에 의한 실질적 축출 정책까지 본격화하고 있었다. 1957년 9월에 기시는 '북송'을 조속히 처리할 것을 적극 주장한 바 있다.[54]

마이너리티를 배제한 고도성장의 기반 구축과 복지국가적 국민 통합은, 강권정치에 대한 반감에도 불구하고 역설적으로 일본 국민들에게 심

---

[53] 中村隆英·宮崎正康 編, 『岸信介政權と高度成長』, 2~3쪽.

[54] 기시의 이러한 발언은 일본적십자 회장 시마즈의 서신을 통하여 파악할 수 있다. Tessa Morris-Suzuki, *Exodus to North Korea: Shadows from Japan's Cold War*(Lanham: Rowman & Littlefield, 2007) / 田代泰子 訳, 『北朝鮮へのエクソダス:「帰国事業」の影をたどる』(東京: 朝日新聞社, 2007) / 한철호 옮김, 『북한행 엑서더스』(서울: 책과함께, 2008), 185~186쪽. 일본 정부의 북송 정책과 한일회담의 관계에 대해서는 이현진, 「한일회담 외교문서를 통해서 본 재일 한국인의 북한 송환」, 『일본공간』, 4(국민대 일본학연구소, 2008) 참조.

리적 안정감을 부여한 측면이 있다. 안보 투쟁으로 국회의사당이 포위되어 있던 당시에 기시는 '야구장은 만원사례 아닌가'라고 하여 마치 '침묵하는 다수'의 목소리를 듣는다는 듯한 발언을 해서 유명하다.[55] 이 발언은 그의 민중 부재의 역사관을 알려주지만 동시에 성장이나 개발이라는 가치가 민주나 인권을 일축할 수 있는 역설도 말해준다. 실제로 그것은 기시 내각이 적극적으로 추진했던 동남아시아 경제외교에서 개발주의라는 형태로 발현되고 있었다.

동남아시아 경제외교와 개발주의

기시 내각의 대국주의화 구상은 개발주의에 입각한 동남아시아 경제외교, 즉 시장 진출로도 실행되었다. 기시는 취임 직후 아시아 제국을 순방하고 동남아시아 개발기금 구상을 제시했다. 일본의 이니셔티브 아래 미국을 중심으로 한 선진국이 갹출해 기금을 조성하고 동남아시아 제국(諸國)을 개발하자는 것이었다. 결국 반공과 개발의 기치를 내걸고 아시아에 진출함으로써 동남아시아 제국의 경계심을 완화시키는 한편, 동남아시아 시장 진출에 미국을 끌어들임으로써 일본의 자본 부족을 해소하려 했던 것이다. 미국의 냉담한 반응과 동남아시아 제국의 경계심 때문에 기시의 개발기금 구상은 수포로 돌아갔지만, 이때의 동남아시아 경제외교는 기시 이후의 동아시아 외교를 규정하는 기본틀로 정착되기에 이른다.[56]

---

55 福田和也, 「悪と徳と: 岸信介と未完の日本: 官邸での夜」, 『正論』(2002年 2月), 149쪽.

56 예컨대, 1960년대 중반에 아시아극동경제위원회(ECAFE)의 주도로 창립된 아시아개발은행(ADB)은 미국의 지원 하에 일본 중심의 동아시아 경제 질서를 형성시킴으로써 동남아시아 개발기금의 구상을 다른 형태로 현실화했다고 볼 수 있다. 박태균, 「1960년대 일본 중심의 동아시아질서 형성과정: ECAFE와 아시아개발은행을 중심으로」, 백영서 외, 『동아시아의 지역질서: 제국을 넘어 공동체로』(파주: 창비, 2005) 참조.

기시는 1957년 5월에 인도·파키스탄·스리랑카·타이·타이완을 차례차례 순방했다. 전시에 도조 히데키 수상이 '남방 시찰'을 했던 적은 있지만, 전후에 수상이 아시아를 순방한 것은 최초였다. 순방의 시점은 기시가 6월 워싱턴에서 일·미 공동성명을 발표하여 안보 개정을 기정사실화하기 직전이었다. 대미 '대등화' 정책의 일환으로서, 종래 미군 주둔 협정과 마찬가지였던 일방적인 안보조약을 쌍무적인 상호 방위조약으로 '개정'하는 데 정치 생명을 걸었던 기시는 미국과의 교섭에 앞서 아시아에서 일본의 중요성을 미국에게 과시하려 했던 것이다. 그는 순방 목적에 대해서 "아시아의 중심은 일본이라는 것을 부각시키는 것이 아이젠하워와 만나 일·미 관계를 대등하게 바꾸려고 교섭하는 나의 입장을 강화하게 되리라는 것이 나의 판단이었다"고 회고한 바 있다.[57]

중요한 것은 아시아 순방이 동북아시아 반공체제 구축과 연동되어 있었다는 점이다. 기시는 장제스(蔣介石)와 회견하면서 당시에 타이완이 표방하고 있던 '대륙반공(大陸反攻)'의 방침을 적극 지지함으로써 의도적으로 대륙 중국을 자극했다. 순방 직후의 기자회견에서도 아시아의 정치적 혼란이 '공산주의의 침략'으로 연결되면 자유민주주의가 곤경에 빠질 것이며 이를 저지하기 위해 특히 동남아시아 외교를 중시할 것이라고 언명했다.[58] 바로 여기서 타이완을 결절점으로 동북아시아 반공체제와 동남아시아 경제외교가 맞물리는 지점이 확인된다.

동남아시아에 대한 기시의 인식은 자신의 개발주의에 입각한 외교 구상 가운데서 다음과 같이 표명되고 있다.

---

57 岸信介, 『岸信介回顧錄』(東京: 広済堂出版, 1983), 312쪽.

58 若宮啓文, 『戦後保守のアジア観』(東京: 朝日新聞社, 1995), 106쪽.

> 동남아시아는 현재 미·소 양 진영의 힘의 공백 지대가 되어 있다. 일본이 자유주의 진영의 일원으로서 의무를 지기 위해서도, 국제외교 무대에서 활약하기 위해서도, 부흥한 일본 경제의 시장 확보를 위해서도 동남아시아는 일본에게 매우 중요하다. 일본의 공업력과 기술로 동남아시아 신흥국의 경제 기반 확립을 원조하는 동시에 일본의 시장을 확대하고 그럼으로써 정치적으로도 밀접하게 결합하는 그런 방향이 향후 일본 외교의 진로이다.[59]

즉, 반둥회의(1955)로 상징되듯이 동남아시아에서 유럽 제국주의의 영향력이 최종적으로 후퇴하고 있던 상황('힘의 공백 지대')에서 지역의 새 강자로 등장한 미국의 지원 아래 동남아시아 시장으로의 경제적 진출을 모색하자는 것이 기시의 동남아시아 외교 전략이었던 것이다.[60]

기시 내각은 동남아시아와의 '경제협력'의 일환으로서 인프라 건설을 위한 자본재 공여 방식, 그리고 엔 차관에 의한 물품 원조 방식, 민간 단체나 기업에 의한 개발 원조 방식을 총동원하여 동남아시아 각국에 대한 배상외교를 전개했다. 샌프란시스코 강화조약에 의한 배상 교섭은 이미 1951년 9월 오카자키 가쓰오(岡崎勝男) 외상의 동남아시아 방문으로 시작되고 있었다. 당시 필리핀은 80억 달러, 인도네시아는 175억 달러의 배상액을 상정하고 있었으나, 고도성장 이전 일본의 수출 총액은 13억 달러, 1인당 국민소득은 153달러에 불과한 실정이었다. 이후 1954~1957년에 걸친 이른바 '진무(神武) 경기'로 경제 재건이 시작되고 있던 일본은 중간중간 난항을 거듭하면서도 동남아시아 각국과의 배상 교섭을 성사시켰다.

---

59 吉本重義, 『岸信介傳』(東京: 東洋書館, 1957), 292쪽.

60 宮城大藏, 『バンドン会議と日本のアジア復歸』(東京: 草思社, 2001); 宮城大藏, 『「海洋国家」日本の戦後史』(東京: 筑摩書房, 2008) 참조.

그 결과 미얀마와는 1954년에 2억 달러, 필리핀과는 1956년에 8억 달러, 인도네시아와는 1958년에 6억 달러, 남베트남과는 1959년에 발전소 자금 공여 형태로 4,000만 달러를 지불하게 된다.

동남아시아와의 배상외교에서 중시할 점은 우선 배상 지불 방식이 생산물이나 역무(예컨대, 침몰선 인양 등)의 제공 형태를 취했기 때문에, 일본 정부의 지원을 받는 민간 기업이 주체가 됨으로써 일본 기업의 동남아시아 경제 진출에 교두보 역할을 했다는 점이다. 이 책의 4장 한정선의 글에서도 언급되고 있듯이, 일본 기업의 동남아시아 진출은 회사주의적 샐러리맨 보수주의에 입각한 온정주의적 '재(再)아시아화'로 귀결되었다.

또 한 가지 주목할 것은 아울러 배상 문제의 해결이 자연스럽게 국교 정상화로 이어졌다는 점이다.[61] 이 점은 반공체제의 강화에 의해 체제를 막론하고 비우호적 관계와 적대 관계가 지속되고 있던 동북아시아와는 극히 대조적인 현상이었다.

기시 내각의 동남아시아 배상외교에도 당연하지만 '만주 인맥'이 동원되었다. 만주국 대동학원(大同學院) 출신으로 전후 기시의 동남아시아 경제외교에 싱크탱크 역할을 했던 아시아경제조사회의 사무국장 후지사키 노부유키(藤崎信幸), 그리고 압록강 수력발전 개발에 종사하다가 전후 일본의 동남아시아 수력발전 프로젝트를 주도했던 일본공영(日本工營) 사장 구보타 유타카(久保田豊)가 대표적 인물들이다.

구보타 유타키는 1926년 조선수전(朝鮮水電)에 기술자로 입사해 북한의 부전강 수력 개발을 시작한 뒤 장진강과 허천강 수력 개발에도 관여하

[61] 가장 큰 문제는 개인 보상이 완전히 배제되었다는 점이다. 인도네시아의 경우는 倉澤愛子,「岸信介とインドネシア賠償」,『現代思想』, 35-1(2007), 166~167쪽 참조.

다가 만주국과 협력하여 압록강의 수풍댐을 건설하는 수력발전 개발 전문가가 되었다.[62] 수풍댐 건설 당시 기시와 막역한 사이가 된 구보타는 전후 인양 뒤인 1946년에 일본공영을 설립하고 동남아시아 지역에서의 댐 건설 사업에 관여하기 시작했다. 기시 인맥의 주도 아래 일본 정부와 상대국 정부 그리고 일본 대기업의 삼각 동맹에 의해 이른바 '배상 비즈니스'가 진행되었던 것이다.

예컨대, 베트남 배상의 경우를 보면 1957년에 우선 동남아시아 순방 중이던 기시가 남베트남의 고 딘 디엠 수상과 회담을 하여 베트남에게만 배상을 지불할 것을 약속했다. 그 이면에는 베트남에서 사회주의와 민족해방 세력을 억제하려는 미국의 지원이 있었다. 당시 구보타는 고 딘 디엠과 별도로 회담을 갖고 다님 발전소 건설을 교섭해 승인을 얻었다. 그는 미얀마의 바르찬 수력발전소의 설계와 개발을 맡기도 했다. 1959년에 시작된 다님 댐 건설은 일본공영이 설계를 맡고 공사에는 미쓰비시(三菱)·도시바(東芝)·가시마(鹿島)건설 등의 대기업들이 참가했다. 당시 무려 200억 엔에 달하는 커미션이 왔으며, 일본 정부와 남베트남 정부 그리고 일본 대기업 사이의 '철의 삼각형'은 수력발전을 통한 동남아시아에서의 '배상 비즈니스'를 상징하고 있다.[63]

'개발주의'의 정책 기조는 국내적으로도 적용되었다. 기시 내각은 국

---

62 수풍댐은 송화강의 풍만(豊滿)댐과 함께 만주국 산업개발 5개년 계획에서의 '수주화종(水主火從)' 방침을 실현하기 위한 양대 수력발전 시설이었다. 堀和生, 「「満州国」における電力業と統制政策」, 『歴史学研究』, 564(1987); 広瀬貞三, 「「満洲国」における水豊ダム建設」, 『新潟情報大學紀要』, 6(2003); 南龍瑞, 「「満洲国」における豊満水力発電所の建設と戦後の再建」, 『アジア経済』, 48-5(2007) 참조.

63 宮崎学&近代の深層研究会, 『安倍晋三の敬愛する祖父岸信介』, 197~198쪽; 小林英夫, 『満州と自民党』, 155~156쪽.

민 통합을 위해 소득 재분배에 의한 복지국가형 통합을 추진했다. 이미 1952년 기시가 공직 추방에서 해제되면서 투신했던 일본재건연맹은 5대 정책[64] 가운데 '국민 총의에 입각한 헌법 개정'과 '농산어촌 진흥, 중소기업 육성, 근로 대중 복리 증진에 의한 민생 안정'을 명시하고 있었다. 또 기시는 자유당 입당 전인 1953년 서독의 복지 정책을 시찰한 바 있었다.

제2차 기시 내각 때 집중된 복지국가 정책은 각종 보험 및 연금 입법에 의해 구체화되었다. 우선 1958년 신국민보험법이 제정되어 의료보험의 전국화가 제도화되었으며, 5인 미만 사업장의 노동자에 대해서까지 실업보험이 확대되었다. 1959년에는 최저임금법이 성립되는 한편 국민연금법이 성립되어 공무원과 대기업 노동자뿐만 아니라 농민, 자영업자, 영세기업 노동자까지 국민연금에 가입할 수 있게 되었다.[65] 기시는 최저임금법과 국민연금법을 자신의 회고록에 별개의 절로 설정할[66] 만큼 중시했으며, 이 두 법안을 성립시킨 것은 '기시 내각이 자부할 만한 획기적인 업적'이라고 자평한 바 있다.[67]

최저임금법의 경우, 1958년 2월 통상국회의 중의원 사회노동위원회에서 사회당이 심의를 거부하여 자민당 단독으로 가결시킨 것이다. 사회

---

[64] 기시가 고문을 맡았던 일본재건연맹의 5대 정책은 (1) 새로운 시대감각으로 국민에게 호소력을 갖춘 정책을 제시한다, (2) 공산주의 침략을 배제하고 자주 외교를 견지하며 평화 국가를 건설한다, (3) 일·미 간 경제 제휴 및 아시아 제국과의 통상 강화로 산업경제를 흥륭시킨다, (4) 농산어촌 진흥, 중소기업 육싱, 근로 대중 복리 증진으로 민생(民生)을 안정시킨다, (5) 국민 총의(總意)에 입각해 헌법을 개정하여 독립국가체제를 정비한다는 것이었다. 宮崎学&近代の深層研究会, 『安倍晋三の敬愛する祖父岸信介』, 140쪽.

[65] 中村隆英·宮崎正康 編, 『岸信介政權と高度成長』, 129쪽.

[66] 岸信介, 『岸信介回顧錄』의 제3편 8장 3절 및 6절이다.

[67] 岸信介, 『岸信介回顧錄』, 477~478쪽.

당의 반대 이유는 정부 법안이 '자본가의 자위 수단'으로서 제출되었다는 것이었다. 당시 사회당의 고바야시 스스무(小林進) 의원이 말했듯이, "일본 자본주의의 재편성에 따라, 한편으로 일·미 독점자본의 중압에 의한 집요한 저임금 정책을 지속시키되 어느 정도는 [국제노동기구(ILO) 등이 권고하고 있는/인용자] 최저임금제를 구체적으로 고려할 수밖에 없는 정부와 자본가의 의도에서 나온 것으로서… 노동자 편이 아니라 경영자 편에 서서… 독점자본의 입장을 유지하는 한도에서의 최저임금법"[68]이라는 비판이었다.

주목할 점은 기시가 사회당의 이러한 비판 논리를 소개하면서 '고전적 사회주의의 틀을 벗어나지 못한 사상'이라고 냉소를 보낸 대목이다.[69] 왜냐하면 아메미야도 지적했듯이, 먼저 이들 복지 정책이 전시 총력전체제의 반자유주의경제체제(경제신체제) 구축 과정에서 단행되었던 모자보호(母子保護), 건강보험 등 각종 보험 입법, 후생성 설립 등[70]의 연장선상에 있었다는 점이다. 아울러 전후에도 복지 및 사회보장 제도화의 주도권을 사회주의·사민주의 세력이 아니라 이른바 '국방국가파'[71]의 계보가 계승·장악했다고 볼 수 있기 때문이다.[72] 그리고 경제성장의 시혜에서와 마찬가지

68 岸信介, 『岸信介回顧錄』, 468쪽.

69 岸信介, 『岸信介回顧錄』, 468쪽.

70 雨宮昭一, 『戦時戦後体制論』(東京: 岩波書店, 1997), 195~199쪽. 그는 전시 총력전체제를 반워싱턴체제(동아신질서), 반자유주의경제체제(경제신체제), 반정당정치체제(정치신체제)가 삼위일체화된 익찬체제라고 규정한다.

71 아메미야는 1940년대의 정치 지형을 국방국가파(혁신관료와 육군통제파), 사회국민주의파(노동/농민 운동에 기반한 전향좌파), 자유주의파(자본가, 기성 정당, 관료 주류), 반동파(관념 우익 등) 등 네 세력의 연합 정치로 조망하면서 총력전체제의 추진 주체를 국방국가파-사회국민주의파 연합이었다고 본다. 雨宮昭一, 「一九四〇年代の社会と政治体制: 反東條連合を中心として」, 『日本史研究』, 308(1988) 참조.

72 雨宮昭一, 「岸信介と日本の福祉体制」, 『現代思想』, 35-1(2007), 157쪽. 그는 사회주의

로 재일 조선인 등 마이너리티는 각종 연금 등 복지 정책의 적용 대상에서도 배제되었다.

'배상 비즈니스'라는 말로 상징되는 동남아시아 배상외교와 복지국가 정책은 경제주의와 개발주의의 논리에 입각한 몰역사적인 외교·내정의 전형이었다. 미국의 냉전적 동아시아 정책이 일본의 이러한 행태를 뒷받침하고 있었던 것이지만, 문제는 기시 스스로가 동남아시아 시장 진출과 복지국가화를 진두지휘하면서 만주국 시기의 경험을 오버랩시키고 있었다는 점이다. 그것은 기시가 전후 인양자들이 편찬한 만주국 관련 서적에 쓴 추천사 가운데 다음과 같이 명료하게 표명되고 있었다.

> 종종 동남아시아 제국을 방문할 때마다 만주국에 대해 떠올린다. 당시 대아시아 부흥의 선구로서 우선 만주에 민족협화의 이상국을 세우고 잠자는 무한한 보고를 열어젖혀 물질적으로도 구미 제국과 대항할 수 있는 태세를 갖추기 위해 의기충천한 수많은 일본 청년들이 현해탄을 건넜다. 그리고 거기에 남긴 각종 시설·제도·기술·인재는 오늘날 중국 경제 속에 살아 있다. 그때부터 일본의 사명이 아시아의 부흥과 단결에 있다는 데는 변함이 없다. 그 사명을 수행하려 할 때 일찍이 만주에서의 경험과 그 반성은 가장 귀중한 지침으로 고려되어야 할 것이다.[73]

전후 일본의 보수정치에서 만주국이 어떻게 표상되고 있었는지를 웅변적으로 말해주는 구절이 아닐 수 없다. 기시는 식민주의의 기억으로부

세력이 복지/사회보장을 '개량주의'라고 비판하는 데 그친 한계를 지적하는데, 이는 고바야시 스스무의 발언에서 잘 드러나 있다.

73 岸信介, 「推薦のことば」, 満洲国史編纂刊行会 編, 『満洲国史·総論』(東京: 満蒙同胞援護会, 1970).

터 역사적 교훈을 이끌어내지 못한 채 냉전에 편승하면서 일본의 전후 보수정치를 이끌어나갔던 것이다.

4. '표상으로서의 기시'라는 과제

이상에서 살펴본 바와 같이 기시 내각 시기 국내외적으로 펼쳐진 정치·경제 정책을 전시기의 정책들과 비교해보면 연속과 단절의 양면이 존재함을 알 수 있다. 먼저 연속의 측면은 관료 주도의 국가주의와 개발주의가 관철되고 있었다는 점이다. 혁신관료로서의 전문성이 강권정치로 이어지는 국가주의적 양상, 그리고 성장과 개발이라는 시혜적 이미지를 통해 역사적이고 인간적인 가치의 문제를 덮어버리는 개발주의적 대응이 전시에도 전후에도 어떤 일관성을 보여주고 있었다. 한편, 단절의 측면은 동아시아 국제정세를 외부 환경의 변화, 즉 새로운 지역 맹주로서 미국의 등장에 따라 종래의 '대동아공영권'이라는 맹주적 지역주의에서 대미 종속적 혹은 대미 의존적 지역주의로 변모할 수밖에 없었던 점이다.

전후 일본 보수정치의 무대에서 이러한 단절 속의 연속 면을 가장 상징적으로 보여주는 것이 기시의 만주국 경험이다. 3년에 불과한 통제경제 운용에도 불구하고 제1차 세계대전 이후 세계사적인 총력전체제('국방국가') 구축의 흐름을 읽었던 기시가 자신의 구상을 마음껏 펼칠 수 있었던 실험장 만주국은 '동남아시아 제국을 방문할 때마다 떠오르는', 아니 동북아시아를 포함한 아시아 땅을 밟을 때마다 상기되는 권력정치의 기억 그 자체였던 것이다. '배상 비즈니스'라는 말로 대변된 기시 내각의 동남아시아 배상외교가 경제주의와 개발주의의 논리에 입각한 몰역사적 외교의 전형이듯이, 여기에는 식민지 지배의 기억에 대한 국가주의적 재편과 이를 통한 식민주의의 온존이 공존하는 기억의 표상정치가 작동하고 있다.[74]

'기억의 표상정치'라는 측면에서 볼 때, 최근의 '기시 재평가' 논의에는 몇 가지 쟁점이 도사리고 있다. 먼저 유의할 점은 기시에 대한 긍정적 재평가론은 물론 이에 비판적인 입장조차 자칫하면 '기시를 신격화시키는 함정에 빠지는'[75] 결과로 이어질 수 있다는 점이다. 또한 고케쓰 아쓰시(纐纈厚)도 지적하고 있듯이, 신자유주의의 물결 아래 경기 침체에 빠져든 한국에서의 '박정희 재평가' 논란과 일본에서의 '기시 재평가' 논의가 기묘한 유사성을 보여주고 있는 것도 유념할 점이다.[76] 그런 의미에서 기시 사후 일본 사회의 보수화 흐름 가운데 기시가 재평가되곤 했던 표상의 역사 자체를 반추하는 작업, 즉 '표상으로서의 기시'에 관한 연구가 별도로 필요할 것이다.

---

74 기시를 '역사적 인물'로 부각시키는 原彬久 編, 『岸信介證言錄』은 중립성으로 포장된 전형적 표상정치의 산물이다.

75 長原豊, 「「連続」と「断絶」の対合(キアズム)」, 103쪽.

76 纐纈厚, 「岸信介を蘇生させる時代精神の危うさ」, 『現代思想』, 35-1(2007), 50쪽.

참고자료: 기시 노부스케(1896~1987) 연보

1896 야마구치현 야마구치초에서 사토 가의 차남으로 출생
1911 부친의 실가인 기시 가의 양자로 입적
1914 구제 일고(一高) 입학
1917 도쿄제국대학 법학부 독법과 입학
1919 고등문관시험 행정과 합격
1920 졸업 후 농상무성 입성
1925 상공성 배속
1926 필라델피아 세계박람회 출장, 제1차 유럽 시찰, 보고서 작성
1929 하마구치 내각의 관리 1할 감봉 결정에 맞서 감봉 반대 운동 주도
1930 임시산업합리국 사무관으로 제2차 유럽 시찰
1931 중요산업통제법 입안, 공포
1932 상공성 서기관 및 임시산업합리국 사무관 겸임
1933 대신관방 문서과장 취임
1934 자원국 사무관 취임
1935 상공성 공무국장 취임, 임시산업합리국 제1 및 제2부장, 대만(對滿)사무국 사무관
1936 만주국 실업부 총무사장 취임
1937 만주국 산업부 차장 취임, 닛산 콘체른의 만주 이전 주도
1939 만주국 총무청 차장 취임, 귀국 후 아베 내각 상공차관 취임(총무국장 시이나 기용)
1940 경제신체제 추진 방안을 놓고 상공대신 고바야시와 논쟁
1941 상공차관 사임, 중국 시찰 여행, 도조 내각 상공대신 취임(시이나를 차관으로 기용)
1942 익찬선거에 입후보, 중의원 의원 당선
1943 국무대신, 군수차관 취임
1944 사이판 작전 문제로 도조 수상과 대립, 도조 내각의 총사퇴로 귀결
1945 신당 호국동지회 결성, 패전 후 도조 내각 각료로서 A급 전범 용의자 지명, 수감
1948 불기소 처분인 채 전범 용의자에서 석방
1951 아시아문제조사회 설립 재정 지원, 장녀 요코와 아베 신타로 결혼
1952 일본재건연맹 결성, 공직 추방 해제
1953 자유당 입당, 총선거 당선, 정계 재편 추진
자유당 헌법조사회 회장 취임, 아시아문제조사회 상임이사 취임, 서독 방문

1954 신당 결성 운동으로 자유당에서 제명, 일본민주당 결성(간사장 취임)
1955 보수합동에 의한 자민당 결성(간사장 취임)
1956 자민당 총재공선 결선에서 이시바시에게 패배, 이시바시 내각 외무대신 취임
1957 제1차 기시 내각 성립, 외무대신 겸임, 자민당 총재 취임
제1차 아시아 순방(버마·인도·파키스탄·스리랑카·타이·타이완)
일·미 공동성명 발표(안보 개정 확인), 내각 개조(외무대신 후지야마 기용)
제2차 아시아 순방(베트남·라오스·캄보디아·말레이·싱가포르·인도네시아·호주·뉴질랜드·필리핀)
1958 인도네시아와 평화조약, 배상협정 조인
제2차 기시 내각 성립(대장대신 사토 에이사쿠 기용)
후지야마-덜레스 안보조약 개정 합의, 경직법 개정안 제출
1959 자민당 총재 재선, 내각 개조(통산대신 이케다 기용), 유럽 및 중남미 순방
최저임금법, 국민연금법 등 성립
1960 일·미 안보조약 및 행정협정 개정교섭 타결, 워싱턴에서 일·미 신안보조약 조인
자민당 단독의 조약 강행 가결, 해거티 사건-아이젠하워 방일 불발(안보 투쟁)
신안보조약 자연 승인 및 발효, 내각 총사퇴
1962 김종필 중앙정보부장과 간담
1964 일화협력위원회 일본 대표로 타이완 방문, 장제스 총통과 간담
1966 국제의원연맹 총회 출석차 방한, 박정희 대통령과 간담
1967 훈일등 서훈
1968 일미협회 회장 취임
1969 자주헌법제정 국민회의 결성(의장 취임)
아이젠하워 장례식에 참석, 닉슨 대통령에게 오키나와 '반환' 조기 해결 촉구
일한협력위원회 창립총회에 회장으로 참석
중화민국 정부로부터 특종대수경훈훈장 수여
1970 안보조약 자동 연장
한국 정부로부터 1등 수교훈장 수여
1972 일호의원연맹 회장 취임
1979 박정희 대통령 국장에 정부 특사로 참석
1980 전두환 대통령 취임식에 참석
1982 자민당 최고고문 취임
1987 심부전으로 사망

📖 참고문헌

- 김준섭, 「기시 노부스케: 전후 일본의 우익 정치인의 원형」, 『일본연구논총』, 15호(2000).
- 박태균, 「1960년대 일본 중심의 동아시아질서 형성과정: ECAFE와 아시아개발은행을 중심으로」, 백영서 외, 『동아시아의 지역질서: 제국을 넘어 공동체로』(파주: 창비, 2005).
- 이현진, 「한일회담 외교문서를 통해서 본 재일 한국인의 북한 송환」, 『일본공간』, 4호(2008).
- 임성모, 「'국방국가'의 실험: 만주국과 일본파시즘」, 『중국사연구』, 16호(2001).
- ______, 「제국의 교차로: 만주국·오키나와 비교서설」, 『동아시아: 비교와 전망』, 창간호(2003).
- 安倍晋三·福田和也, 「(対談)岸信介の復活」, 『諸君!』(2003年 9月).
- 雨宮昭一, 「一九四〇年代の社会と政治体制: 反東條連合を中心として」, 『日本史研究』, 308(1988).
- ______, 『戦時戦後体制論』(東京: 岩波書店, 1997).
- ______, 「岸信介と日本の福祉体制」, 『現代思想』, 35-1(2007).
- 蘭信三 編, 『中国残留日本人という経験: '満洲'と日本を問い続けて』(東京: 勉誠出版, 2009).
- ______, 『'中国歸国者'の生活世界』(東京: 行路社, 2000).
- 井出孫六, 『中国残留邦人: 置き去られた六十余年』(東京: 岩波書店, 2008).
- 岩見隆夫, 『新版 昭和の妖怪 岸信介』(東京: 朝日ソノラマ, 1994).
- 岡崎哲二, 「経済史から見た岸信介」, 『現代思想』, 35-1(2007).
- 高媛, 「記憶産業としてのツーリズム: 戦後における日本人の'満洲'観光」, 『現代思想』, 29-4(2001).
- 岸信介, 「取引所法」, 南正樹 外, 『現代法学全集』, 第23巻(東京: 日本評論社, 1928).
- ______, 「昭和五年ドイツ出張中, 木戸幸一に宛てドイツの産業合理化を報じた手紙」(1930年 7月 13日), 岸信介·矢次一夫·伊藤隆, 『岸信介の回想』(東京: 文藝春秋社, 1981).
- ______, 「歐洲に於ける産業合理化の実際に就いて」, 『産業合理化』, 第4輯(1932).
- ______, 「産業合理化より統制経済へ」, 『産業合理化』, 第12輯(1934年 4月).

- ______,「推薦のことば」, 滿洲国史編纂刊行会 編,『滿洲国史·総論』(東京: 滿蒙同胞援護会, 1970).
- ______,『岸信介回顧錄』(東京: 広済堂出版, 1983).
- 岸信介·矢次一夫·伊藤隆,『岸信介の回想』(東京: 文藝春秋社, 1981).
- 金俊燮,「岸信介の思想と行動」, 広島大学大学院社会科学研究科博士論文(1997).
- 倉澤愛子,「岸信介とインドネシア賠償」,『現代思想』, 35-1(2007).
- 纐纈厚,「岸信介を蘇生させる時代精神の危うさ」,『現代思想』, 35-1(1997).
- 小林英夫,『「大東亜共栄圈」の形成と崩壊』(東京: 御茶の水書房, 1975).
- ______,「総力戦体制と植民地」, 今井清一 編,『体系日本現代史』, 2(東京: 日本評論社, 1979).
- ______,『「日本株式会社」を創った男: 宮崎正義の生涯』(東京: 小学館, 1995).
- ______,『満州と自民党』(東京: 新潮社, 2005).
- 坂本雅子,「戦争と財閥」,『体系日本現代史』, 4(東京: 日本評論社, 1979).
- 武田晴人,「資本蓄積(3) 独占資本」, 大石嘉一郎 編,『日本帝国主義史』, 2(世界大恐慌期)(東京: 東京大学出版会, 1987).
- 筒井清忠,『昭和期日本の構造』(東京: 有斐閣, 1984).
- 中村隆英·原朗,「経済新体制」, 日本政治学会 編,『年報政治学: 「近衛新体制」の研究』(東京: 岩波書店, 1973).
- 中村隆英·宮崎正康 編,『岸信介政權と高度成長』(東京: 東洋経済新報社, 2003).
- 中村政則,『戦後史』(東京: 岩波書店, 2005) / 유재연·이종욱 옮김,『일본전후사 1945~2005』(서울: 논형, 2008).
- 長原豊,「「連続」と「断絶」の対合(キアズム)」,『現代思想』, 35-1(2007).
- 永井和,『近代日本の軍部と政治』(東京: 思文閣出版, 1993).
- 南龍瑞,「「滿洲国」における豊満水力発電所の建設と戦後の再建」,『アジア経済』, 48-5(2007).
- 日本近代史料研究会 編,『戦前期日本官僚制の制度·組織·人事』(東京: 東京大学出版会, 1981).
- 秦郁彦,『官僚の研究』(東京: 講談社, 1983).
- 原彬久,『岸信介: 權勢の政治家』(東京: 岩波書店, 1995).
- ______,『吉田茂: 尊皇の政治家』(東京: 岩波書店, 2005).
- 原彬久 編,『岸信介證言錄』(東京: 每日新聞社, 2003).
- 広瀬貞三,「「滿洲国」における水豊ダム建設」,『新潟情報大学紀要』, 6(2003).

- 福田和也,「悪と徳と: 岸信介と未完の日本: 官邸での夜」,『正論』(2002年 2月).
- 古川隆久,『昭和戦中期の総合国策機関』(東京: 吉川弘文館, 1992).
- 星野直樹,「岸信介來り又去る」,『特集文藝春秋 人物読本』(東京: 文藝春秋社, 1957).
- 堀和生,「「満州国」における電力業と統制政策」,『歴史学研究』, 564(1987).
- 満洲回顧集刊行会 編,『あぁ満洲: 国つくり産業開発者の手記』(東京: 満洲回顧集刊行会, 1965).
- 満洲国史編纂刊行会 編,『満洲国史 各論』(東京: 満蒙同胞援護会, 1971).
- 宮城大藏,『バンドン会議と日本のアジア復歸』(東京: 草思社, 2001).
- _____,『「海洋国家」日本の戦後史』(東京: 筑摩書房, 2008)
- 宮崎学&近代の深層研究会,『安倍晋三の敬愛する祖父岸信介』(東京: 同時代社, 2006).
- 吉田裕,「軍事支配(1) 満州事變期」, 淺田喬二·小林英夫 編,『日本帝国主義の満州支配』(東京: 時潮社, 1986).
- 吉本重義,『岸信介傳』(東京: 東洋書館, 1957).
- 若宮啓文,『戦後保守のアジア観』(東京: 朝日新聞社, 1995).
- 渡邊治,「戦後保守政治の中の安倍政權: 「軍事大国」派の系譜」,『現代思想』, 35-1(2007).
- Johnson, Chalmers, *MITI and the Japanese Miracle: The Growth of Industrial Policy, 1925~1975*(Stanford, California: Stanford University Press, 1982).
- Barnhart, Michael, *Japan Prepares for Total War: The Search for Economic Security, 1919~1941*(Ithaca, New York: Cornell University Press, 1987).
- Schaller, Michael, *The American Occupation of Japan: The Origins of the Cold War in Asia*(Oxford: Oxford University Press, 1985) / 五味俊樹 監訳,『アジアにおける冷戦の起源』(東京: 木鐸社, 1996).
- Morris-Suzuki, Tessa, *Exodus to North Korea: Shadows from Japan's Cold War*(Lanham: Rowman & Littlefield, 2007) / 田代泰子 訳,『北朝鮮へのエクソダス:「帰国事業」の影をたどる』(東京: 朝日新聞社, 2007) / 한철호 옮김,『북한행 엑서더스』(서울: 책과함께, 2008).

3장

일본 영화 속의 '반전 평화' 내러티브

히메유리 학도대의 영상화와 그 표상적 의미

강태웅

1. 「히메유리의 탑」

1945년 아시아태평양전쟁 말기, 오키나와에 상륙한 미군과 일본군 사이에서 벌어진 오키나와전은 양국 군인과 민간인을 포함해 약 10만 명의 사망자를 낳은 격전이었다. 이후 이 비극을 전하는 수많은 이야기가 만들어졌고, 그 기운데 여고생 신분으로 종군간호부의 역할을 하다가 죽어간 히메유리 학도대(ひめゆり學徒隊)에 대한 이야기는 가장 잘 알려진 것 중의 하나이다. 히메유리 학도대에 대한 이야기는 영화·다큐멘터리·드라마·연극·발레·노래·만화는 물론, 최근에는 애니메이션에 이르기까지 여러 장르를 넘나들며 계속 제작되어왔다. 또한 히메유리 학도대를 기리기 위해 세워진 히메유리의 탑(ひめゆりの塔)은 '평화 학습'이라는 이름 아래 일본 학생들이 수학여행으로 가장 많이 찾는 장소 가운데 하나이다. 전체 222명 중 123명이 사망한 히메유리 학도대 이야기가 왜 10만 명에 이르는 오키나와의 희생을 대표=표상=재현하게 되었을까. 그리고 표상의 한 형태로서, 가장 많은 자본과 인력이 필요한 극영화들은 유독 오키나와가 아닌 본토에서만 제작되었을까. 이러한 의문점에서 출발하여 이 글은 전후 계속해서 제작되고 있는 히메유리 학도대를 다룬 영상물의 내러티브 분석을 통해, 오키나와전이라는 매우 독특한 경험이 어떻게 일본 본토의 전쟁에 대한 보수적 기억으로 흡수되어 나타나는가를 고찰하고 있다. 물론 그러한 내러티브가 아무런 변화 없이 지금까지 굳건히 유지되어왔다고 주장하는 것은 아니다. 그보다는 그것이 시대에 따라 어떻게 바뀌었는가 하는 변

---

* 광운대학교 일본학과 조교수.

* 이 글의 초고는『아태연구』, 제16집 1호(경희대학교 국제지역원, 2009)에 수록되었음.

화상에 주목하면서, 그럼에도 불구하고 변하지 않는 무엇인가를 찾아가는 방식으로 논의를 전개해가고자 한다. 또한 그 내러티브에 대하여 오키나와 측이 계속해서 의문을 제시하고 수정을 요구해왔으며, 바로 그런 이유로 오키나와전은 전후 보수적인 영상 내러티브가 어떻게 변용되어왔는가를 고찰할 수 있는 적절한 소재가 된다는 점을 덧붙이고자 한다.

전후 일본인들의 전쟁관 형성에는 영상물이 지대한 영향력을 미치고 있다.[1] 그런데 아시아태평양전쟁을 다룬 일본 영화는 거의 대부분 전쟁이 끝날 무렵에 중점을 두면서, 가미카제 특공대, 전함 야마토, 도쿄 공습, 히로시마·나가사키 원폭, 그리고 히메유리 학도대 등을 주된 소재로 사용하고 있다. 이러한 영화들은 일본이 다른 국가와 민족을 침략·지배해나가는 시기는 다루지 않고, 전쟁 말기의 일본인 피해를 다루어 전쟁의 참혹함을 묘사함으로써 '반전 영화' 또는 '반전 평화'를 제창하는 영화로 선전되어왔다. 달리 말하면, 아시아태평양전쟁에서 패전 무렵을 다루는 것이 아니라, 일본이 세력을 확장해나가던 그 앞의 시기를 다루면 '반전 영화'가 아니게 되는 것이다. 이 가운데 히메유리 학도대를 다룬 영화는 "수많은 반전 영화 중에서 고전적인 위치를 차지하고 있는" 작품으로 평가된다.[2] 이 글에서는 일본 대중들이 선호하고 소비하며 또한 그에 따라 재생산되는 이러한 내러티브를 보수적이라고 간주하면서, 그것이 흔히 진보의 의미로

---

1 NHK가 2000년에 실시한 조사에 의하면, 아시아태평양전쟁에 관한 인식 조사에서 50세 이상은 '직접 체험+활자 미디어'의 영향을 가장 많이 받고, 50세 미만은 '간접 체험+시청각 미디어'의 영향을 받는 것으로 나타났다. 특히 16~39세층은 '학교 수업과 교과서 영향'과 '만화·애니메이션의 영향'이 거의 같이 강하게 나타났다. 牧田徹雄,「世論調査リポート 日本人の戦争と平和観·その持続と風化」,『放送研究と調査』, 2000年 9月号, 10~11쪽.

2 佐藤忠男,「日本映画月評: ひめゆりの塔」,『シナリオ』, 1982年 7月号, 86쪽.

간주되는 '반전'이라는 말과 어떻게 맞물려 표상되었는지를 살펴보도록 하겠다.

2. '히메유리 신화'의 구축

「히메유리의 탑」(1953)

히메유리는 오키나와 현립 제일고등여학교의 학교 홍보지 '오토히메(乙姫)'와 오키나와 사범학교 여자부의 학교 홍보지 '시라유리(白百合)'를 합쳐서 만든 이름이다. 일본 본토에서 히메유리 학도대에 대해 처음으로 화제를 불러일으킨 것은 1950년 이시노 게이치로(石野径一郎)의 소설『히메유리의 탑』이었다. 이는 곧바로 연극화되어 이듬해에 오키나와에서 공연되기도 했다.[3] 오시로 마사야스(大城将保)에 의하면, 당시 오키나와 현지의 전쟁 기록이 공백 상태여서 히메유리 학도대 이야기는 '일본인 취향의 감상적 전장(戰場) 로망'으로 윤색될 수 있었고, 이러한 '히메유리 신화'가 국민 의식 속으로 침투해갔기 때문에 아직도 이때의 영향에서 벗어나지 못하고 있다고 한다.[4] 이러한 '히메유리 신화'의 전파에 가장 큰 공헌을 한 것이 이마이 다다시(今井正) 감독의 1953년도 영화「히메유리의 탑」의 성공이었다.

이마이 다다시는 전시기에 일본인과 조선인이 일치단결하여 식민지 조선의 북쪽 변경을 침략자로부터 막아낸다는 내용의 영화「망루의 결사

---

3 岡本恵徳,『現代文学にみる沖縄の自画像』(東京: 高文研, 1999), 37~42쪽.

4 大城将保,「沖縄戦の真実をめぐって」,『沖縄戦の記憶』(東京: 社会評論社, 2002), 24쪽.

대」(1943) 등을 만들었고, 전후에 만든 「푸른 산맥」(1949)이 성공을 거두면서 당시 최고의 흥행 감독이 되었다. 이마이는 이듬해인 1950년에 「히메유리의 탑」 제작을 기획했지만, GHQ의 허가를 받지 못했다. 그뒤 GHQ의 허가가 필요 없어진 1953년에 이마이는 본격적으로 제작에 착수했다. 제작 회사도 다이에이(大映)에서 전후 만주영화협회 출신이 대거 참여하여 설립한 도에이(東映)로 바뀐다. 오키나와 현지 촬영 허가를 받지 못해서 촬영은 지바(千葉)현에서 진행되었고, 전쟁 영화를 만든 경험이 없는 도에이의 제작진은 당시 수입된 미국의 전쟁 영화 「유황도의 모래(Sands of Iwo Jima)」의 화면을 연구했다.[5] 주인공인 존 웨인이 일본군의 공격으로 죽고 마는 미국 영화를 참조해 미군의 공격에 희생당하는 히메유리 학도대의 이야기를 만들었다는 점은 하나의 아이러니이다.

1953년에 제작된 「히메유리의 탑」의 내용을 살펴보도록 하자. 영화는 1945년 3월 미군의 오키나와 상륙을 앞둔 시점에서 시작된다. 미군의 함포 사격과 폭격이 당시의 기록 영화로 제시된다. 이마이 감독은 「유황도의 모래」에서 미군의 공격을 기록 영화 삽입으로 처리한 방식을 그대로 응용했다. "우리 오키나와가 희생해도 일본 본토만큼은 여기서 지키지 않으면 안 된다. 희생 없는 승리란 있을 수 없다"는 각오에 찬 대화를 나누는 학교 선생님들의 모습이 비추어지고, 뒤쪽의 창문으로 히메유리 학도대의 주인공들이 노래를 부르며 등장한다. 희생의 불가피성을 강조하는 이러한 대사는 극중에서 비판당하기는커녕, 마지막 장면에서 학도대의 희생을 '순국'으로 이해하게 만드는 기능을 한다.

미군 상륙을 앞두고 히메유리 학도대는 간호 활동을 돕기 위해 호(壕)

---

5 今井正, 「わが映画演出法」, 『岩波講座日本映画』, 5(東京: 岩波書店, 1987), 124쪽.

'모든 이'가 죽은 채로 끝나는 1953년도 「히메유리의 탑」의 마지막 장면.

에 자리한 야전병동으로 출발한다. 어두컴컴한 호 안에서 부상병을 돌보는 혹독한 상황임에도 불구하고 히메유리의 '순진무구함'을 나타내는 장면들이 요소요소에 삽입된다. 전장임에도 학도대는 틈만 나면 오키나와 노래를 합창하며 춤을 추고, 개울에서 속옷만 입은 채 목욕하곤 한다. 그리고 동료가 다치거나 죽어도 끝까지 웃음을 잃지 않는 명랑함을 보인다. 미군과 일본군의 전투는 그려지지 않고, 보이지 않는 미군에 의한 공격은 언제나 군인이 아닌 비무장의 학도대원에게 집중된다. 물을 뜨러 가는 등 여학생들이 호를 떠나기만 하면 어디선가 기관총과 폭탄이 쏟아진다.

미군의 진격으로 병원은 이동을 하게 된다. 그러나 부상병들은 그곳에 남겨지고, 그 속에는 부상당한 학도대원도 포함되어 있다. 인솔 교사는 그녀에게 적이 오면 자결할 것을 권유하고 떠난다. 미군의 계속된 진격으로 더 이상 버틸 수 없던 사령부는 각 부대의 해산을 명한다. 해산 명령이 떨어졌지만 히메유리 학도대들은 호 밖으로 나가 수류탄으로 한 명씩 때로는 두세 명씩 자결한다. 그리고 자결하지 않고 도망가는 비무장의 사람들은 보이지 않는 미군에 의해 잔인하게 기관총으로 사살되는 것으로 영화는 끝난다.

1953년 1월 9일에 개봉된 이 영화는 공전의 히트를 기록하여 배급 수입 1억 7,800만 엔으로 그 시점에서 전후 최고의 히트작이 된다. 후쿠오카에서는 영화를 본 여학생들이 히메유리 학도대 추도 법회를 열었고, 구마모토에서도 추도회가 열렸다. 농촌에서는 관객을 운송하기 위해 '히메유리 열차'까지 생겼다고 한다. 이 영화에 대한 반응은 오키나와에서도 뜨거웠고, 본토에서는 이를 "오키나와인들은 조국 일본이 자신들을 잊지 않은 것에 감사하는" 반응으로 해석했다.[6]

「히메유리의 탑」의 성공은 오키나와전을 다룬 영화 제작 붐을 일으켜, 같은 해 9월에는 남학생 학도대를 주인공으로 하는 「건아의 탑」과 「오키나와 건아대」가 잇달아 개봉되었다. 하지만 이 영화들은 「히메유리의 탑」과 같은 성공을 거두지는 못했다. 후쿠마 요시아키(福間良明)는 아무런 비판도 받지 않고 '순진무구한 간호사'의 치유에 안도할 수 있는 일본을 표상하는 「히메유리의 탑」과는 달리, 「오키나와 건아대」와 「건아의 탑」은 오키나와와 일본이 군인으로서 대등한 '남성적' 관계로 표현되었기에 흥행에 실패했다고 지적했다.[7] 이러한 젠더적 차이도 작용했겠지만, 보다

6 瓜生忠夫, 『日本の映画』(東京: 岩波書店, 1956), 102쪽.

7 福間良明, 『「反戦」のメディア史』(東京: 世界思想社, 2006), 171~172쪽.

즐비한 시체들을 돌아보며 희생의 의미를 묻는 교사와 학생(「오키나와 건아대」의 마지막 장면).

근본적인 것은 영화가 오키나와전을 어떻게 해석했느냐 하는 점일 것이다. 오키나와현 지사를 지낸 오타 마사히데(太田昌秀)의 글을 원작으로 하는 영화 「오키나와 건아대」가 보여주는 희생의 의미는 「히메유리의 탑」과 다르다. 미군의 포로가 된 교사가 아직도 호에 숨어 있는 학생을 설득해 밖으로 나오게 한다. 시체가 즐비한 곳을 지나면서 이 죽음이 무슨 의미가 있느냐며 오키나와의 희생을 의문시하는 질문을 교사가 학생에게 던지면서 영화는 끝난다. 여기에는 일본이 벌인 전쟁에 대한 오키나와인의 비판적 시각이 뚜렷이 드러나 있다. 이에 반해 「히메유리의 탑」은 오키나와의 피해를 불가피한 희생으로 해석하고 학도대의 희생을 '순국'으로 받아들인다. 그럼에도 불구하고 「오키나와 건아대」가 아닌 「히메유리의 탑」이

'반전 영화'로 소비되어버린다. 즉, 일본이 벌인 전쟁을 비판하는 내러티브가 아니라, 일본의 여성들이 전쟁을 통해 어떠한 피해를 입었는가를 상기하는 '전장 로망'식의 그것이 '반전'으로 받아들여진 것이다. 이 글에서는 이러한 인식과 내러티브를 보수적이라고 간주하여 논의를 전개해나가고자 한다.

「아아, 히메유리의 탑」(1968)

'히메유리 신화'가 '전장 로망'으로 더욱 윤색된 것은 1968년의 「아아, 히메유리의 탑」이다. 영화가 시작되는 곳은 1940년대가 아니라 영화 제작 당시인 1960년대의 한 클럽이다. 배우 와타리 데쓰야(渡哲也)는 요란한 음악 소리와 함께 춤을 추는 젊은이들 사이에 앉아 있고, 카메라가 그에게 다가간다. 오키나와 음악을 신청한 당신은 오키나와인이냐고 묻자, 와타리는 오키나와 음악을 신청했다고 해서 꼭 오키나와인이라고 단정할 수는 없지 않느냐며 반문한다. 그리고 그는 전쟁이 끝난 지 20년이 지난 지금, 춤추고 있는 젊은이들과 같은 나이의 '그들'이 생각난다며 춤추는 사람들 사이로 사라진다. 카메라는 그를 따라 줌인하면서 관객의 눈을 끌어들이고, 화면은 히메유리의 탑에 적혀 있는 이름들을 클로즈업한 것으로 넘어간다. 그리고 20년 전 오키나와로 플래시백된다.

현재와의 연결성을 강조하기 위한 이러한 오프닝이 필요했던 것은, 1953년작에서는 감독과 배우 그리고 관객이 전쟁 체험자였던 것에 반해, 20여 년이 지난 1968년작에서는 그들 모두 전쟁 체험에서 멀어졌기 때문이다. 하지만 일본인들의 관심에서 오키나와가 아예 멀어진 것은 아니었다. 1960년대 말에는 오키나와의 '일본 복귀 운동'이 사회적 관심을 끌고 있었기 때문이다.

백합을 쳐다보는 여주인공(1968년도 「히메유리의 탑」의 한 장면).

요시나가 사유리(吉永小百合)와 하마다 미쓰오(浜田光夫)라는 청춘 영화 스타를 기용한 이 영화는, 1943년 사범여학교의 가을 운동회에 가짜 입장권으로 들어간 하마다와 요시나가의 만남부터 시작된다. 1953년작과는 달리 학도대로 출진하는 장면은 영화의 중반을 지나 등장한다. 평화롭고 일상적인 오키나와의 모습이 그려지고 그것을 '파괴'하는 미군의 공격이 시작된다.

1953년도 영화와 마찬가지로 미군의 공격은 화면을 가득 채우는 폭격기와 함포 사격 등 당시 기록 영화의 삽입으로 표현된다. 이러한 기록 영화가 주는 사실성과 더불어 오키나와에 상륙하는 미군의 모습과 부상당한 일본군과의 병렬 편집은 미군의 '가해성'을 더욱 강조한다. 보이지 않는 미군이 비무장인 학도대를 공격하는 장면은 1953년작보다 훨씬 자주 반복된다. 그리고 학도대의 '순진무구'를 나타내기 위한 합창과 춤 역시 반복 묘사되고, 전편보다 더욱 '극적'인 장면도 준비된다. 부상당한 일본군의 다리를 절단하는 장면이 여과 없이 나오며, 여주인공은 잘린 다리를 갖다 버리는 일을 맡는다. 그때 그곳에 폭탄이 떨어져 팔과 다리가 튀어 올

수류탄을 들고 마주 선 두 소녀(1968년도 「히메유리의 탑」의 한 장면).

라 나무에 열매처럼 걸린다. 그러한 참혹한 장면과 대조적으로 팔과 다리가 걸린 나무 옆에서 곱게 핀 백합의 아름다움에 잠깐 한눈을 파는 요시나가 사유리의 얼굴이 클로즈업된다.

전장임에도 불구하고 탐미적인 '순진무구'의 강조는 많은 여학생들이 개울에서 속옷만 입고 목욕하는 장면으로 연결된다. 속옷만 입은 하얀 여학생과 백합꽃의 교차 편집 그리고 오키나와 노래 합창과 춤으로 그들의 '순진무구'의 표현은 절정에 이른다. 그때 '어김없이' 나타나는 미군 전투기에 의해 또 한번 많은 학생들이 희생을 당한다. 1953년도 영화와 마찬가지로 개울가에서 속옷만 입고 목욕하는 '순진무구'한 히메유리 학도대에 대한 묘사에서는, 학도대를 바라보는 본토의 '성적(性的)'인 시선을 감지해낼 수도 있을 것이다.

이러한 '순진무구'와는 대조적으로 학도대는 자결하는 데서는 적극적이다. 이동하지 못하는 부상병들에게 청산가리를 탄 우유가 배급된다. 부상당한 히메유리 학도대원도 스스로 우유를 달라고 해서 자결한다. 또한 마지막 부분에서 해산 명령에도 불구하고 학도대원들은 죽을 때까지 같이 있겠다고 외치며, 이별 모임을 하자면서 서로 얼굴을 닦아주고 빗질을 해 주며 옷을 갈아입는다. 그리고 수류탄의 안전핀을 뽑아 한 명 한 명 자결한다. 주인공은 또 한 명의 여학생과 두 손을 꼭 잡고 절벽 위에 서서, 결의에 찬 얼굴로 주머니에서 수류탄을 꺼내 입으로 안전핀을 뽑아 '산화(散華)'한다. 이처럼 언제 죽을지 모르는 참혹한 전장에서도 '순진무구'를 잊지 않으려고 하며, 그리고 국가에 대한 자신의 임무를 철저히 하려는 소녀의 모습이 강조된 「히메유리의 탑」은 전후를 대표하는 '반전 영화'의 대명사가 되었다.

3. '히메유리 신화'의 해부

히메유리 학도대의 이야기는 왜 본토에서 적극적으로 받아들여져 반복적으로 재현되고 있는 것일까. 고모리 요이치(小森陽一)는 「히메유리의 탑」이 오키나와전을 히메유리 학도대라는 소녀들에게 '응축'시킴으로써 관객의 감정을 선동하고, 오키나와전에 대한 책임 문제가 '히메유리 신화화'에 의해 은폐된다고 지적했다.[8] 오에 겐자부로도 「히메유리의 탑」은 "어쨌든 젊은 여자가 전장에서 죽는다는 것은 가슴 아픈 일이다라는 형태로 일반화되어, 그렇게 함으로써 본토의 일본인 누구에게도 그 인간으로서의 근원을 찌를 수 있는 오키나와의 독(毒)으로부터 몸을 지키고 안온하게 눈물을 흘릴 수 있는" 역할을 해왔다고 말했다.[9] 히메유리 학도대 이야

8 小森陽一 外 編, 「原爆文学と沖縄文学: 「沈黙」を語る言葉」, 『座談会昭和文学史』(東京: 集英社, 2003), 44쪽.

9 大江健三郎, 『沖縄ノート』(東京: 岩波書店, 1970), 192쪽.

기가 전쟁에서 오키나와를 사석(捨石)으로 삼은 일본 본토의 책임, 군에 의한 민간인 학살과 '집단 자결' 등과 같은, 오키나와와 본토가 대립하는 문제, 즉 '독'에서 눈을 돌리게 하는 역할을 했다는 것이다.

그리고 후지타니 다카시가 이마이 다다시 감독이 전전에 만든 「망루의 결사대」와의 유사성을 통해 지적했듯이, 「히메유리의 탑」이 오키나와와 일본의 대립을 뛰어넘는 하나의 '공동체'를 제시하고 있다는 점도 본토가 이 내러티브를 선호하는 이유 가운데 하나이다. 「망루의 결사대」의 배경인 국경의 한 마을에서는 일본인과 조선인이 "같은 적에게 습격당하는 피해자라는 입장을 공유함으로써" 민족 간 대립을 초월한 하나의 '공동체'가 성립한다. 마찬가지로 전후에 만들어진 「히메유리의 탑」에서도 미군의 공격에 습격당하고 희생당한 일본인과 오키나와인은 그 차이와 대립이 망각된 채 하나의 '일본인'으로 묘사되는 것이다. 게다가 「망루의 결사대」의 마지막에 등장인물들이 주재소의 지하 방공호로 대피하면서 권총을 쥐고 만일을 대비하며 자살의 각오를 다지는 장면에서는 「히메유리의 탑」의 호를 연상하지 않을 수 없다.[10]

오키나와에 대한 본토의 이러한 상상은 실제의 오키나와와 단절된 것만은 아니었다. 1960년대에 오키나와에서 행해진 반미 투쟁과 본토에서 금지되었던 일장기 게양이 강행된 사건, 표준어 쓰기 운동을 통해 '조국복귀'를 외쳤던 오키나와의 움직임은 이러한 본토의 상상력이 하나의 원천이 되었을 가능성이 있다. 이에 연동하듯이 본토에서도 본토와 오키나와의 정신적 측면에서의 일체화에 좋은 재료로서 오키나와전을 기억했다.

---

10 タカシ·フジタニ, 「植民地支配後期の"朝鮮"映画における國民, 血, 自決/民族自決: 今井正監督作品の分析」, 『歴史の描き方③ 記憶が語りはじめる』(東京: 東京大学出版会, 2006), 38~40쪽.

오키나와 남부 전적지에는 '영령'을 현창하는 비문과 위령비가 세워졌고, 그곳을 지나는 관광버스에서 '전장 미담'이 이야기되기 시작했다.[11] 1968년도 영화의 첫 부분에서 클럽으로부터 오키나와의 기념비로 이동하는 평행편집도 바로 이러한 변화를 반영한 것이었다.

그런데 여기서 다시 강조해야 할 것은, 「히메유리의 탑」이 오키나와전에 대한 본토와 오키나와와의 인식 차이를 소멸시킬 뿐만 아니라 '매우 반전적'으로 간주된다는 점이다.[12] 그렇다면 「히메유리의 탑」에서 반대되는 전쟁이란 어떠한 것인가. 우선 일본군이 아시아의 타자에게 행한 가해 사실이 결여되어 있다. 또한 전쟁을 배경으로 하면서 아군과 적군의 전투를 그린 전쟁 영화와는 다르고, 오히려 언제 닥칠지 모르는 위협을 피해 도망다니는 재난 영화와 같은 구조를 가진다. 오키나와는 미군과의 지상전이 벌어진 유일한 곳임에도 불구하고 지상전의 묘사가 빠져버린 것이다. 전투를 그리지 않고도 영화가 성립할 수 있다는 점이 '히메유리 신화'가 갖는 '강점'일 것이다. 그 대신 재난처럼 모습을 드러내지 않는 적의 위협에 공포를 느끼며 생과 사를 다투는 것이 주된 내용이 되었다. 타자에 대한 증오감을 키우기보다는 생과 사의 갈림길에 선 인간의 구제라는 식으로 문제를 보편화시킴으로써, 전쟁의 의미와 책임 문제 등 전쟁 자체에

11 大城将保, 「沖縄戦の真実をめぐって」, 27쪽.

12 애런 제로우에 의하면, 이마이 다다시의 영화는 일본인의 손에 의한 오키나와인의 고통의 역사를 숨기고 본토 일본인이 공유할 수 있는 전쟁 고통을 그림으로써 본토와 오키나와의 차이를 흐릿하게 하는 역할을 한다. 그럼에도 불구하고 이마이 다다시의 영화가 '매우 반전적(powerfully antiwar)'이라고 그는 말한다. 하지만 애런 제로우는 왜 이 영화가 '반전적'인지를 밝히지 않고 있다. Aaron Gerow, "From the National Gaze to Multiple Gazes: Representations of Okinawa in Recent Japanese Cinema", Laura Hein and Mark Selden ed., *Islands of Discontent: Okinawan responses to Japanese and American power*(Lanham: Rowman & Littlefield, 2003), 276~277쪽.

던져야 할 물음을 회피할 수 있는 장점도 지니고 있다. 물론 민간인과 부상병을 희생시키는 악한 군인들이 등장하지만, 그것은 일부의 잘못에 의해 희생이 커졌음을 의미할 뿐 전쟁 자체가 잘못되었다는 인식으로는 절대 이어지지 않는다. 따라서 여기서의 '반전'의 대상이 되는 전쟁은 영화의 배경인 아시아태평양전쟁이라는 역사 속의 특정한 전쟁이라기보다는 일반적인 전쟁을 가리키게 되는 것이다. 이 같은 '반전' 인식에 젊은 여성들의 '순국' 행위가 교묘히 삽입된다. 진보적으로 간주될 수 있는 '반전'이라는 단어를 전면에 내세우면서, 스크린에 비추어지는 것은 순진무구한 여학생으로 표상된 일본과 국가를 위해 죽는 '자결' 행위의 상찬(賞讚)이라는, 기존의 가치를 지키려는 보수적인 장면인 것이다.

이러한 모순이 히메유리 학도대의 표상에 공존하고 있음을 통렬히 비판한 이는 요시다 쓰카사(吉田司)이다. 요시다는 『히메유리 주신구라(ひめゆり忠臣蔵)』라는 저서에서 영화·연극·드라마·만화 등 다양한 매체를 통해 반복적으로 이야기되어온 히메유리와, 주군의 복수를 하고 할복한 47인의 사무라이를 그린 일본을 대표하는 주신구라 이야기를 비교했다. 이 둘은 널리 알려진 이야기임에도 불구하고 지속적으로 되풀이되며 본토 일본인의 감성을 자극하는 '반복의 미학'을 지니게 되었다는 점에서 공통된다고 그는 보았다. 그리고 히메유리 학도대 이야기의 반복은 "아시아 가해의 측면을 숨기고 비참한 전쟁 피해자의 측면만을 강조하여, '진혼'의 제사를 통해 '평화의 수호신'으로 탈바꿈"했기에 가능했다고 지적했다. 요시다는 '히메유리의 신화'를 비판하면서, 히메유리 학도대의 표상 뒤로 일본인으로서 가해 행위에 참여했던 오키나와인의 책임이 은폐되는 측면을 지적하며 비판의 화살을 오키나와인으로 향하게 했다.[13] 하지만 궁극적인 문제는 오키나와 측이 아니라 히메유리 학도대 이야기를 수용하는 일본 본토 측

에 있다. 따라서 일본의 이른바 '반전 영화'라고 불리는 다른 영상물들과 히메유리 학도대 이야기를 비교해보아야 할 것이다.

히메유리 학도대에 관한 영화들은 본토의 다른 전쟁 영화들과 공통점이 많다. 먼저 앞서 언급했듯이, 대부분의 일본 영화는 전쟁이 끝날 무렵을 다루고 있는 점이 그러하다. 그리고 사토 다다오가 적확하게 표현하고 있듯이, "패전 후 적극적으로 만들어진 일본의 반전 영화는, 전화(戰火) 속에서 우리 일본인이 얼마나 심한 처지에 놓였는가라는 점과, 그런 처지임에도 불구하고 동료끼리 얼마나 서로 도왔냐는 점에 역점"을 두었고, 일본의 가해적 행위에는 관심을 두지 않았다. 일본의 '반전 영화'에서의 '반전'은 한마디로 "자신이 심한 꼴을 당했기 때문에 전쟁은 싫다"는 것이다.[14]

또한 그러한 일본의 일방적인 피해를 강조하기 위해 실제 전투와는 관련 없는 아이들과 여성들이 '반전 영화'에 많이 등장한다. 일본인의 전쟁관에 가장 많이 영향을 준 애니메이션이자 일본의 방송사들이 8월만 되면 재방송을 해주는 「반딧불의 묘」도 어린 남매가 주인공이다.[15] 또한 원폭 피해도 '원폭 처녀'로 주로 표상된다.[16] 그렇다고 여성으로 표상된다고 해서 원폭 처녀와 히메유리 학도대를 동일선상에만 놓고 분석할 수는 없다. 왜냐하면 원폭 처녀는 민간인 희생자이고 그 희생은 주어진 것이지만, 히메유리 학도대는 직접 전쟁에 참가했고 또한 '자결'했기 때문이다. 이러

---

13 吉田司, 『增補新版 ひめゆり忠臣蔵』(東京: 太田出版, 2000), 169쪽.

14 佐藤忠男, 「反戦映画の系譜」, 『日本映画と日本文化』(東京: 未來社, 1989), 135~136쪽.

15 牧田徹雄, 「世論調査リポート 日本人の戦争と平和観·その持続と風化」, 10~11쪽.

16 マヤ·モリオカ·トデスキーニ, 「「死と乙女」: 文化的ヒロインとしての女性被爆者, そして原爆の記憶の政治学」, ミック·ブロデリック, 『ヒバクシャ·シネマ』(東京: 現代書館, 1999), 199~222쪽.

한 점이 보수적 역사 인식을 갖는 쪽으로 하여금 히메유리 학도대 이야기를 소비하고 재생산하게 기능했다. '순진무구'한 소녀들의 희생이라는 이야기로 관객을 감정적으로 이끌어나가면서, 그녀들의 죽음이 '자결'인 점에 강조를 둔 영화를 만들어나가는 것이다. 실제로 히메유리 학도대 전체 222명 중에서 123명이 죽었고 상당수의 학생은 살아남았음에도 불구하고, 앞에서 살펴본 영화들은 그들이 전멸한 것처럼 여겨지도록 연출되었고, 생존의 가능성을 찾기 힘들게 만듦으로써 히메유리 학도대='자결'이라는 구도를 관객에게 전달하고 있다. 따라서 이러한 특성을 갖는 히메유리 학도대는 보수언론인 『산케이신문(産経新聞)』에서 야스쿠니 신사에 합사되어 있는 이들의 대표로 인용될 때가 많다.[17]

그렇다고 '국가를 위해서 희생'한 모든 여성들의 이야기가 조명받는 것은 아니다. 와타나베 모리오가 지적하듯이 종군위안부의 경우는 그들의 희생에도 불구하고 대중매체에 의해 표현되는 일이 극히 드물었고,[18] '반

---

17 『산케이신문』은 야스쿠니 신사가 문제될 때마다 히메유리 학도대의 합사를 언급해왔다. 2005년 6월 24일자, 2005년 8월 1일자, 2005년 10월 8일자, 2008년 3월 19일자 등 최근 들어서도 이를 다루었다. 최근 오키나와전 희생자 유가족 다섯 명이 야스쿠니 신사와 국가를 상대로 합사 취소 소송을 벌였다. 다섯 명 가운데 한 명은 여동생이 히메유리 학도대로서 합사되어 있는 경우였다. 『毎日新聞』, 2008년 3월 20일자. 히메유리 학도대의 인솔 교사였다가 살아남은 나카소네 세이젠(仲宗根政善)이 유족을 찾아다니며 희생된 제자들의 명부를 작성해 후생성에 유족연금을 신청했는데, 그 명부가 야스쿠니 신사로 넘어가서 합사되었다고 한다. 『朝日新聞』, 2001년 6월 22일자.

18 그 밖에도 와타나베 모리오는 '순진무구'한 소녀의 국가를 위한 희생 그리고 '교복'과 '군복'의 교환성을 내포하는 내러티브는 일본 대중에게 매우 '매력적인(seductive)' 소재로 계속 만들어져왔음을 지적했다. 구체적으로 와타나베는 미국에도 수출된 일본의 애니메이션 『세일러문』의 발상은 히메유리 학도대의 영향 하에 있다고 주장했다. Watanabe Morio, "Imagery and War in Japan: 1995", *Perilous Memories*(Durham; London: Duke University Press, 2001), 142~145쪽.

전'의 표상으로 여겨지지 않는다. 그리고 또 한 가지 지적해야 할 점은, 영상물을 보는 행위를 넘어서 '평화 학습'을 통해 직접 체험하는 현장에서도 본토의 피해 표상과 오키나와의 그것과의 교환성이 강하다는 것이다. '평화 학습'을 위해 오키나와로 수학여행을 가는 비중이 늘고 있고 '순국 미담'을 듣는 차원을 벗어나 오키나와전의 참상을 보도록 학습이 바뀌고 있다고는 하지만,[19] 결국 히로시마·나가사키·오키나와로 연결되는 '평화 학습'의 테마는 앞에서 살펴본 영화와 마찬가지로 일본의 피해 확인을 통한 '반전 평화'일 뿐이다. 1994년의 조사에 따르면, 이러한 표상의 교환성으로 인해 히메유리의 탑이 히로시마에 세워져 있다고 답한 학생이 많았다. 그 정도로 히메유리 학도대는 오키나와의 희생을 표상하기보다는 히로시마·나가사키·오키나와라는 본토의 피해 표상의 연장선상에 위치하고 있는 것이다.[20]

4. '히메유리 신화'의 변용

세기말의 히메유리

오키나와는 1972년 일본으로 '복귀/반환'된다. 그뒤 오에 겐자부로가 말한 '오키나와의 독'이 일본인을 찌르기 시작했다. 평화헌법 하의 '조국'으로 복귀하려던 오키나와의 희망과는 달리 자위대의 오키나와 배치는 전

[19] 藤原幸男, 「平和教育と修学旅行」, 『琉球大学教育学部教育実践総合センター紀要』, Vol. 9, 2002年 3月号, 72~75쪽.

[20] 吉田裕, 『日本人の戦争観: 戦後史のなかの変容』(東京: 岩波書店, 2005), 253~254쪽.

시기 일본군이 오키나와인에 입힌 피해를 상기시켰고, 미군 기지는 존속되었다. 본토의 시각으로 볼 때, '복귀' 후 오키나와는 더 이상 상상 속의 오키나와가 아닌 일본의 일부로서 실제적인 의미를 가지게 되었다. 교과서에서도 종래의 히메유리 학도대의 희생 대신에 '주민 학살', '집단 자결' 등이 기록되었다.[21] 그리고 1975년 7월 17일 오키나와해양박람회 개회식에 참석하기 위해 온 황태자(현재의 천황) 부부가 히메유리의 탑에 참배하려 할 때, 탑 뒤의 호에서 일주일 동안 잠복하던 두 명의 남자가 뛰쳐나와 화염병을 던진 사건이 일어났다. 이 사건은 히메유리의 탑에 대해 본토가 품고 있는 상징성에 대한 반발로도 읽힐 수 있었다.

1982년에는 1953년작을 만들었던 이마이 다다시 감독에 의해 오키나와 복귀 10주년 기념으로 다시 한번 「히메유리의 탑」이 만들어졌다. 이 영화는 전작과 달리 오키나와 현지 촬영이 이루어졌고 흑백에서 컬러로 바뀌었으나, 1953년의 시나리오를 그대로 사용했기 때문에 변화를 읽기는 힘들다. 사토 다다오는 30년이 지났음에도 새로운 시각을 첨가하지 못한 이 작품에 아쉬움을 표하면서, 이전 작품에는 그려지지 않았던, 미군의 도움을 받아 생존한 학도대원에 대한 묘사와 그들이 이제까지의 군국주의 교육이 잘못되었음을 깨닫는 장면을 넣었으면 하는, 앞으로 나올지 모를 히메유리 학도대 영화에 제안을 했다.[22]

마치 사토 다다오의 제안을 받아들인 듯한 히메유리 학도대의 영화가 1995년에 나오게 된다. 1995년에 제작된 고야마 세이지로(神山征二郎) 감독의 「히메유리의 탑」은 기존의 내러티브 틀을 지켜나가면서 어느 정도 변

---

[21] 大城将保, 「沖縄戦の真実をめぐって」, 30쪽.

[22] 佐藤忠男, 「反戦映画の系譜」, 87쪽.

투항하는 교사(1995년도 「히메유리의 탑」에서).

용이 이루어진다. 1944년 평화로운 오키나와로부터 시작하는 것도 1968년작과 같고, 미군의 함포 사격과 상륙하는 미군을 전쟁 당시의 흑백 영상으로 보여주고 그 다음 부상당한 일본 병사의 다리 절단 장면으로 이어지는 편집도 1995년작에서 반복된다. 또한 호의 밖으로 여학생들만 나가면 꼭 비행기가 기다렸다는 듯이 나타나 기총소사를 하고 폭탄을 떨어뜨리는 장면도 반복된다.

그러면 이전 작품들과 달라진 점을 찾아보자. 이동을 위해 부상병을 놓아둔 채 가는 것도, 그들에게 청산가리 우유를 배급하는 장면도 역시 등장한다. 그러나 다른 부상병들은 우유를 마시지만 히메유리 학도대원은 마시지 않고 기어 나와 미군에게 구조된다. 목욕 장면도 반복되지만 속옷 차림이 아니라 겉옷을 입은 채로 개울에 들어간다. 또한 목욕 중에 미군 비행기가 나타나지 않는다. 이전 작품에서는 군인과 학도대, 군인과 민간인의 대립은 있어도 오키나와와 일본의 대립은 없었다. 그러나 1995년작부터는 오키나와와 일본의 대립이 그려진다. 오키나와 말이 학교에서 금지되어 있다는 것에 이의를 제기하는 학생이 나오고, 오키나와 말로 소통하는 민간인을 스파이라고 부르며 군인이 칼로 베어버리는 장면도 나온다. 결말에서는 수류탄을 꺼내 선생을 둘러싸고 자결하는 학생들이 묘사되지만, 히메유리 학도대의 전멸을 그리지는 않는다. 주인공인 나카소네 선생은 수류탄 핀을 뽑으려는 학생을 말리고 호 밖으로 손을 들고 나가 미군에 투항한다.

이처럼 1995년판에는 근간이 되는 내러티브는 흔들리지 않으면서도 세세한 변화가 많았다. 감독은 완성된 각본을 생존자들의 모임인 '히메유리 동창회'에 보내 가필을 부탁했다고 한다. 그들에 의해 이전 작품들에 있었던, 전쟁터에서 오키나와 춤을 추는 장면이 삭제되었다.[23] 이 영화는 더 이상 히메유리 학도대 이야기가 '신화'의 세계에 갇혀 있을 수는 없고, 앞에서 언급했듯이 오키나와전에 관한 많은 논의들이 일반에 알려지게 된 점을 반영한 것이다. 또한 1990년대 중반이라는 시점은 정치 레벨에서도 일본의 전쟁에 대한 '침략 행위' 인정으로의 인식 변화가 어느 정도 요청되던 때였다.[24] 하지만 이러한 변화를 받아들인 1995년도 영화는 흥행에서 참패를 했고, 때를 같이하여 아라사키 모리테루(新崎盛暉)는 "히메유리 전설, 히메유리 신화를 요즘 누가 믿겠느냐"고 선언하게 된다.[25]

21세기의 '사이비' 히메유리

21세기 일본에서 히메유리 학도대 이야기는 '신화'로서의 힘을 잃어 더 이상 표상되지 않을 것인가. 하지만 '히메유리 신화'가 갖는 표상의 힘

---

23 『毎日新聞』, 1995년 6월 23일자.

24 吉田裕, 『日本人の戦争観』, 2~25쪽.

25 新崎盛暉, 『基地のない世界を』(東京: 凱風社, 1996), 88쪽.

을 이용하려는 본토의 보수적 집착은 이어지고 있다. 아시아태평양전쟁이 침략전쟁이 아니라 '성전(聖戰)'임을 주장하는 이들이 이시카와(石川)현 가나자와(金澤)시에 있는 이시카와 호국신사(石川護國神社)에 2000년 8월 '대동아성전 대비(大碑)'를 건립했다. '성전'이라는 명칭도 문제이지만, 이 비문에는 '소녀 히메유리 학도대'라는 문구가 새겨졌다. 이에 대해 지금까지도 계속 오키나와 측에서 반발하고 있지만,[26] 이 사건은 1990년대와는 다른 21세기의 시작을 상징한다.

21세기의 히메유리 학도대 이야기는 극영화가 아닌 TV 드라마로 만들어진다. 2006년에 10여 년 만에 다시금 히메유리 학도대 이야기가 영상화되었다. 「히메유리와 같은 전화를 산 소녀의 기록: 최후의 나이팅게일」이라는,[27] 제목부터 불분명한 TV 드라마는 히메유리가 아닌 다른 학도대를 다루고 있다고는 하지만, 그 영상을 살펴보면 '히메유리 신화'로의 회귀 그리고 새로운 변용을 보여주고 있다.

1995년판이 학도대가 아닌 지도자격인 선생님을 주인공으로 했던 것과 같이, 2006년판에서의 주인공은 학도대가 아니라 간호부장(看護婦長)으로 종군하는 조산부이다. 드라마는 진주만 폭격부터 미드웨이 해전까지의 흑백 다큐멘터리를 보여주고 1944년의 '평화로운' 오키나와에서 출산을 돕는 주인공을 보여준다. 그리고 오키나와의 '평화'를 깨뜨리는 미군의 공격이 시작된다.

이동을 하지 못하는 부상병에게 청산가리가 든 우유를 주는 장면도 마찬가지로 나온다. 이전 작품에서는 그것을 받아 스스로 마셨던 학도대

---

26 『琉球新報』, 2000년 8월 16일자.

27 日本テレビ, 2006년 8월 22일 방영.

원(1968)과 거부했던 학도대원(1995)이 등장했지만, 2006년작에서는 부상당한 학도대원의 존재가 삭제된다. 그런데 지금까지는 부상병을 별도로 옮긴다고 안심시키고는 학도대원들 몰래 청산가리가 든 우유를 나누어주었으나(1968, 1995), 2006년작에서는 간호부장이 물끄러미 우유를 마시고 죽어가는 부상병들을 쳐다볼 뿐이다. 1953년판의 자결을 종용하는 선생의 입장으로 회귀한 것이다.

호를 나오기만 하면 어김없이 찾아오는 기총소사와 폭탄, 그것도 비전투원만이 공격당하는 장면도 똑같이 반복된다. 히메유리 학도대의 개울 목욕 장면도 되풀이되지만, 1995년작에서 입었던 겉옷을 벗고 그 이전으로 돌아가 다시 하얀 속옷만 입고 목욕을 한다. 히메유리 학도대에 대한 본토의 '성적' 시선 또한 부활한 것이다. 미군은 이전의 작품과 마찬가지로 당시의 흑백필름으로 묘사되고, 미군의 공격 장면 다음에 부상당한 일본 병사의 장면을 이어 붙이는 편집 방식도 같다.

영화 후반부에서는 중대한 변용이 일어난다. 이제까지는 기록 영화로 묘사되고 실제 공격 장면에서는 보이지 않던 미군이 직접 등장하는 것이다. 호에서 일본군에 의해 쫓겨난 임산부는 미군과 일본군이 대치하는 중간 지점에서 주인공과 학도대의 도움으로 출산을 하게 된다. 출산을 하는 동안 일본군과 미군은 숨죽여 그 과정을 지켜볼 뿐이다. 무사히 출산에 성공하자 한 미군이 물을 가져다주려 하지만 그것을 공격으로 오인한 일본군의 발포로 전투가 시작된다. 지금까지 그려진 적이 없는 일본군과 미군의 직접적인 전투가 2006년판에서 처음으로 등장한 것이다.

격렬한 전투 속에서 출산한 임산부와 아기는 죽고 만다. 그리고 그 다음 장면에서는 중상을 입은 전직 교사였던 군인과 주인공이 어두운 해변을 배경으로 배치된다. 영화 초반부에 둘 사이의 로맨스가 그려졌고, 주인공은 죽어가는 군인에게 당신의 아기를 원한다면서 옷을 벗는다. 몇 분에 걸쳐 전라 상태의 정사 장면이 벌어지고, 작가는 이를 통해 생명을 앗아가는 전쟁 중에 이루어진, 생명을 이어가려는 '숭고한' 행위를 표현하려 했다고 한다.[28] 그렇지만 간호부장과 군인 사이이기는 해도 노골적인 성애 장면의 삽입으로 인해, 야스쿠니에 합사된 히메유리의 '신성성'에 누가될 것 같아 이 드라마의 제목이 '히메유리의 탑'이 아닌 '히메유리와 같은 전화를 산 소녀'로 애매하게 되어버렸을 것이다. 군인은 정사가 끝남과 동시에 죽어버리고 새로운 생명을 후세에 남길 것으로 기대되는 간호부장 역시 이튿날 등에 총을 맞고 죽는다. 남녀 주인공이 같이 죽는 일본의 전통적 내러티브인 신주(心中=情死) 이야기처럼 끝나는 것이다.

2008년에는 2006년의 '사이비' 히메유리 드라마가 방영된 바로 그 방송국에서 같은 시간대에 '북(北)의 히메유리'라 불리는 가라후토(樺太) 마오카(真岡) 우체국의 교환수 이야기 「안개불: 가라후토 마오카 우체국에서 산화한 아홉 명의 처녀들」이 방영되었다.[29] '히메유리'라는 단어는 오키나와라는 지역을 떠나 국가를 위해 목숨을 바친 젊은 여성이라는 '군국 처녀'와 등가적으로 쓰였고, 그 대표적인 예가 바로 이 이야기이다.

1945년 8월 20일, 전쟁이 끝났음에도 마오카에서는 소련군과 일본군의 교전이 발생했다.[30] 전쟁이 끝났음을 알리는 천황의 라디오 방송을 들

---

28 『東京読売新聞』, 2006년 8월 15일자, 작가의 인터뷰.

29 「霧の火: 樺太·真岡郵便局に散った九人の乙女たち」, 日本テレビ, 2008년 8월 25일, 오후 9시~11시대 방영. 각본을 맡은 다케야마 요(竹山洋)는 오키나와의 산화(散華)와 닮은 '북의 히메유리' 이야기를 이전부터 써보고 싶었다고 작품의 의도를 밝혔다. 『東京新聞』, 2008년 8월 20일자.

30 1945년 8월 15일이 지나 8월 20일에 일어난 이 사건의 원인에 대해서는 일본군의 도발이 없었음에도 저질러진 소련군의 학살이었다는 주장과 현지의 일본 육군이 결사 항전

었으나, 본토로 가는 선박에 타지 않고 자진하여 자신의 '임무'를 다하기 위해 12명의 젊은 여성 교환수가 남는다. "전신전화는 국가의 생명선이므로 그 업무를 맡는 이는 목숨을 바칠 각오로 일해야 한다"는 교환수 상사의 말은 드라마 내에서 부정되거나 비판받지 않는다. 그리고 "소련군에 능욕당하는 일이 없도록 순결을 지키기 위해" 청산가리를 상사가 교부한다. 소련군이 진군해온다는 소식을 듣고는 한 명 한 명 청산가리를 먹고 죽어가는 여성 교환수들의 모습이 길게 그려진다. 주인공도 함께 하려 했으나 때마침 터진 폭탄으로 '자결'은 실패하고 소련군에 끌려가 강간당하고 만다. 그녀가 이러한 기억을 전후의 젊은 여성에게 전달하는 것으로 드라마는 끝난다.[31]

이와 같이 마오카 우체국의 교환수 이야기는 '북의 히메유리'라고 불리는 만큼 히메유리 학도대 이야기와 매우 흡사하다. 죽은 이가 젊은 여성이라는 점, 그리고 본토에서 떨어진 곳에서 일어난 점, 또한 그들의 죽음이 '자결'인지 군의 강제에 의한 것이었는지에 대한 논의가 존재하는 점, 그리고 야스쿠니 신사에 안치되어 있고 그 존재가 보수언론에 의해 강조된다는 점, 또한 왜 이런 일이 발생했느냐에 대한 규명은 중요하지 않고 히메유리 학도대가 오키나와전을 표상하듯이 당시 1,000명이 사망했던 마오카의 전투를 9명이 대표=표상=재현하고 있다는 점이 흡사하다.

이처럼 21세기에 다시 재현된 '사이비' 히메유리 이야기는 기존의 작품이 말하는 '반전'과 그다지 변함이 없고, '신화'적인 측면으로 회귀하려는 경향을 보인다. 하지만 21세기 관객을 자극하기 위하여 첨가된 것으로

이라는 방침을 취했기 때문에 발생했다는 정반대의 주장이 있다. 테사 모리스 스즈키, 임성모 옮김, 『변경에서 바라본 근대』(서울: 산처럼, 2006), 296~297쪽.

31 실제로는 12명 가운데 9명이 자결하고 3명이 살아남았다.

보이는 노골적인 성애 장면(2006)과 강간당한 여성의 묘사(2008)는 오히려 '히메유리 신화'의 근간 중의 하나인 '순진무구'에 타격을 주어 내파(內破)된 형태를 보였다고 할 수 있다.

5. '신화'를 벗어나 표현되어야 할 것들

이상으로 히메유리 학도대를 영상화한 일련의 작품을 통해 '반전 영화'의 내러티브를 분석했다. 이 내러티브에서는 '순진무구'한 젊은 여성의 희생을 통해 일본의 일방적인 피해가 강조되었고, 일본이 피해를 입었기 때문에 '반전'한다는 보수적인 '반전 평화'관이 잘 드러난다.[32] 또한 이러한 내러티브는 오키나와와 본토의 대립을 은폐하고, 일본이 벌인 전쟁이라는 점과 일본의 가해성을 망각시키는 기능을 했다. 그리고 21세기에도 이러한 '반전'적 내러티브가 변용된 형태로 지속적으로 보수적인 틀에서 소비되고 있음을 확인할 수 있었다.

그렇다면 '반전 영화'에서 진정으로 이야기되어야 할 반전적 요소는 무엇일까. 오키나와 측으로서는 식민지 하에서 오키나와인이 체득했던 일상적인 규율이 전쟁이라는 상황에서 군율로 바뀌고 그것이 '집단 자살/집단 자결'로 연결되었다는 점이 부각되기를 바랄 것이고,[33] 주변국으로서는

---

[32] 사카이 나오키에 의하면, 제국주의 국가는 자신을 피해자로 표상하는 경향이 있다고 한다. 사카이는 미국이 만든 베트남전 영화 분석을 통해 "집단적 피해자 의식은 제국적 국민주의가 자신의 제국주의적 행동의 결과에 직면했을 때 취하지 않을 수 없는, 부인(否認)을 위한 상투법이고, 희생자가 몰려올 가능성을 자신이 피해자가 되는 것으로 기피하는 공상적 처치"라고 지적했다. 酒井直樹, 『日本/映像/米国』(東京: 青土社, 2007), 103쪽.

일본인의 피해만이 아닌 타자의 존재와 피해를 인정하려는 태도 그리고 전쟁을 일으킨 점에 대한 반성 등을 바랄 것이다. 이러한 지적은 일본의 '평화 학습'에 대해서도 가능하다. 일본의 피해만을 돌아보는 것에서 벗어나, 일본이 피해를 입힌 다른 국가의 도시로 평화 학습을 가는 식으로 전환이 필요하다. 자신이 피해를 입었기 때문에 전쟁은 싫다는 일본의 보수적 내러티브는 진정한 반전 평화와는 거리가 있다.

---

33 도미야마 이치로, 임성모 옮김, 『전장의 기억』(서울: 이산, 2002) 참조.

📖 참고문헌

- 도미야마 이치로, 임성모 옮김, 『전장의 기억』(서울: 이산, 2002).
- 테사 모리스 스즈키, 임성모 옮김, 『변경에서 바라본 근대』(서울: 산처럼, 2006).
- 新崎盛暉, 『基地のない世界を』(東京: 凱風社, 1996).
- 今井正, 「わが映画演出法」, 『岩波講座日本映画』, 5(東京: 岩波書店, 1987).
- 大江健三郎, 『沖縄ノート』(東京: 岩波書店, 1970).
- 大城将保, 「沖縄戦の真実をめぐって」, 『沖縄戦の記憶』(東京: 社会評論社, 2002).
- 瓜生忠夫, 『日本の映画』(東京: 岩波書店, 1956).
- 岡本恵徳, 『現代文学にみる沖縄の自画像』(東京: 高文研, 1999).
- 小森陽一 外, 「原爆文学と沖縄文学: 「沈黙」を語る言葉」, 『座談会昭和文学史』(東京: 集英社, 2003).
- 酒井直樹, 『日本/映像/米国』(東京: 青土社, 2007).
- 佐藤忠男, 「日本映画月評: ひめゆりの塔」, シナリオ, 7月号(1982).
- _____, 「反戦映画の系譜」, 『日本映画と日本文化』(東京: 未來社, 1989).
- タカシ·フジタニ, 「植民地支配後期の"朝鮮"映画における国民, 血, 自決/民族自決: 今井正監督作品の分析」, 『歴史の描き方③記憶が語りはじめる』(東京: 東京大学出版会, 2006).
- 田中純一郎, 『日本映画発達史』(東京: 中央公論社, 1957).
- 福間良明, 『「反戦」のメディア史』(東京: 世界思想社, 2006).
- 藤原幸男, 「平和教育と修学旅行」, 『琉球大学教育学部教育実践総合センター紀要』, Vol. 9, 3月号(2002).
- マヤ·モリオカ·トデスキーニ, 「「死と乙女」: 文化的ヒロインとしての女性被爆者, そして原爆の記憶の政治学」, ミック·ブロデリック, 『ヒバクシャ·シネマ』(東京: 現代書館, 1999).
- 牧田徹雄, 「世論調査リポート 日本人の戦争と平和観·その持続と風化」, 『放送研究と調査』, 9月号(2000).
- 吉田司, 『増補新版 ひめゆり忠臣蔵』(東京: 太田出版, 2000).
- 吉田裕, 『日本人の戦争観: 戦後史のなかの変容』(東京: 岩波書店, 2005).
- Gerow, Aaron, "From the National Gaze to Multiple Gazes: Representations of Okinawa in Recent Japanese Cinema", Laura Hein and Mark Selden ed., *Islands of Discontent: Okinawan*

responses to Japanese and American power(Lanham: Rowman & Littlefield, 2003).

- Watanabe, Morio, "Imagery and War in Japan: 1995", *Perilous Memories*(Durham; London: Duke University Press, 2001).

4장

대중문화의 표상과 일본 보수주의

만화 『시마 과장』과 현대 일본의 샐러리맨 보수주의

한정선

1. 전후 일본의 샐러리맨

일반적으로 일본의 '샐러리맨'은 전후 고도성장기에 견고해진 회사 또는 기업 중심의 사회경제구조 속에서 주로 사무 관리직에 종사하는 고학력 봉급 근로자들을 지칭하는 것이다. 이 용어의 기원은 전전으로 거슬러올라가서 찾을 수 있다. 일본에서 '샐러리맨'이라는 용어는 1920년대에 나타나기 시작했으며, 1930년대에는 근대적 교육제도의 수혜를 입고 정부 기관, 대기업, 또는 전문 직종에 종사하는 엘리트 봉급 근로자를 일컫는 용어로 광범위하게 사용되었다.[1] 전후에 들어서면서 특권적 사회 신분으로서의 샐러리맨의 의미는 약화되었으나, 기업을 중심으로 한 경이로운 고도성장을 통해 샐러리맨은 전후 일본을 대표하는 지배적인 사회 신분으로 세계의 주목을 받았다.[2] 물론 샐러리맨의 의미와 표상은 전후 일본의 경제사회 변화에 따라 끊임없이 변했다.[3] 그러나 이러한 변화에도 불구하

---

* 고려대학교 국제학부 조교수.

* 이 글의 초고는 고려대학교 아세아문제연구소 편, 『아세아연구』, 제52권 3호(2009)에 수록되었음.

[1] 근현대 일본 샐러리맨(サラリーマン)의 형성 및 표상과 관련해서는 竹内洋, 「サラリーマンという社会的表象」, 『岩波講座 現代社会学 23: 日本文化の社会学』(東京: 岩波書店, 1996); Earl Kinmonth, *Self-Made Man in Meiji Japanese Thought: From Samurai to Salary Man*(Berkeley: University of California Press, 1981); 민병일, 「산업사회에서의 신분집단(Status group): 베버, 부르디외, 戰前일본의 샐러리맨」, 『国際政治論叢』, 42집 4호(2000) 참조.

[2] 대표적으로 Ezra F. Vogel, *Japan's New Middle Class: The Salary Man and His Family in a Tokyo Suburb*(Berkeley: University of California, 1971) 참조.

[3] 岡本智周·笹野悦子, 「戦後日本の「サラリーマン」表象の變化: 『朝日新聞』を事例に」, 『社会學評論』, Vol. 52, No. 1(2001年 1月); James E. Roberson and Nobue Suzuki, "Introduction", James E. Roberson and Nobue Suzuki eds., *Men and Masculinities in Contemporary*

고, 이 용어가 "단순히 '사무원' 또는 '화이트칼라 노동자'를 의미하지 않고, 일본인의 행동규범의 목표 일반"을 지칭하고 있다는 점은 아직도 유효하다고 할 수 있다.[4]

일본에서 샐러리맨이라는 사회 신분의 대중화는 '단카이(團塊) 세대'라고도 불리는, 전후 일본에서 최초 베이비붐 세대(1947~1949년에 태어난 세대)의 출현이라는 우연적 요인에 의해 본격적으로 전개되었다. '단카이'는 퇴적광물 가운데 주위와 성분이 다른 광물질이 덩어리를 이루고 있는 상태를 가리키는 용어인데, 이는 사카이야 다이치(境屋太一)의 『단카이 세대』라는 소설에 의해 일본의 제1차 베이비붐 세대를 가리키는 고유명사가 되었다.[5] 사카이야는 다음과 같이 쓰고 있다.

> 일본 민족은, 종전 직후인 1947년부터 1949년까지, 전무후무한 대증식을 경험했다. 이 3년간 태어난 일본인은 그 직전보다도 20퍼센트, 직후보다도 26퍼센트 많다. 통상의 매우 안정적인 인구구조에서는 이와 같은 팽창은 극히 이상한 일이고, 경제와 사회에도 큰 영향을 준다….
>
> 이 인구 증가는 일본 사회에서 눈에 보이지 않는 "덩어리(團塊)"를 구성하고 많은 수요와 유행을 만들어낸 동시에, 이들이 통과한 후에는 많은 과잉 설비와 과잉 경쟁을 남기게 되었다.[6]

Japan : Dislocating the Salaryman Doxa(London : RoutledgeCurzon, 2003) 참조.

4 Karel van Wolferen, *The Enigma of Japanese Power*(London : Macmillan, 1989), 159쪽.

5 『단카이 세대』라는 소설은 1975년 여름부터 1976년 봄까지 약 1년 동안 월간지 『現代』에 연재되었다. 이 연재소설은 1976년 고단샤(講談社)에서 단행본으로 출판되었다. 이 글이 참조하고 있는 것은 분게이슌슈샤(文藝春秋社)에서 2005년 문고판으로 출판된 『新版 団塊の世代』이다.

6 境屋太一, 『新版 団塊の世代』(東京: 文藝春秋社, 2005), 38쪽.

이들은 1960년대 후반에서 1970년대 초반 대학 분쟁의 주역이었다. 또한 '1억 총중류화' 또는 '신중간대중' 등이 일본 사회의 유행어로 등장한 1970년대 중반은 바로 이 '단카이 세대'가 대학을 졸업하고 봉급생활자로 사회생활을 시작하면서 가정을 이루기 시작한 시점이다.[7] 이들은 대학 졸업 후 사회적으로 '결혼 러쉬'를 일으키면서 잠시 결혼 시장을 흔들어놓고, 이후 일자리를 찾아 도시로 대거 유입하면서 도쿄·오사카 등을 중심으로 한 대도시화를 가속시켰다. '단카이' 도시 근로자들은 1970년대 컬러 TV·승용차·에어컨 등의 내수 소비재를 중심으로 한 소비붐을 일으키면서 내수 확대를 통해 지속적인 고도성장을 가능하게 했다.

사카이야는 이들이야말로 "소박한 일본인의 꿈(저패니즈 드림)을 꾼 가장 전후적인 일본인"이라고 지적하면서, "그것은 종신고용이고, 연공임금이고, 부부와 두 자녀의 '표준 가정'이며, 도시 근교 주택단지의 자기 집에서 사는 평화로운 가정이다"라고 요약했다.[8] 이처럼 '일본인의 꿈'을 꾸면서 단카이 샐러리맨들은 고도성장형 '체질'과 '센스'를 집단적으로 공유하게 되는데,[9] 이는 이윤의 극대화를 추구하는 회사를 중심으로 형성된다. 개인과 국가의 중개적 집단인 회사에 귀속되는 개인의 개발을 통해 입신 출세를 추구하는 샐러리맨은 회사공동체의 권리와 자율성을 강조하는 에토스를 공유하는데, 이를 샐러리맨 보수주의라고 정의한다.[10] 샐러리맨 보수

7 '중산층' 문제는 최근에 다시 사회문세로 부각되고 있는데, 이와 관련해서는 中央公論編輯部 編,『論争 中流崩壊』(東京: 中公新書, 2001) 참조.

8 境屋太一,『新版 団塊の世代』, 13쪽.

9 境屋太一,『新版 団塊の世代』, 34쪽. 이러한 고도성장형 '센스'와 '체질'은 이 책의 6장에서 분석하고 있는 "감각으로서의 보수"와도 일맥상통한다고 할 수 있다.

10 유럽에서의 근대 계몽주의 출현과 혁명에 자극받아 형성되기 시작한 보수주의는 이후 자유주의·사회주의와 경쟁하면서 근대 사상사에 하나의 중요한 지류를 형성하게 된다.

주의는 (1) 자본주의의 핵심 개념인 능력주의와 사회주의의 핵심 개념인 공동체주의의 절묘한 균형 속에서 나타나는 '회사주의' 또는 '기업주의'를 모태로 하면서 형성되고, (2) 대내적으로는 분업화된 성(性)에 의해 지탱되고 있으며, (3) 대외적으로는 아시아를 타자화하면서 현대 일본 사회에서 지배적인 규범으로 작동하고 있다.

이어지는 글에서는 이와 같은 샐러리맨 보수주의가 만화라는 대중매체의 표상을 통해 어떻게 일관성을 유지하게 되는가를 분석할 것이다. '망

자유주의·사회주의·보수주의는 모두 산업화 속에서 전통과 인습이 해체되면서 지역공동체로부터 자유로워진 개인에 대한 고민에서 시작된다고 볼 수 있다. 즉, 개인과 근대 사회와 국가 사이의 관계를 어떻게 새롭게 정립해야 하는가 하는 문제를 공통으로 고민하면서 나타난 사조라고 할 수 있다. 개인의 이익과 권리를 강조하는 자유주의나 모든 전통적 집단의 권위를 부정하는 사회주의와는 대조적으로, 보수주의는 교회·가족·길드와 같이 역사적으로 형성된 '중개적 결사'의 권위의 구성과 재구성을 통해 근대 정치·사회·경제를 해석하려는 사상 체계라고 할 수 있다. 보수주의·자유주의·사회주의를 포함한 근대 유럽 사상사와 관련해서는 로버트 니스벳, 강정인 옮김, 『보수주의』(서울: 이후, 2007); C. B. Macpherson, *The Political Theory of Possessive Individualism: Hobbes to Locke*(Oxford: Oxford University Press, 1962); H. Stuart Hughes, *Consciousness and Society: The Reorientation of European Social Thought, 1890~1930*(New York: Vintage Books, 1977) 참조. 서구의 사조와 문물을 적극적으로 받아들이면서 근대화를 진행시킨 일본 역시 급속한 산업화를 겪으면서 개인·사회·국가 사이의 관계를 끊임없이 재정립하게 된다. 근대 일본 보수주의는 1880년대를 풍미한 문명개화사조와 그 정치적 형태인 자유민권 운동에 대한 반응으로 출현한다. 이 과정에서 일본 보수주의는 문화민족주의의 성격을 강하게 지니면서 서구화 속에서 전통과 국수(國粹)를 근대적으로 재구성하고자 했다. 이후 보수주의는 일본이 국제정치와 세계시장 속에서 후발 산업국가, 후발 제국으로 성장함에 따라 특히 독일의 국가 중심의 사회 정책 사조의 영향 속에서 관료 중심의 개발주의와 접목된다. 일본 보수주의와 관련해서는, 北岡勲, 『日本保守主義』(東京: 御茶ノ水書房, 1992); Kenneth B. Pyle, "Meiji Conservatism", Marius B. Jansen ed., *The Cambridge History of Japan, Vol. 5: The Nineteenth Century*(Cambridge: Cambridge University Press, 1989); Chalmers Johnson, *MITI and the Japanese Miracle: The Growth of Industrial Policy, 1925~1975*(Stanford: Stanford University, 1982) 참조.

가(manga)'라는 국제어를 만들어내면서 세계적으로도 광범위하게 소비되고 있는 일본의 만화 상품은 다양한 주제와 소재로 전개되는 이야기들이고, 다양한 연령층과 사회계층의 남녀를 대상으로 생산되고 유통되고 있으며, 이 과정에서 독자와 저자 그리고 만화 산업체 사이에는 일반적인 합의를 공유하게 된다. 일본 만화는 '소설 또는 영화처럼 일상적인 삶'을 사실적으로 재현하고 있으며, '일상생활의 세세한 부분까지 관심을 나타내면서' 줄거리를 진행시키고 있다. 결과적으로 일본의 만화는 '촉촉하며' 또한 '염치없을 정도로 인간적이고 감상적'이라는 특성을 지니게 된다.[11] 이러한 합의와 특성은 일상적인 삶 속에서 일본인들이 공유하고 있는 희망과 불안, 욕망과 판타지의 형성과 재형성을 분석하는 데 만화라는 대중문화 상품이 하나의 중요한 길잡이가 될 수 있다는 것을 알려주고 있다. 먼저 만화, 표상(representation), 그리고 대중문화의 문제를 고찰하고, 이어서 샐러리맨의 세계를 '사실적'으로 재현하고 있다는 평가를 받고 있는 히로카네 겐시(弘兼憲史)의 만화 작품인 『시마 과장(課長 島耕作)』을 중심으로 샐러리맨 보수주의를 분석하도록 하겠다.

2. "멋진 신세계"?: 상품화된 이미지 세계의 가능성과 한계

만화는 연속성을 갖는 시각 이미지의 나열과 문자로 이루어진 서술 양식을 가진 매체이다. 만화 매체는 몇 가지 통례적인 형식을 갖고 있는

[11] Frederik L. Schodt, *Manga! Manga!: The World of Japanese Comics*(Tokyo: Kodansha International Ltd., 1983), 16쪽.

데, 시각적으로는 경계를 나눈 패널들과 말풍선·상상풍선이 있다. 사각형의 유리창처럼 생긴 패널들은 만화의 가장 기본적인 구성요소이며 이미지와 문자가 공존하면서 상호 작용을 일으키는 공간이다. 패널은 등장인물의 행위들을 쉽게 지각할 수 있게 분절된 순간으로 나누어주고 있으며, 패널의 크기를 크게 해서 극적인 순간을 강조하는 등의 기술 효과를 일으키기도 한다. 언어적인 구성요소는 서술과 대화 그리고 음향 효과를 내는 문자들이다.[12] 일본 만화의 경우는 특히 다양한 음향 효과를 내는 상투적인 단어들을 많이 사용하는데, 급기야 "무성(無聲)을 묘사하는 음향 효과"를 내는 "기적의 패러독스"를 구현하는 경지에 이르렀다고 한다.[13]

만화 매체의 가장 중요한 형식적 특징은 이미지와 문자의 공존을 통한 이야기 전개이다. 독일의 홀로코스트에 관한 만화 『쥐』를 통해 만화 표현 양식의 지평을 넓혔다고 평가받고 있는 아르트 슈피겔만(Art Spiegelman)은 이러한 만화(comics)의 특징을 글과 그림의 '코믹스(commix)'라고 지적하고 있다.[14] '코믹스적인' 만화 매체의 특징은 1차원적이고 직선적인 서술 양식을 넘어서는 이미지와 문자 그리고 독자의 눈의 움직임이 결합되면서 '3차원적인 서술'의 가능성을 열어주기도 한다. 나아가 만화 매체는 연속성을 분열시키는 임의적인 패널의 삽입 또는 나열, 문자와 이미지의 상충적인 배치 등의 실험들을 전개하고 있는데, 이는 기존의 서술 양식 그 자체를 거부하는 '반-서술(anti-narrative)'의 서술 가능성까지 내포하고 있는 것

---

12 Lawrence L. Abbott, "Comic Art: Characteristics and Potentialities of a Narrative Medium", *Journal of Popular Culture*, Vol. 19, No. 4(Spring 1986); Roger Sabin, *Adult Comics: An Introduction*(London: Routledge, 1993).

13 Frederik L. Schodt, *Manga! Manga!*, 23쪽.

14 Art Spiegelman, "Commix: An Idiosyncratic Historical and Aesthetic Overview," *Print*(November–December, 1988).

으로 지적되고 있다.[15]

이와 같은 만화 매체의 가능성은 특히 '사실(reality)'을 있는 그대로 서술할 수 있다'는 신념에 대한 회의가 깊어지고 있는 최근의 '표상의 위기(crisis of representation)' 의식과 연동되어 부각되고 있다고 할 수 있다. 연속적인 시간의 흐름 속에서 원인과 결과의 논리적인 전개를 통해 사실을 객관적이고 투명하게 서술할 수 있다는 믿음에 근거한 근대의 지배적인 서술 담론인 '사실주의(realism)'에 대한 회의는 시각 이미지를 적극적으로 활용하는 대중 영상 매체의 출현과 맞물리면서 가속화되었다. 왜냐하면 이미지, 특히 영화에서 사용하는 스펙터클한 시각 이미지는, 종종 원인과 결과로 전개되는 사실주의 서술을 분열시키는 역할을 하기도 하기 때문이다.[16] 바로 이 점이 영화를 포함한 시각 이미지를 중시하는 대중문화에서 지배적인 서술 담론을 전복시킬 수 있는 가능성이 발견되고 있는 지점이라고 할 수 있다.[17]

그러나 대중문화의 가능성은 매우 이중적이다. 이미지의 기계적인,

---

15 James E. Young, *At Memory's Edge: After-Images of the Holocaust in Contemporary Art and Architecture*(New Haven: Yale University Press, 2000), 12~41쪽. Art Spiegelman, *Maus: A Survivor's Tale*(New York: Pantheon Books, 1986) 참조.

16 Guy Debord, *The Society of the Spectacle*(New York: Zone Books, 1995); Nicholas Abercrombie, Scott Lash, and Brian Longhurst, "Popular Representation: Recasting Realism", Scott Lash and Jonathan Friedman eds., *Modernity and Identity*(Oxford: Blackwell, 1992) 참조.

17 Walter Benjamin, "The Work of Art in the Age of Mechanical Reproduction", *Illuminations* (New York: Schocken Books, 1968). 나아가 벤야민은 "과거의 진정한 그림은 스쳐 지나간다. 과거는 오직 한순간에 빛나는 섬광처럼 나타났다 사라지는 이미지로 포착할 수 있을 뿐이다"라고 지적하면서, 사실은 이성주의 또는 사실주의에 입각한 서술이 아니라 오직 이미지로만 재현할 수 있다고 암시하고 있다("Thesis on the Philosophy of History", *Illuminations*, 255쪽).

반복적인 재현에 의해 대량 생산된 대중문화 가공품은 상품화를 통해 불특정 다수에 의해 소비된다. 근현대의 소비문화는 문화 가공품이 단지 소비의 대상인 상품으로 전락하고, 그 자체로서 고유한 가치를 상실하게 되는 상품화 과정을 동반하고 있다. 이러한 측면에서 대중문화는 자본과 시장의 지배로부터 자유로울 수 없으며, 자본과 시장의 지배 논리를 정당화하는 수단으로 '조작'될 가능성을 내포하고 있음을 간과할 수 없다.[18] 동시에 문화(대중문화) 또는 상징과 서술로 엮여진 이미지의 세계는 특정 문화와 이미지의 세계가 속한 '사회의 상상의 제도(imaginary institution of society)' 속에서 국가 또는 시장경제와는 독립된 그 자체의, 그러나 끊임없이 변하는 의미 구조를 갖고 있다.[19] 이러한 '상상의 제도'는 그 제도가 속한 사회, 공동체의 불안·번뇌·희망·판타지들을 하나의 '경향'으로 품고 있으며, 그 '상대적인 불확정성'으로 인해 사회를 변화시키는 행위를 만들어낼 가능성도 지니고 있다. 이러한 측면에서 상품으로서의 대중문화 속에서 '유토피아적 또는 초월적인 가능성'이 발견되기도 한다. 즉, "대중문화 가공품은 이데올로기적이며 동시에 은연중에 또는 명시적으로 유토피아적이기도 하다—대중문화 가공품들은 그 내용물의 참조각들을 대중들에게 조작되도록 뇌물로 바치지 않는 이상 조작될 수 없는" 것이다.[20]

---

18 Max Horkheimer and Theodor W. Adorno, "The Cultural Industry", *Dialectic of Enlightenment* (New York: Continuum, 1993) 참조.

19 Cornelius Castoriadis, *The Imaginary Institution of Society*(Oxford: Polity Press, 1975), Chapter 3 참조. 그는 특히 "상상의 제도"의 가장 심오한 특징은 "상대적인 불확정성(relative indeterminacy)"이라고 지적하고 있다(138쪽). 이어서 그는 "상상의 제도는 아무것도 지시하지 않으면서 거의 모든 것을 함축하고 있다"라고 규정하고 있다(143쪽).

20 Fredric Jameson, "Reification and Utopia in Mass Culture", *Social Text*, No. 1(Winter, 1979), 144쪽.

시각 이미지와 문자로 이루어진 만화 매체는 현대사회에서 이와 같은 이중성을 내포한 대표적인 대중문화 상품이다. 특히 일본의 경우는 일찍부터 만화에 소설 또는 영화가 누리는 문화적 시민권을 부여한 나라 가운데 하나이다.[21] 일본의 출판연구소 통계에 의하면, 1995년 당시 23억 권의 만화 서적이 출판되었고, 소비된 만화 서적은 전체 서적 판매의 40퍼센트, 총 판매액은 5천 864억 엔에 육박하고 있는 것으로 나와 있다.[22] 일본에서 만화 상품은 어디에서나 쉽게 찾아볼 수 있다. 특히 인기 만화 잡지는 역·주택지·도심지 어디에나 있는 편의점, 신문 또는 잡지 가판대, 서점 등에서 쉽게 구입할 수 있다. 많은 경우 역 근처 가판대에서 만화 잡지를 구입하여 출퇴근 시간 전철 속에서 또는 점심시간에 읽는다. 이처럼 만화 상품은 일본 사회에 편재하고 있다. 또한 1980년대 중후반에 들어서면서 일본 만화는 본격적으로 해외로 진출했고, 아시아와 서구의 다양한 언어로 번역·유통되면서 만화(영화) 산업을 주도하고 있다. 이처럼 일본 내외에서 만화 매체의 영향력이 커짐에 따라, 일본의 신문사와 출판사, 나아가 많은 기업 및 기관(국가기관)에서 특정 정보들을 전달하기 위하여 이 매체를 활용하면서 '정보만화'라는 장르까지 출현하게 되었다. 특히 1980년대에 들어오면서 확고해진 경제 대국 일본의 세계적 위상은 기업인 및 기업들에 관한 '정보만화'가 국내외적으로 활발하게 유통·소비되게 만들었으며, 샐

---

21 이러한 흐름은 전쟁 직후 (대중)문화에서 전후 일본의 새로운 가능성을 모색한 잡지 『思想の科学』을 중심으로 한 사상사적 흐름과도 관련이 있다. 이와 관련해서는 이 흐름의 대표적 인물인 鶴見俊輔의 「漫画の戦後思想」, 『鶴見俊輔集 7: 漫画の読者として』(東京: 筑摩書房, 2000) 참조.

22 Frederik L. Schodt, *Manga! Manga!*, 6~7쪽; 프레드릭 L. 쇼트 지음, 김장호·박성식 옮김, 『이것이 일본 만화다: 망가, 그 겉 이야기와 속 이야기』(서울: 다섯수레, 1999), 18~19쪽 재인용.

러리맨 시마 고사쿠를 다룬 『시마 과장』 역시 이러한 분위기 속에서 출현했다.[23]

3. 점과 선으로 재현한 샐러리맨의 세계

샐러리맨은 전후 일본 경제가 '회사주의' 또는 '기업주의'를 기반으로 고도성장하면서 만화 산업의 중요한 상품 아이템으로 주목받게 된다. 회사주의는 소수의 대기업과 다수의 중소기업으로 구성된 이중 구조의 일본 경제 속에서 주로 대기업을 중심으로 형성된 기업의 조직이나 행동 양식을 일컫는 용어이다. 그러나 중소기업도 이의 실현을 추구했다는 점에서 회사주의는 지배적인 규범으로 작동했다.[24] 회사주의는 (1) 소유와 경영의 분리 속에서 경영자의 지배가 강하고, (2) 피고용자 집단 내부의 격

[23] 대표적인 '정보만화'로는 日本経済新聞社가 출판한 『漫画日本経済の入門』(1986), 中央公論社가 출판한 『漫画日本の歴史』(1989) 등을 들 수 있다. 또한 소니의 盛田昭夫를 그린 *Made in Japan* 역시 朝日新聞社에 의해 만화로 출판되기도 했고(1987), 이러한 추세를 반영하여 많은 기업들이 신입 사원들에게 배포한 기업의 역사, 조직 생활의 규범 등을 '정보만화'화하는 등, 만화 매체를 사원 교육에 적극 활용하고 있다. Sharon Kinsella, *Adult Manga: Culture & Power in Contemporary Japanese Society*(Honolulu: University of Hawaii Press, 2000), 70~78쪽. 1980년대 일본 대중문화에서 나타나는 '정보의 상품화' 현상에 관해서는 Marilyn Ivy, "Critical Texts, Mass Artifacts: The Consumption of Knowledge in Postmodern Japan", Masao Miyoshi and H. D. Harootunian eds., *Postmodernism and Japan*(Durham: Duke University Press, 1989) 참조.

[24] '회사주의'라는 용어가 처음으로 활자화된 것은 1948년 초로 보고 있으며, 1960년대 '회사주의 선언'이 나타나기도 했으나 본격적으로 유행한 것은 '회사인간' 등의 용어와 함께 1970년대 들어서면서이다. 馬場宏二, 東京大学社会科学研究所 編, 『現代日本社会: 課題と視覚』(東京: 東京大学出版会, 1991), 62~65쪽.

차가 적으며, (3) 노동 과정에서 현장을 중시하는 특징을 보이고 있다. 특히 노동자층까지도 '사원'으로 흡수하고 경영에 발언권을 부여하면서 피고용자 집단 내부의 격차를 줄이는 회사주의는 회사의 생산력을 향상시키는 데 전 종업원의 충성심을 유발하며 노동력을 집결시키는 효과를 낳는다. 이러한 회사 중심의 공동체주의는 연공서열제를 통해 돌출된 승진이 억제되는 한편 장기 고용을 통해 가능한 승진의 폭이 커지는 구조 속에서 강화된다. 즉, 장기 고용과 연공서열제는 궁극적으로는 소수만이 최고위까지 승진하게끔 하지만, 일시적으로는 승진 기회의 상대적 평등을 보장하면서 피고용인의 격차를 감소시킨다. 이러한 승진 구조는 회사를 위한 피고용인의 동기 유발과 헌신을 끌어내는 기능을 하면서 회사공동체주의가 보다 견고해질 수 있도록 한다. 이러한 회사공동체주의는 회사의 이윤 극대화 속에서 노동자의 생활 향상을 추구한 경영자 자본에 협조적인 기업 노조의 발달과 맞물리면서 더욱 견고해진다.[25]

그러나 전후 회사주의공동체는 구조적으로 관리된 피고용인 사이의 경쟁을 핵으로 하고 있다. 사무직과 노동자간의 승진 격차를 감소시키고 장기 고용을 통해 개인 간의 경쟁을 장기화한 전후 회사의 조직 구조는 능력만 있으면 '창공이 보이는 승진'이 가능하다는 능력주의를 배양하는 기

[25] 馬場宏二, 東京大学社会科学研究所 編, 『現代日本社会: 課題と視覚』, 72~73쪽; 松本厚治, 『企業主義の興隆』(東京: 日本生産性本部, 1983); Thomas P. Rohlen, *For Harmony and Strength: Japanese White-Collar Organization in Anthropological Perspective*(Berkeley: University of California Press, 1974); Ryushi Iwata, "The Japanese Enterprise as a Unified Body of Employees: Origins and Development", Shumpei Kumon and Henry Rosovsky eds., *The Political Economy of Japan, Vol. 3: Cultural and Social Dynamics*(Stanford: Stanford University, 1992); Andrew Gordon, "Contests for the Workplace", Andrew Gordon ed., *Postwar Japan as History*(Berkeley: University of California Press, 1993) 참조.

『課長 島耕作』, 『常務 島耕作』, 『社長 島耕作』 표지.

능을 하게 된다. 많은 경우 '능력'은 회사공동체 내부의 위계질서 속에서 '인간관계'를 잘 관리하고, 공동체를 개인보다 앞세우면서, 겸손하게 인내하며 주어진 일을 성실히 이행하는 것을 포함한다.[26] 이러한 능력주의는 "무한 상승의 환영 공여(供與)에 의해 저변의 상승 욕구를 체제 질서 내부에서 연소"시킴으로써, 이윤 극대화를 추구하는 경영 자본에 유리한 방향으로 회사 내부의 경쟁을 관리한다.[27] 특히 능력주의는 1973년 '오일 쇼크'와 동반된 불황 경제 속에서 '감량 경영' 체제로 기업 조직이 전환하면서

---

26 Thomas P. Rohlen, *For Harmony and Strength: Japanese White-Collar Organization in Anthropological Perspective*, 144~146쪽. 또한 이는 '다테(세로)'와 '요코(가로)' 개념을 가지고 일본 사회구조를 분석한 中根千枝, 『タテ社会の人間関係: 単一社会の理論』(東京: 講談社, 1967)에 잘 묘사되어 있다.

27 見田宗介, 『現代日本 心情と論理』(東京: 筑摩書房, 1971), 194쪽; 渡邊治, 「現代日本社会の権威的構造と国家」, 藤田勇 編, 『権威的秩序と国家』(東京: 東京大学出版会, 1987, 190쪽 재인용.

단카이 세대의 일원으로 샐러리맨 정체성을 밝히는 장면(『課長 島耕作』, 2권, 299쪽).

강화되었다. 이 과정에서 샐러리맨을 포함한 피고용인들은 치열한 '생존 경쟁'의 체제 속으로 내몰리고, 살아남기 위해 '자발적'으로 회사를 위해 보다 강도 높은 노동을 제공할 것을 요구받게 된다.[28]

이처럼 공동체주의와 능력주의가 상호 보완하면서 형성되는 회사주의는 샐러리맨을 끊임없는 경쟁에 내몰리게 함으로써 "사회 차원에서 기업을 중심으로 하는 매우 권위적인 통합이 형성되게 하고, 노동자는 기업을 위해 몸과 마음을 다하여 봉사하는 것을 어쩔 수 없게 하도록 한다."[29] 기업을 위해 헌신적인 충성을 요구받는 샐러리맨을 소재로 한 만화는 바로 회사주의가 형성되는 1960년대 고도성장 속에서 나타나기 시작한다. 초기에는 주로 일간지에 네 컷 만화로 나타났는데, 이 시기에는 기업의 권위주의적 위계질서 속에서 회사에 대한 충성을 요구받는 평범한 샐러리맨들의 일상을 예리하게 풍자하는 내용이 많았다.[30] 그러다가 점차 성인을 대상으로 하는 주간지와 만화 잡지에 이야기-만화 형식으로 샐러리맨 만화가 나타났는데, 이러한 만화들은 기업 문화와 활동에 대한 '사실적'이면서도 '상세한' 정보와 사건들로 이야기를 풀어나가는 형식을 가지고 있는 반면, 기존 질서에 대한 풍자성은 약화되는 경향을 보이고 있다.

1983년 봄 고단샤(講談社)의 주간 만화 잡지 『모닝』[31]에 연재되기 시

---

28 渡邊治, 「現代日本社会の権威的構造と国家」, 藤田勇 編, 『権威的秩序と国家』, 181~228쪽 참조.

29 渡邊治, 「現代日本社会の権威的構造と国家」, 181쪽.

30 Frederik L. Schodt, *Manga! Manga!*, 111~114쪽; 정현숙, 『일본만화의 사회학』, 188~189쪽 참조.

31 이 잡지는 1982년에 창간된 것으로, 약 130만 부의 발행 부수를 가진 전형적인 성인 남성용 주간 만화 잡지이다. '읽으면 기분이 좋아진다'라는 편집 방침을 내걸고 다양한 주제의 만화를 연재하고 있다. 일본 방위 정책에 관한 연재물인 「침묵의 함대(沈黙の艦

작한『시마 과장』은 이러한 '사실주의'에 기반한 대표적인 성인 만화이다. 『시마 과장』은 1980년대 초에 연재된 이래 단행본으로도 출판되었고, 『시마 부장(部長 島耕作)』, 『시마 이사(理事 島耕作)』, 『시마 상무(常務 島耕作)』, 『시마 전무(專務 島耕作)』 등의 후속편이 나오면서 20여 년 동안 성인 독자층으로부터 지속적인 인기를 얻었다.[32] 특히 "젊은 비즈니스맨의 압도적인 공감을 불러일으키면서" 이 작품은 두 번에 걸쳐 영화로 만들어졌고, TV 드라마로도 방영되었다.[33] 또한 이 시리즈는 영어와 한국어를 포함한 여러 외국어로도 번역되어 국제적으로도 잘 알려져 있다. 『시마 과장』 및 그 후속편은 기본적으로 시마 고사쿠라는 한 '평범한' 샐러리맨이 치열한 경쟁 속에서 입신 출세한다는 '수퍼 샐러리맨'의 이야기이다. 시마 고사쿠는 1947년 생으로서 바로 '단카이 세대' 샐러리맨이다. 이 작품은 시마라는 주인공을 중심으로 사내의 수직적 위계질서와 다양한 파벌 간 권력 투쟁

隊)」, 권투·스모·야구 관련 스포츠물은 물론 요리를 즐기는 남자에 관한 유쾌한 연재물인「쿠킹 파파(Cooking Papa)」, 포유류 사이에서 자라는 아기 공룡 이야기를 다룬「곤(ゴン)」까지 광범위한 주제의 만화를 싣고 있다. 또한 이 잡지는 외국인 작가를 상대적으로 많이 기용하고 있다는 측면에서도 여타 잡지와 차별성을 갖고 있다. 프레드릭 L. 쇼트 지음, 김장호·박성식 옮김,『이것이 일본 만화다』, 99~104쪽 참조.

32 일본의 경우 만화 데뷔작 또는 신작은 만화 주간지나 월간지 등에 먼저 10여 차례 연재하면서 인기도를 측정한다. 그리고 독자로부터 좋은 반응을 얻는 작품은 장기간에 걸쳐 연재하면서 동시에 단행본으로 출간한다. 만화 잡지는 저렴한 가격으로 생산하여 역의 매점 가판대나 편의점 등에서 유통시키지만 그 수익률은 낮다. 이윤을 창출하는 것은 만화 단행본이다. 만화 잡지는 만화 단행본에서 낸 수익으로 저렴하게 유통시킬 수 있다. 시라이시 사야,「일본 만화·애니메이션의 세계화」, 김창민 외 편역,『세계화 시대의 문화 논리: 문화다양성과 정체성 확보를 위한 해외 문화 전략 사례 연구』(서울: 한울아카데미, 2005), 275~279쪽 참조.

33 梅澤正,「〈課長 島耕作〉を論ずる: 3軸サラリーマン概念によるケース分析」,『東京経大学会誌』, 198(1996年 9月), 35쪽.

『課長 島耕作』, 1권, 329쪽. 미국인 여비서와의 관계 속에서 "직장은 신성한 곳"이라고 언급하는 장면.

속에서 펼쳐지는 인간관계를 멜로드라마틱하게 묘사하면서, '약육강식'의 세계에서 살아가는 샐러리맨의 '비애'와 '애환'을 '사실적'으로 그려내고 있다고 평가받고 있다.[34]

먼저 시마 고사쿠의 경력을 살펴보도록 하자. 시마는 '명문대'를 졸업하고 1970년 주식회사 하쓰시바 본사의 영업본부 선전부(홍보부)에 입사한다. 1983년에 선전부 과장으로 승진, 1985년 하쓰시바의 미국 뉴욕 지사, 1990년 필리핀에 마케팅 고문 등으로 파견되면서 국내외를 넘나드는 활약을 펼친다. 이후 1992년 사장 직속 부서인 종합선전부가 신설되면서 부장으로 승진·배속된다. 2002년에는 상하이 지역 담당 이사로 배속되어 하쓰시바의 중국 진출을 지휘한 후, 2005년에는 본사 상무로 승진하면서 중국 전역 담당자가 된다. 2006년에는 인도 시찰까지 하면서 『시마 상무』가 끝난다. 『모닝』에 최근까지 연재되고 있는 『시마 전무』에서는 시마가 드디어 사장으로 승진하게 되는 내용을 담고 있다.[35]

시마는 구체적으로 어떤 사람인가. 시마는 스스로를 "기성 체제에도 반체제에도 잘 어울리기 힘든 전후 '베이비붐 세대'의 사람"으로 "강한 개

---

34 이는 '단카이 세대'에 속하는 저자 히로카네 겐시(1947년생)가 자신의 짧은 샐러리맨 경험을 그의 만화 캐릭터인 시마 고사쿠(1947년생)에 투영시킨 것으로 인식되면서, 이 작품은 '단카이 세대' 샐러리맨의 자화상이라는 평가를 받고 있다. 일본 사회 내에서 『시마 과장』이 어떻게 인식되고 있는지와 관련해서는 NHK의 『BSマンガ夜話』(2002년 2월 27일) 참조. 이 좌담회에 참석한 사람들은 이 만화가 샐러리맨의 '인간관계'를 잘 묘사하고 있다고 지적하면서, 샐러리맨 세계에 대한 '사실적' 정보를 제공한다고 평하고 있다. 이 좌담회에 따르면, 이 만화 시리즈는 일반 공공도서관에도 들어가 있다고 한다.

35 弘兼憲史, 「専務 島耕作」, 『モーニング』(2008年 5月 1日), 71~86쪽. 2008년 시마의 사장 승진은 2008년 4월 2일자 『요미우리신문』에 보도되기까지 하는데, 기사에 따르면 "단카이 세대를 상징하는 존재"인 시마가 4월 1일 사장으로 승진하고 곧 『사장 시마고사쿠』가 연재될 것이라고 한다. http://www.yomiuri.co.jp/book/news/20080402bk09.htm 참조.

성도 두드러진 능력도 없거니와 머리가 남다르게 좋은 것도 외모가 특별히 잘생긴 것도 아니다. 그저 평범한 샐러리맨의 한 명"으로 규정하고 있으며, 직장을 '신성한 곳'으로 생각하고 있다.

'그저 평범한 샐러리맨'들이 '신성한 직장'에서 지켜야 할 규범 가운데 하나는 '안전한 경쟁'이다.[36] 그것은 개인적으로 철저한 자기 규율을 요구하고, 조직 안에서는 자신이 속한 위치에서 최선을 다하는 것을 의미한다. 미국 뉴욕 지사에 파견된 시마는 자기 규율에 기반한 미국의 개인주의를 높이 평가하며 이를 체내화하고자 한다. 뉴욕의 센트럴파크를 매일 아침 조깅하기로 한 시마는 다음과 같이 생각한다.

> 미국의 중역들은 엄격한 규율을 만들어 스스로 구속하는 것을 좋아하는 것 같군. 비만한 사람과 흡연자는 회사의 고위직에 오를 수 없다는 풍조가 만연해 있다고 하니. 믿을 수 없군. 결국 자기를 관리할 수 없는 사람은 타인을 관리할 수 없다는 발상인가.… 그런 의미에서 일본보다 더 엄격한 것 같군. 그래서 이 자율 사회에 익숙해지고자 매일 지겨운 조깅을 하고 있다.[37]

이러한 자기 규율은 신체적인 것뿐만 아니라 출세하고자 하는 욕망까지 대상으로 하고 있다. 시마는 지나치게 앞서가려는 신입 사원에게 다음과 같이 훈계한다. "자네한테 그만한 능력이 있다는 점은 인정하네. 지금 업무가 자네한테 성에 차지 않겠지. 하지만 회사는 공동 작업으로 이루어진 곳이야. 각자의 포지션에서 맡은 책임을 성실히 해내는 게 더 중요하다

---

36 '안전한 경쟁'이라는 용어는 NHK의 『BSマンガ夜話』(2002년 2월 27일) 좌담회에 참석한 만화가(いしかわ じゅん)가 『시마 과장』에서 나타나는 경쟁을 묘사하면서 사용한 말이다(방송 25분 30초 무렵).

37 『課長 島耕作』, 1권, 233쪽.

고 생각하네."[38]

즉, '평범한' 시마가 승승장구할 수 있었던 것은 아이러니컬하게도 시마가 전혀 출세 지향적이지 않고 '안전한 경쟁'만을 했기 때문이다. 시마는 직장을 '신성한 곳'으로 인식하고 있으며, 주어진 임무의 완수를 위해 최선을 다한다. 그러나 이러한 것은 개인의 출세를 위한 것이 아니고 당연히 해야 할 일이기 때문이라고 여긴다. 그는 특정 파벌로부터 승진에 유리하게 도와줄 테니 들어오라는 유혹도 여러 번 받지만 "싫은 것을 하면서 출세하기보다는 그냥 내 좋은 것을 하면서 개처럼 살고 싶다"[39]며 "어떤 파벌에도 속하지 않고 자신의 뜻대로 살아가는 자유인, 철저한 개인주의"[40]를 지향한다. 그런데 시마는 회사 내에서 '한 마리 외로운 늑대'가 되는 것을 지향하는 나카자와를 상사로 만나게 되고, 또 나카자와와 함께 외국 회사 매수 등의 굵직한 사업을 성공적으로 완수함으로써 승진을 하게 된다.

그러나 이들은 회사를 위한 자유인이다. 나카자와가 사장으로 승진하면서 시마도 부장으로 승진하게 되는데, 이때 이들이 나눈 대화의 일부는 다음과 같다.

나카자와: 역시 샐러리맨은 불쌍한 사람들인가 봐. 일을 빼면 마치 기둥을 뽑은 것처럼 쓰러지고 말지.
시마: 네.
나카자와: 역시 우리는 일벌레일 수밖에 없어.

---

38 『시마 과장』, 6권(서울: 서울문화사, 2001), 195쪽.

39 『시마 과장』, 7권, 71쪽.

40 『시마 과장』, 9권, 55쪽.

시마: 네.

나카자와: 기노 씨가 남긴 하쓰시바의 위대한 유산을 이어받아 앞으로는 우리가 회사를 발전시켜야 하네.

시마: 네. 저도 그게 가장 큰 공양이라고 생각합니다.[41]

이와 같이 샐러리맨의 삶을 '사실주의'에 입각해 그려냈다는 만화 『시마 과장』은 현대 일본의 개인과 공동체의 관계를 회사 중심으로 재현하고 있다. 이 작품은 '안전한 경쟁'이라는 관리된 경쟁 구조 속에서 능력주의와 공동체주의의 균형을 유지함으로써 회사의 이윤을 극대화하는 '회사주의'를 무비판적으로 재생산하는 기능을 하고 있다. 그런데 이처럼 '권위주의적인 회사주의'의 서술 구조를 가지고 있는 시마 고사쿠에 관한 만화가 어떻게 일본 사회에서 대중적인 인기를 얻을 수 있었을까. 그 요인의 하나는 이 만화 작품이 상품화한 성(性)을 통해 구성된 판타지를 '사실주의'적으로 시각화한 데서 찾을 수 있다.

4. 보수적 샐러리맨의 풍속도

『모닝』지는 '샐러리맨 만화의 금자탑'으로 『시마 과장』의 문고신장판을 선전하면서 다음과 같은 문구를 사용하고 있다. "버블기의 일본을 배경으로, 젊은 날의 시마 고사쿠의 활약을 색기(色氣) 풍부하게 묘사하다."[42] 선전 문구처럼 '젊은 날의 시마'는 화려한 여성 편력을 자랑한다. 만화는

---

41 『시마 과장』, 17권, 201쪽.

42 弘兼憲史, 「專務 島耕作」, 84쪽.

에피소드를 중심으로 이야기가 전개되는데, 『시마 과장』의 첫번째 에피소드는 「옷깃의 입술연지」이다. 과장으로 승진할 것이라는 정보를 접한 시마는 이 소식을 아내에게 전하려고 한다. 그러나 시마는 "내 아내는 육아와 독서 이외의 것에는 거의 관심이 없고, 별로 기뻐할 것이라고 생각하지 않는다. 결국 이야기하는 것을 그만두고" 집을 나선다.[43] 출근한 시마는 우여곡절 속에 결국 신입 여사원과 혼외정사를 갖는다. 이 혼외정사가 들통날까 안절부절하는 시마와는 달리 신입 여사원은 당당하게 회사 생활을 한다. 얼마 후 여사원은 자신의 결혼 예정 소식을 시마에게 가장 먼저 알리고, 결혼식에 초청한다. 결혼식에서 그녀는 시마에게 "좋은 시간을 한번 더 가졌으면 했는데" 하는 이야기를 귓속말로 전한다. 물론 시마는 매우 당황해 한다. 이후 그녀는 남편과 행복한 가정생활을 하고 있는 자신의 모습을 담은 사진을 보내면서 이 에피소드는 끝난다.

이어지는 에피소드들에서는 시마가 국내외에서 샐러리맨 생활을 하면서 만나는 많은 여성들과의 정사 장면을 시각화하면서 이야기가 전개된다. 시마와 여성들과의 관계는 거의 정형화되어 있다. 여성들이 시마의 인간미에 매력을 느끼고, 먼저 적극적으로 접근한다. 이에 시마는 우유부단한 태도를 취하다가 이들의 요구에 응해주는 형식이다. 이들 여성들은 언제나 시마와의 관계에서 만족을 느끼며 시마가 위기에 처할 때마다 헌신적으로 도와준다. 그러나 시마와 수많은 여성들과의 이런 관계의 이면에는 소통이 단절되고 철저하게 분리된 성 역할에 기반한 샐러리맨 부부 관계가 있다. 긴 통근 시간과 장시간 노동, 그리고 퇴근 후까지 계속되는 남성 회사원 중심의 조직 소비문화[44]는 남성성의 본질을 일로 규정짓고,[45] 결

43 『課長 島耕作』, 1권, 8쪽.

국 가정에서 '남편의 부재'와 '아버지의 부재'를 가져오는데, 시마의 가정 역시 예외는 아니다. 그러나 『시마 과장』에 등장하는 샐러리맨은 이를 '숙명'처럼 받아들이고 있다. 만화에 등장하는 한 샐러리맨의 입을 빌리면, "출세와 가정… 두 마리 토끼는 잡을 수 없었습니다. 하나를 얻으면 하나를 잃고… 샐러리맨의 숙명 같은 거겠죠."[46] 시마는 이미 30대 후반에 이러한 '샐러리맨의 숙명'을 받아들이고, 아내가 이혼을 요구할 때 큰 반발 없이 이를 수락한다.

이와 같은 핵가족의 위기를 '샐러리맨의 숙명'처럼 받아들이는 것은 동시에 '회사주의'가 기능하게 하는 일련의 성 차별적 노동시장구조를 기정사실화하고 있다. 전후 일본의 고용구조가 학력에 의해 차등화된 남성 노동력을 중심으로 구축되어 있고, 여성 노동력은 비상용·비정규 노동력으로 활용하면서 가사와 육아를 중심으로 재편성되어 사회의 생산력과 노동 생산력 향상으로 수렴되고 있다. 이와 같이 성 차별화된 고용구조가 노동시장의 '유연성'을 높였고, 이러한 '유연성'이 지속적인 경제성장을 가능하게 한 요소 가운데 하나라는 것은 이미 잘 알려져 있다.[47] 한편, 잘 알려져 있지 않은 것은 이러한 성 차별화된 노동시장을 작동하게 하는 '샐러

---

44 Anne Allison, *Nightwork: Sexuality, Pleasure, and Corporate Masculinity in a Tokyo Hostess Club* (Chicago: University of Chicago Press, 1994) 참조.

45 Gordon Mathews, "Can 'a real man' live for his family?: *Ikigai* and masculinity in today's Japan", James E. Roberson and Nobue Suzuki eds., *Men and Masculinities in Contemporary Japan: Dislocating the Salaryman Doxa*(London: RoutledgeCurzon, 2003), 109~125쪽.

46 『시마 과장』, 15권, 168쪽.

47 오사와 마리, 정진성·장화경 공역, 『회사인간사회의 성: 현대 일본을 젠더로 읽는다』(서울: 나남출판, 1995); Sandra Buckley, "Altered States: The Body Politics of 'Being-Woman'", Andrew Gordon ed., *Postwar Japan as History*(Berkeley: University of California Press, 1993) 참조.

리맨의 숙명'은 사회적으로 통제되어 허용되고 있는 남성 중심의, 이성애 중심의 판타지를 통해서도 만들어지고 있다는 점이다.

시마 시리즈의 전편에 나타나고 있는 남녀 관계는 "의리 또는 규범에 얽매이지 않아. 뺏는 자가 승리자"라는 인식을 저변에 깔고 있다.[48] 이는 남성을 주체로 놓고 여성을 뺏고 뺏기는 객체로 만들고 있음을 의미한다. 이러한 주객 관계는 '남성의 시선'으로 여성의 신체를 시각화·상품화하고 있다.[49] 여성 신체의 특정 부위는 반복적으로 '클로즈업'하여 재현되어 있고, '사실적'으로 묘사되어 있는 시마와 여성들 사이의 정사 장면에서는 항상 여성이 극도의 흥분 상태에서 무아지경에 이르는 것으로 그려지고 있다.

이와 같이 여성 신체의 객체화를 중심으로 표상된 남녀 관계는 이야기 내부에서 남성 사이의 유대 관계를 강화하는 기능을 하는데,[50] 이러한 유대는 일반 샐러리맨들 사이에서뿐만 아니라 샐러리맨과 중역 간부 사이에서도 형성되고 있다. 이는 일시적으로 회사 내의 위계질서를 모호하게 하여 회사원은 남성으로서 모두 평등하다는 인식을 가지게 하기도 한다. 시마를 포함한 등장 샐러리맨 및 회사 중역 간부들이 객체화하고 있는 여

---

48 『課長 島耕作』, 2권, 319쪽.

49 '남성의 시선(male gaze)'이라는 개념은 영어권 페미니스트들이 라캉(Lacan)의 '남근기표(the phallus signifier)'의 정신분석학을 비판하면서, 1970년대에 영화평론 잡지 『스크린(*Screen*)』을 장으로 토론을 벌이며 발전시킨 개념이다. 이와 관련해서는 E. Ann Kaplan, "Is the Gaze Male?", E. Ann Kaplan ed., *Feminism and Film*(Oxford: Oxford University Press, 2000) 참조.

50 이 점은 포르노그라피의 구조적 기능 가운데 하나로 지적되고 있다. Lynn Hunt, "Obscenity and the Origins of Modernity, 1500~1800", Drucilla Cornell ed., *Feminism and Pornography*(Oxford: Oxford University Press, 2007), 377쪽.

성들은 대부분 사회적·경제적으로 주변화된 직종에 종사하는 여성들이다. 회사 내부에서는 미혼의 젊은 여사원, 회사 외부에서는 '핑크칼라' 업종에 종사하는 사람들로서 게이샤나 호스테스 등이 주를 이룬다. 이들과의 관계는 직장과 가정의 일상성으로부터 일시적 일탈을 허용함으로써 유희를 제공한다.[51] 그러나 이러한 유희는 관리된 유희다. 왜냐하면 남성 중심의 성적 유희는 핵가족제도에 포함되어 있지 않는 여성들을 주로 객체화하고 있고, 가족이라는 사적 영역을 통해 작동하는 노동력 재생산을 저해하지 않는 한도 내에서만 허용되고 있기 때문이다.[52] 이러한 판타지는 시마의 전처의 이혼 후 생활을 재현하는 데도 일정 정도 반영된다. 가정 대신 자신의 행복을 추구하는 그녀는 성적으로 이용만 당하는 불행한 존재로 전락한다. 다시 말해서, 남성 중심의 관리된 유희로부터 완전히 일탈한 벌을 받는 것이다.

판타지는 사회적 '사실'을 구성하는 데 불가결한 요소로 종종 작동한다. 왜냐하면 '사실'이란 "그 사실을 구성하는 타자—판타지, 생각할 수 없는 것, 실체가 없는 것—와의 관계 속에서만" 이해될 수 있기 때문이다.[53] 이를 확대하면 바로 '사실'과 '표상'의 관계에도 적용할 수 있다. '사

---

[51] Ian Buruma는 일본의 대중문화에 나타나는 성(性) 판타지는 끊임없이 조직과 사회의 규범과 규율에 순응할 것을 요구하는 일상성으로부터 일시적인 탈피를 제공하는 기능을 한다고 분석하고 있다. Ian Buruma, *Behind the Mask: On Sexual Demons, Sacred Mothers, Transvestites, Gangsters, Drifters, and Other Japanese Cultural Heroes*(New York: Pantheon Books, 1984) 참조.

[52] 이와 관련해서는 일본의 어린이 만화 및 '에로' 만화 등을 분석한 Anne Allison, *Permitted and Prohibited Desires: Mothers, Comics, and Censorship in Japan*(Berkeley: University of California, 2000) 참조.

[53] Judith Butler, "The Force of Fantasy: Feminism, Mapplethorpe, and Discursive Excess", Drucilla Cornell ed., *Feminism and Pornography*, 488쪽.

실'의 실체적인 일관성을 구성하는 것은 기표들의 표상 체계라고 할 수 있다.[54] 이러한 측면에서 '사실'은 구성된 것이다. 이러한 사실과 판타지(또는 표상)의 관계를 전제한다면, 샐러리맨 시마의 여성 편력에 투영되고 있는 '관리된 일탈'로서의 성적 판타지는 회사주의를 지탱하고 있는 가부장적 가족주의 담론 밖에 존재하면서 샐러리맨 보수주의의 실체성을 구성하는 일종의 '이데올로기적인 판타지'[55]라고 할 수 있다.

5. 샐러리맨 보수주의의 작동 양식: 아시아의 타자화

일본 보수주의의 한 측면을 이루고 있는 샐러리맨 보수주의의 '실체'는 또한 일본 밖에 있는 타자와의 관계, 즉 '서구' 또는 '아시아' 표상과의 관계 속에서도 일관성을 갖게 된다. 시마 시리즈에서 볼 수 있는 '회사주의'적 샐러리맨 보수주의는 1980년대에는 주로 미국으로 대표되는 서구와의 관계 속에서 실체를 드러낸다. 이미 지적한 것처럼, '신성한 곳'으로 회사를 규정하고 자기 규율을 중시하는 인식은 시마가 미국에서 미국 기업인, 미국인 여비서와 맺는 관계 속에서 형성된다. 그런데 1990년대로 들어오면서는 아시아와의 관계 속에서도 샐러리맨 보수주의가 규정된다. 이는 시마 과장 시리즈가 아시아의 여러 나라에 대한 본격적인 관심을 보이기

---

54 Cornelius Castoriadis, *The Imaginary Institution of Society*, 141~142쪽.

55 '이데올로기적인 판타지(ideological fantasy)'는 지젝(Zizek)이 사용하고 있는 용어이다. 이데올로기적인 판타지는 사실 내에 기입되어 사실을 구성하고 있는 것으로서, 사실 또는 사회 현실에 대한 환영 또는 왜곡이 아니라 사실 그 자체를, 곧 현실을 구조적으로 작동하게 하는 것이라고 설명하고 있다. 슬라예보 지젝, 이수련 옮김, 『이데올로기라는 숭고한 대상』(서울: 인간사랑, 2001), 64~69쪽.

시작하는 1990년, 시마가 필리핀의 하쓰시바 지점에 배속되면서부터이다. 이후 시마는 태국과 베트남 등을 방문하고, 2002년에는 상하이 지역 담당 이사로 승진한다. 그리고 5년 동안 중국을 무대로 활약하며, 인도까지 시찰한다.

시마와 하쓰시바 기업의 아시아 진출은 1985년 9월 '플라자회의(Plaza Accord)'를 계기로 더욱 활발해진 일본 기업의 동남아시아 진출, 그리고 1990년대 들어서면서는 중국 진출을 배경으로 하고 있다. 잘 알려진 것처럼, 미국의 무역수지 불균형을 조정하기 위해 뉴욕의 플라자호텔에 모인 미국·일본·서독·영국·프랑스의 재무장관들은 달러와의 각국 환율을 재조정했다. 이 과정에서 달러 대비 일본 엔화의 가치는 플라자회의 직전 240엔에서 회의 9개월 후 150엔으로 급상승했다. 9개월 만에 이처럼 약 60퍼센트에 달하는 가치 상승을 보인 것은 엔화의 가치 변동 사상 최대였다.[56]

이를 계기로 일본 기업들은 해외 직접 투자와 동남아시아 지역으로의 수출품 생산 공장 이전을 활발하게 전개했다. 특히 일본의 첨단 전자 산업 제조업체들은 규모의 경제를 달성하고 자원과 노동력의 '전략적 분배'를 극대화하기 위해 이 지역으로 적극 진출했다. 이 과정은 일본 기업들의 국내 구조인, 모회사와 하청업체로 이루어진 계열적 기업구조를 모델로 이루어졌다. 즉, 동남아시아의 경제와 기업들을 일본 경제의 하청으로 재편하면서 일본 국내 제조업계의 위계적인 생산구조를 이식한 것이다.[57] 이러한 일본 기업들의 아시아로의 '회귀'는 1990년대에 기업 경영자들과 정치가들로 하여금 일본의 '재아시아화'의 필요성을 주장하게 했으며, 일본 사

[56] Takatoshi Ito, *The Japanese Economy*(Cambridge: The MIT Press, 1993), 341~342쪽.

[57] Walter Hatch and Kozo Yamamura, *Asia in Japan's Embrace: Building a Regional Production Alliance*(Cambridge: Cambridge University Press, 1996) 참조.

회에서 아시아에 대한 전반적인 관심을 고조시켰다.[58]

시마의 하쓰시바 전기제조업체의 동남아시아 진출은 이러한 경제·문화적 변화를 배경으로 하고 있다. 아시아 각국과의 관계를 재현하면서 작동하는 샐러리맨 보수주의는 온정주의적 자본주의 속에서 공존 공생을 추구하고 있다. 이는 베트남이나 중국과 같이 과거에 사회주의 체제 경험이 있는 나라들과 접촉하면서 잘 부각되고 있는데, 보다 높은 이윤을 창출하기 위해 경쟁주의를 강조하면서도, 동시에 회사라는 '운명공동체'의 일원으로서 회사공동체를 개인보다 우선할 것을 요구하고 있다. 시마가 상무로 2005년부터 중국 전역에서 활약할 때의 이야기에서는, '미국 특유의 합리주의'를 중국인 노동자들에게 적용하려는 일본인 이사를 관찰하는 시마

---

[58] 1990년대 초반의 '재아시아화'론에 대한 분석으로는 Laura Hein and Ellen H. Hammon, "Homing in on Asia: Identity in Contemporary Japan", *Bulletin of Concerned Asian Scholars*, Vol. 27, No. 3(1995) 참조. 이 논문은, 이러한 '재아시아화'론은 아시아 내부 국가들 사이의 관계에 대한 새로운 패러다임을 제시하기보다는, 서양과 동양의 이분법적 사고 속에서 '아시아적 가치'로 아시아 국가들이 공존과 번영을 추구해야 한다는 논리를 반복하고 있다고 지적한다. 나아가, 아시아와의 관계를 언급할 때는 위계적인 질서를 전제로 하고 있다고 비판하고 있다. 이러한 관계는 이 책에서 임성모가 밝히고 있듯이 전후 정치가 기시 노부스케가 과거 만주 지배 인맥을 동원하여 기획한 1950년대 말 동남아시아 경제외교와 개발주의에서도 그 원형을 발견할 수 있다. 1990년대 중후반으로 들어오면 아시아에 대한 관심은 일부 경영자·정치가에만 한정되지 않고 대중매체에 의해 일본사회로 확산되었다. 대중매체에 의한 일본에서의 '아시아 붐'의 가능성과 한계에 관해서는 Koichi Iwabuchi, "Japanese Popular Culture and Postcolonial Desire for 'Asia'", Matthew Allen and Rumi Sakamoto eds., *Popular Culture, Globalization and Japan*(New York: Routledge, 2006); Koichi Iwabuchi, "Nostalgia for a (Different) Asian Modernity: Media Consumption of "Asia" in Japan", *positions*, Vol. 10, No. 3(Winter, 2002); Aaron Gerow, "Consuming Asia, Consuming Japan: The New Neonationalist Revisionism in Japan", Laura Hein and Mark Seldon eds., *Censoring History: Citizenship and Memory in Japan, Germany, and the United States*(New York: M.E. Sharpe Inc., 2000) 참조.

를 통해 경쟁만을 강조하는 자본주의는 장기적으로 지속되기 힘들다는 서술을 하고 있다. 이를 통해 위계질서 속에서의 공동체주의와 결합된 일본식 자본주의의 우월성을 보여주고 있다. 이러한 샐러리맨 보수주의는 현지인 노동자들과의 노사문제를 재현하는 데서 가장 잘 나타나고 있다. 필리핀과 중국 등지에서 직면한 노사분규의 해결 방식으로 제시되는 논리는 노동과 자본의 협력 속에서 기업의 이윤 증가를 통한 노동자의 복지 추구이다.[59]

일본 기업들의 아시아 진출은 일본인들로 하여금 과거 아시아를 침략한 일본의 역사 문제와 직면하게 만들었다. 시마가 아시아 각지를 돌아다니게 되면서 이 문제 또한 표면으로 떠오르게 된다. 그는 필리핀으로 가면서 "일본이라는 나라가 아시아 각국에 어떤 눈으로 비추어지고 있는지 눈으로 확인"하고 싶다며, 역사 문제에 적극적으로 대면할 것임을 암시하고 있다.[60] 역사 인식의 차이에서 오는 일본과 아시아 각국의 갈등은, 시마 만화 시리즈에서는 주로 노사 관계 속에서 표출되곤 한다. 이는 특히 시마의

---

59 『시마 과장』, 12권, 56~57쪽; 『시마 상무』, 2권(서울: 서울문화사, 2006), 16~18쪽. 노사분규 문제를 해결하는 데서 반면교사로 한국이 언급되기도 한다. 필리핀 경영자와 협상을 하는 시마는 필리핀 경영자로부터 자신의 기업에서 전개되고 있는 노동조합 결성 움직임을 저지해달라는 요구를 받는데, 이때 오고간 대화는 다음과 같다(『시마 과장』, 12권, 30~31쪽).

> 소피아(필리핀 경영자): 어쨌든 조합이 힘을 갖게 되면 기업의 힘은 약해져요. 도산 위기도 높아지고… 현재 한국 상황을 보면 알 수 있죠.
> 시마: 분명 한국의 과도한 노동 운동은 GNP를 폭락시키는 요인이 되었어요.
> 소피아: 나는 새가 추락하는 것처럼 고속 성장을 거듭하던 한국이 지금은 엄청난 무역수지 적자국이 되었어요. 결과적으로 노동자는 스스로 자신의 목을 조른 셈이죠.

60 『시마 과장』, 10권, 133쪽.

중국인의 반일 감정 속에서 전개되는 노사분규에 대응하는 시마 상무(『常務 島耕作』, 2권, 28~29쪽).

それ！　みんな
卵をぶつけろ!!
そんな嘘に
中国人は騙されないぞ

일본인 고위 정치가가 젊은 중국인 여성에게 구혼하는 장면(『常務 島耕作』, 6권, 46~47쪽).

…………
確か　おまえの実家は
この近くだったよな
よかったら　今から
おまえの母親のところに
行って　このことを
正式に伝えたい
いえ　母親には
会わないで下さい
事情があって
私がここに
入院していることも
教えていないから
!?
……そうか
わかった

중국 경험에서 주요한 소재로 다루어진다. 노동자들의 반일 시위에 대처하는 시마는, 일본은 과거 중국을 침략한 사실과 관련해 1972년 이래 공식적인 사과를 표명해왔으며, ODA와 다양한 민간 융자 형식으로 일종의 전후 배상을 실행한 것과 다름없는데 이것이 중국 교과서에 실리고 있지 않을 뿐이라고 역설한다. 이어서 그는 반일민족주의 감정을 상호 발전의 경제 논리로 극복할 것을 제안한다.

이러한 서술 구조에서 전략적으로 취하는 방식 가운데 하나가 '일본에 동화되는 중국인'이다. 위의 예에서 시마와 일본의 입장을 적극적으로 지지하는, 현지에서 고용된 중국인 여성이 등장한다.

이러한 서술 전략은 '국경을 초월한 일본인 고위 정치가와 미천한 중국인 여성 사이의 사랑'이라는 구조 속에서 대미를 장식한다. 시마는 상하이에서 일본인 고위 정치가와 중국 여성 사이의 사랑을 맺어주는 역할을 하기도 하는데, 이 속에서 일본인 고위 정치가는 과거 '정부'로 관계를 가진, 아무것도 가진 것 없는 중국인 여성과 우여곡절 끝에 결혼을 결정하게 된다.[61]

그러나 일본 고위 정치가 남성이 미약한 중국인 여성을 구해준다는 이야기는 동시에 남성 중심의 성 이데올로기로 재현되는 위계질서 속에서 아시아를 포섭하고 싶다는 판타지이기도 한 것이다.

---

[61] 이러한 '일본에 동화되는 아시아인'이라는 서술 전략은 과거 전시기 일본 영화에서도 자주 활용되던 것의 하나이기도 하다. 이와 관련해서는 John W. Dower, "Japanese Cinema Goes to War", John W. Dower, *Japan in War and Peace: Selected Essays*(New York: New Press, 1993) 참조.

6. 만화, 샐러리맨 보수주의, 현대 일본

일본 만화가 국제적으로도 그 상품 가치가 높아지는 1990년대에 『주오코론』은 「만화의 '지금'을 생각한다」라는 특집을 기획했다.[62] 이 특집은 "미디어로서 만화의 가능성"이라는 주제로 만화가 이시노모리 쇼타로(石ノ森章太郎)와 만화비평가 야마자키 고이치(山崎浩一)의 좌담회를 실었다. 이 좌담회에서 이들은 일본 만화가 '망가'라는 국제어를 만들어내면서 세계적인 문화 상품이 된 것에 자부심을 드러내고 있다. 동시에 이들은 만화가 '메이저' 문화 상품이 되면서 만화 본래의 '의심스러운, 저속한' '일종의 일탈과 과잉'에서 오는, '마이너' 문화로서 가지고 있던 예리한 풍자성이 풍화되고 있다는 점을 지적하고 있다.[63] 이는 곧 현재의 일본 만화는 기존의 '마이너' 문화로서 만화가 가지고 있던 공식 문화 및 지배 문화와의 거리감을 상실했다는 것을 의미한다. 그리고 이 거리감의 상실은 지배 문화의 풍자를 통해 이를 비판하는 기능이 약화되었음을 지적하는 것이라고 할 수 있다.

이와 같은 지적은 일본 국내에서뿐만 아니라 세계적으로도 가장 유명한 샐러리맨을 탄생시킨 『시마 과장』 만화 시리즈에도 적용된다. 일본 샐러리맨의 삶을 '사실주의' 서술과 시각 이미지로 묘사한 시마 만화 시리즈는 샐러리맨 표상을 통하여 고도성장기에 구축된 회사 중심의 권위주의적

---

62 「特集 マンガの"いま"を考える」, 『中央公論』(1994年 4月).

63 石ノ森章太郎·山崎浩一, 「メディアとしてのマンガの可能性」, 『中央公論』(1994年 4月), 228쪽. 이시노모리는 2,000만 부 정도가 팔린 만화 『サイボーグ009』의 저자로, 中央公論社가 1989년에서 1993년까지 기획·출판한 『マンガ日本の歴史』를 그린 만화가이기도 하다.

질서에 일관성을 부여하고 있다. 그 표상 전략은 상품화된 성과 타자화된 아시아를 만들어내는 판타지의 생산이다. 이와 같은 샐러리맨 보수주의는 현실과 환영 사이의 지점에서 기업에 귀속되는 개인의 형성을 통해서만 성공할 수 있다는 믿음을 재생산하고 있다. 동시에 관리된 일탈과 유희를 허용함으로써 권위주의적 사회질서를 현대 일본에서 구조화하고 있다.

📖 참고문헌

- 민병일, 「산업사회에서의 신분집단(Status group): 베버, 부르디외, 戰前일본의 샐러리맨」, 『國際政治論叢』, 42집, 2000년 4호.
- 정현숙, 『일본 만화의 사회학』(서울: 문학과지성사, 2004).
- 로버트 니스벳, 강정인 옮김, 『보수주의』(서울: 이후, 2007).
- 슬라예보 지젝, 이수련 옮김, 『이데올로기라는 숭고한 대상』(서울: 인간사랑, 2001).
- 시라이시 사야, 「일본 만화·애니메이션의 세계화」, 김창민 외 편역, 『세계화 시대의 문화 논리: 문화다양성과 정체성 확보를 위한 해외 문화 전략 사례 연구』(서울: 한울아카데미, 2005).
- 오사와 마리, 정진성·장화경 공역, 『회사인간사회의 성: 현대 일본을 젠더로 읽는다』(서울: 나남출판, 1995).
- 프레드릭 L. 쇼트, 김장호·박성식 옮김, 『이것이 일본 만화다: 망가, 그 겉 이야기와 속 이야기』(서울: 다섯수레, 1999).
- 岡本智周·笹野悦子, 「戦後日本の「サラリーマン」表象の變化: 『朝日新聞』を事例に」, 『社会学評論』, Vol. 52, No. 19(2001年 1月).
- 北岡勲, 『日本保守主義』(東京: 御茶ノ水書房, 1992).
- 境屋太一, 「新版 団塊の世代」(東京: 文藝春秋社, 2005).
- 竹内洋, 「サラリーマンという社会的表象」, 『岩波講座現代社会学 23: 日本文化の社会学』(東京: 岩波書店, 1996).
- 鶴見俊輔, 「漫画の戦後思想」, 『鶴見俊輔集 7: 漫画の読者として』(東京: 筑摩書房, 2000).
- 中央公論編輯部 編, 『論争 中流崩壊』(東京: 中公新書, 2001).
- 石ノ森章太郎·山崎浩一, 「メディアとしてのマンガの可能性」, 『中央公論』, 1994年 4月号.
- 中根千枝, 『タテ社会の人間関係: 単一社会の理論』(東京: 講談社, 1967).
- 馬場宏二, 「現代世界と日本会社主義」, 東京大学社会科学研究所 編, 『現代日本社会: 課題と視覺』(東京: 東京大学出版部, 1991).
- 弘兼憲史, 『常務 島耕作』(東京: 講談社, 2006).
- ______, 『課長 島耕作』(東京: 講談社漫画文庫, 2007).
- ______, 「専務 島耕作」, 『モーニング』, 2008年 5月 1日.
- 松本厚治, 『企業主義の興隆』(東京: 日本生産性本部, 1983).

- 見田宗介,『現代日本 心情と論理』(東京: 筑摩書房, 1971).
- 渡邊治,「現代日本社会の権威的構造と国家」, 藤田勇 編,『権威的秩序と国家』(東京: 東京大学出版会, 1987).
- 梅澤正,「〈課長 島耕作〉を論ずる: 3軸サラリーマン概念によるケース分析」,『東京經大学会誌』, 198(1996年 9月).
- NHK,『BSマンガ夜話』, 2002년 2월 27일.
- 요미우리 인터넷 사이트 http://www.yomiuri.co.jp/book/news/20080402bk09.htm.
- Abbott, Lawrence L., "Comic Art: Characteristics and Potentialities of a Narrative Medium", *Journal of Popular Culture*, Vol. 19, No. 4(1986).
- Abercrombie, N., Lash, S., and Longhurst, B., "Popular Representation: Recasting Realism", Scott Lash and Jonathan Friedman eds., *Modernity and Identity*(Oxford: Blackwell, 1992).
- Allison, Anne, *Nightwork: Sexuality, Pleasure, and Corporate Masculinity in a Tokyo Hostess Club*(Chicago: University of Chicago Press, 1994).
- ______, *Permitted and Prohibited Desires: Mothers, Comics, and Censorship in Japan*(Berkeley: University of California, 2000).
- Art Spiegelman, "Commix: An Idiosyncratic Historical and Aesthetic Overview", *Print*(November–December, 1988).
- Benjamin, Walter, *Illuminations*(New York: Schocken Books, 1968).
- Bruma, Ian, *Behind the Mask: On Sexual Demons, Sacred Mothers, Transvestites, Gangsters, Drifters, and Other Japanese Cultural Heroes*(New York: Pantheon Books, 1984).
- Buckley, Sandra, "Altered States: The Body Politics of 'Being-Woman'", Andrew Gordon ed., *Postwar Japan as History*(Berkeley: University of California Press, 1993).
- Butler, Judith, "The Force of Fantasy: Feminism, Mapplethorpe, and Discursive Excess", Drucilla Cornell ed., *Feminism and Pornography*(Oxford: Oxford University Press, 2007).
- Castoriadis, Cornelius, *The Imaginary Institution of Society*(Cambridge: MIT Press, 1987).
- Debord, Guy, *The Society of the Spectacle*(New York: Zone Books, 1995).
- Dower, John W., "Japanese Cinema Goes to War", John W. Dower, *Japan in War and Peace: Selected Essays*(New York: New Press, 1993).
- Gerow, Aaron, "Consuming Asia, Consuming Japan: The New Neonationalist Revisionism in Japan", Laura Hein and Mark Seldon eds., *Censoring History: Citizenship and Memory in Japan, Germany, and the United States*(New York: M. E. Sharpe Inc., 2000).
- Gordon, Andrew, "Contests for the Workplace", Andrew Gordon ed., *Postwar Japan as*

History(Berkeley: University of California Press, 1993).

- Gordon, Mathews, "Can 'a real man' live for his family?: *Ikigai* and masculinity in today's Japan", James E. Roberson and Nobue Suzuki eds., *Men and Masculinities in Contemporary Japan: Dislocating the Salaryman Doxa*(London: RoutledgeCurzon, 2003).
- Hatch, Walter and Kozo Yamamura, *Asia in Japan's Embrace: Building a Regional Production Alliance*(Cambridge: Cambridge University Press, 1996).
- Hein, Laura and Ellen H. Hammon, "Homing in on Asia: Identity in Contemporary Japan", *Bulletin of Concerned Asian Scholars*, Vol. 27, No. 3(1995).
- Horkheimer, Max and Adorno, Theodor W., "The Cultural Industry", *Dialectic of Enlightenment*(New York: Continuum, 1993).
- Hughes, H. Stuart, *Consciousness and Society: The Reorientation of European Social Thought, 1890~1930*(New York: Vintage Books, 1977).
- Hunt, Lynn, "Obscenity and the Origins of Modernity, 1500~1800", Drucilla Cornell ed., *Feminism and Pornography*(Oxford: Oxford University Press, 2007).
- Ito, Takatoshi, *The Japanese Economy*(Cambridge: The MIT Press, 1993).
- Ivy, Marilyn, "Critical TExts, Mass Artifacts: The Consumption of Knowledge in Postmodern Japan", Masao Miyoshi and H. D. Harootunian eds., *Postmodernism and Japan*(Durham: Duke University Press, 1989).
- Iwabuchi, Koichi, "Nostalgia for a (Different) Asian Modernity: Media Consumption of 'Asia' in Japan", *positions*, Vol. 10, No. 3(2002).
- ______, "Japanese Popular Culture and Postcolonial Desire for 'Asia'", Matthew Allen and Rumi Sakamoto eds., *Popular Culture, Globalization and Japan*(New York: Routledge, 2006).
- Iwata, Ryushi, "The Japanese Enterprise as a Unified Body of Employees: Origins and Development", Shumpei Kumon and Henry Rosovsky eds., *The Political Economy of Japan*, Vol. 3(Cultural and Social Dynamics)(Stanford: Stanford University, 1992).
- Jameson, Fredric, "Reification and Utopia in Mass Culture", *Social Text*, No. 1(Winter, 1979).
- Johnson, Chalmers, *MITI and the Japanese Miracle: The Growth of Industrial Policy, 1925~1975*(Stanford: Stanford University, 1982).
- Kaplan, E. Ann, "Is the Gaze Male?", E. Ann Kaplan ed., *Feminism and Film*(Oxford: Oxford University Press, 2000).
- Kinmonth, Earl, *Self-Made Man in Meiji Japanese Thought: From Samurai to Salary*

Man(Berkeley: University of California Press, 1981).

- Kinsella, Sharon, *Adult Manga: Culture & Power in Contemporary Japanese Society*(Honolulu: University of Hawaii Press, 2000).
- Macpherson, C. B., *The Political Theory of Possessive Individualism: Hobbes to Locke*(Oxford: Oxford University Press, 1962).
- Pyle, Kenneth B., "Meiji Conservatism", Marius B. Jansen ed., *The Cambridge History of Japan*, Vol. 5(The Nineteenth Century)(Cambridge: Cambridge University Press, 1989).
- Roberson, James E. and Nobue Suzuki, "Introduction", James E. Roberson and Nobue Suzuki eds., *Men and Masculinities in Contemporary Japan: Dislocating the Salaryman Doxa*(London: RoutledgeCurzon, 2003).
- Rohlen, Thomas P., *For Harmony and Strength: Japanese White-Collar Organization in Anthropological Perspective*(Berkeley: University of California Press, 1974).
- Schodt, Frederik L., *Manga! Manga!: The World of Japanese Comics*(Tokyo: Kodansha International Ltd., 1983).
- Sabin, Roger, *Adult Comics: An Introduction*(London: Routledge, 1993).
- Vogel, Ezra F., *Japan's New Middle Class: The Salary Man and His Family in a Tokyo Suburb*(Berkeley: University of California, 1971).
- Wolferen, Karel van, *The Enigma of Japanese Power*(London: Macmillan, 1989).

5장

전후 일본의 혈연 이데올로기와 '일본인'

법적·제도적 측면

김범수

1. 일본의 혈연 이데올로기

이 장에서는 전후 일본 보수주의의 핵심 이데올로기 가운데 하나인 천황 중심의 '가족국가론'에서 유래한 '혈연 이데올로기'가 전후 '일본인'의 '경계'를 설정하는 데 법적·제도적으로 어떻게 표상되고 있는지 살펴보고자 한다. 잘 알려져 있듯이 천황 중심의 가족국가론은 제국 시기 일본의 공식 국가 이데올로기로, 일본을 '천황을 중심으로 하는 거대한 가족국가'로 파악한다.[1] 이에 따르면, 천황은 일본의 가족·씨족·국가를 대표하는

---

* 서울대학교 정치학과 BK조교수.

* 이 글의 초고는 한국정치학회 편, 『한국정치학회보』, 제43집 1호(2009)에 수록되었음.

1 천황 중심의 가족국가론은 제국 시기 일본 정부의 공식 국가 이데올로기로 채택되어 정부가 편찬한 교과서나 기타 문서에 등장하고 있다. 실례로 1910년에 정부가 편찬한 국정 수신 교과서에서는 "우리나라는 가족 제도를 바탕으로 거국적으로 일대가족을 이루고 있으며 황실은 우리들의 종가(宗家)이다. 우리들 국민은 자식의 부모에 대한 경애의 정으로써 만세일계의 황위를 공경한다. 이로써 충효는 하나이며 서로 나누어지지 않는다.… 충효의 일치는 실로 우리 국체의 특징이다"라고 기술하고 있다. 또한 1937년에 문부성이 발행한 『국체의 본의』에서도 "대일본제국은 만세일계 천황이 황조의 신칙(神勅)을 받들어 영원히 통치한다. 이것이 우리나라 만고불역의 국체이다. 이러한 대의에 기반하여 우리는 일대가족국가(一大家族国家)를 이루고 억조일심(億兆一心) 성지(聖旨)를 받들어 능히 충효의 미덕을 발휘해야 한다. 이러한 국체는 우리나라 영원불변의 대본(大本)이다"라고 밝히고 있다. 또한 학사원이 편찬한 『제실제도사(帝室制度史)』도 다음과 같이 기술하고 있다. "국가는 하나의 가족으로서 황실과 신민은 근원을 같이하는 분파이며, 신민은 황실을 국가의 종가(宗家)로 우러러보고 군민으로 하여금 부자의 친목을 겸해 충효일여(忠孝一如), 상하상친(上下相親), 군은 민을 자애함을 덕으로 하고 민은 일심으로 군에 충성을 다하는 것이다. 이러한 국민적 신념과 국민적 정조(情操)는 오로지 우리나라에만 존재하는 것으로 다른 나라에서는 그 예를 찾아볼 수 없다. 이것이 우리나라의 국체가 만방무비한 원인이며 국체의 본의 또한 여기에서 찾을 수 있다." 일본 정부는 이러한 가족국가론을 널리 확산하여 일반 대중들 사이에 국가에 대한 충성심과 애국심을 고양시키고자 했다. 강상규, 「일본의 자기정체성에 관한 연구시론: 근대일본의 에피스테메로서의 국체」, 『국제지역연구』, 7권 3호(1998), 154쪽; 文部省,

존재로서 '일본인의 가족적 결합의 중심이며 씨족적 결합을 매개하고 국민적 결합을 이끌어내는' 모든 '일본인의 아버지'이다. 그리고 이 논리의 연장선상에서 모든 '일본인'은 천황가를 중심으로 혈연관계로 맺어진 '가족 구성원'으로 이해된다.[2] 이러한 천황 중심의 가족국가론은 일본의 제2차 세계대전 패전과 함께 공식적으로는 해체되었으나, 이에 근거한 혈연 이데올로기는 '단일민족국가론' 등의 형태로 전후에도 이어져 일본 사회 곳곳에서 작동하고 있다.[3] 여기서는 전후 일본 사회에 작동하고 있는 이러한 보수주의적 혈연 이데올로기가 '일본인'의 경계를 설정하는 데 어떻게 표상되고 있는지 법적·제도적 측면을 중심으로 살펴보고자 한다.

이 장의 구성은 다음과 같다. 우선 다음 절에서는 근대 '일본인'의 등장과 제국 시기 '일본인'의 경계에 대해 살펴보고자 한다. 뒤이어 제국 시

『国体の本義』(東京: 文部省, 1937), 9쪽; 学士院, 『帝室制度史』, 第一巻(東京: 大日本帝国学士院, 1937), 126쪽 참고.

2 정창석, 「현대 천황제 사상」, 『일본문화학보』, 제31집(2006), 459쪽.

3 요시노(Kosaku Yoshino)의 연구는 전전 천황중심의 가족국가론에서 유래한 '순혈주의' 혈연 이데올로기가 전후 일본 사회에서 '일본인(Japanese)'과 '비일본인(non-Japanese)'의 경계를 설정하는 데 어떻게 작동하고 있는지 전후 일본의 대표적 '문화민족주의' 담론인 '일본인론'에 대한 사회학적 분석을 통해 잘 보여주고 있다. 이 글에서는 요시노의 연구와 동일한 문제의식 아래 '단일민족국가론'으로 대표되는 전후의 보수주의적 '순혈주의' 혈연 이데올로기가 전후 '일본인'의 경계를 설정하는 데 어떻게 작동하고 있는지 법적·제도적 측면을 중심으로 살펴보고자 한다. 요시노의 연구에 대해서는 Kosaku Yoshino, *Cultural Nationalism in Contemporary Japan*(London: Routledge, 1992)을 참고. 이 밖에 '단일민족국가론'으로 대표되는 전후 일본의 '순혈주의' 혈연 이데올로기에 대한 비판적 분석으로는 Harumi Befu, "Nationalism and *Nihonjinron*", Befu ed., *Cultural Nationalism in East Asia*(Berkeley: University of California Institute for East Asian Studies, 1993), 107~135쪽; Stephen Murphy-Shigematsu, "Japan's Monoethnic Myth and Minority Identities", *International Journal of Psychology*, Vol. 31, No. 3/4, 1996, 84~150쪽; Harumi Befu, *Hegemony of Homogeneity*(Melbourne: Trans Pacific Press, 2001) 등을 참고.

기에 설정된 '일본인'의 경계가 제2차 세계대전 패전 이후 연합군 점령 시기에 어떻게 변화했는지, 그리고 샌프란시스코 강화조약 발효 이후 현재까지 어떠한 변화가 있었는지 살펴보고자 한다. 마지막으로 이상의 논의를 간단히 정리한 후 최근 정주 외국인 증가로 일본이 '다문화 사회'로 바뀌어가는 상황에서 기존 '일본인' 경계 설정이 가지는 문제점은 무엇인지 살펴보고자 한다. 이러한 고찰을 통해 전전 천황 중심의 가족국가론에서 유래한 보수주의적 혈연 이데올로기가 전후 '일본인'의 법적·제도적 경계를 설정하는 데서 혈통주의를 기본 원칙으로 하는 국적법과 남성 중심의 호적 제도를 통해 표상되고 있음을 보여주고자 한다.

2. 근대 '일본인'의 등장과 제국 시기 '일본인'의 경계

오구마 에이지(小熊英二)가 그의 저서 『〈일본인〉의 경계』에서 잘 보여주고 있듯이, '일본인'이라는 개념은 부동의 실체가 아니라 "시기와 상황에 따라 변동하는 언설상의 개념"으로 역사의 과정 속에서 만들어진 것이다. 따라서 '진짜 일본인'이라는 개념은 엄밀히 말해서 존재하지 않으며, 동일한 일군의 사람들이 시기나 상황에 따라 때로는 '일본인'으로 때로는 '일본인'이 아닌 사람으로 간주되기도 한다.[4]

이처럼 '일본인'이라는 개념이 역사의 과정 속에서 변동하는 언설상의 개념이라면, 이 개념은 언제 처음 생겨나게 되었는가. 요시노 고사쿠(吉

[4] 小熊英二, 『日本人の境界: 沖縄·アイヌ·臺灣·朝鮮 植民地支配から復歸運動まで』(東京: 新曜社, 1998), 4쪽.

野耕作)에 따르면, 에도시대에 이미 일본열도 주민의 상당수가 '우리들'은 중국이나 조선 사람들과 다르다는 초보적 수준의 '민족(ethnic)' 정체성을 가지고 있었다. 특히 중국식 사고와의 비교를 통해 '일본 정신'의 진수를 강조하는 국학이 18세기에 이미 촌락 엘리트 사이에서 널리 유행했다는 사실은 중국과 다른 일본에 대한 인식이 당시 사람들 사이에 널리 퍼져 있었음을 시사해준다.[5] 비슷한 맥락에서 몇몇 일본사 연구자들은, 이하라 사이카쿠(井原西鶴)의 저작이나 지카마스 몬자에몬(近松門左衛門)의 희극처럼 중국과 일본의 차이를 강조하는 민중문화가 17세기 후반 교토·오사카 등 긴키(近幾) 지역에서 널리 유행했다는 사실을 근거로, 민간 수준에서 일본의 문화는 중국의 유교적 문화와 다르며 일본은 '중국과는 다른 신(神) 혹은 천황의 나라'라는 '희미한 국가 정체성' 의식이 근대 이전부터 이미 나타나기 시작했다고 지적한다.[6]

이처럼 중국인·조선인과 구별되는 '일본인'에 대한 개념이 근대 이전부터 존재하고 있었던 것은 사실이지만, 19세기 전반기까지만 하더라도 이러한 생각은 계층적·지역적으로 한정된 상태로 그리고 단지 희미한 의식으로만 존재하고 있었다. 후지타니(Takashi Fujitani)가 지적하고 있듯이, 수직적·수평적 '구분과 분리'를 특징으로 하는 도쿠가와(德川)시대에 일본의 정치·문화·사회 체계는 '균일한 문화적·국가적 정체성'을 지닌 '일본인'이라는 개념이 등장하기 어려운 사회적 환경을 구성하고 있었다. 잘 알

---

[5] 吉野耕作, 『文化ナショナリズムの社会学: 現代日本のアイデンティティの行方』; 요시노 고사쿠, 김태영 옮김, 『현대 일본의 문화 내셔널리즘: 현대 일본 아이덴티티의 행방』(서울: 일본어뱅크, 2001), 43쪽.

[6] 후지타니 다카시, 한석정 옮김, 『화려한 군주: 근대일본의 권력과 국가의례』(서울: 이산, 2003), 26~27쪽.

려져 있듯이, 도쿠가와시대의 일본은 정치적으로 거의 자율적인 '번(藩)'으로 나뉘어 있었으며, 지방 문화도 확연히 달라 방언이 서로 통하지 않는 경우도 종종 볼 수 있었다. 또한 사무라이 지배 엘리트 아래 사농공상으로 계층화된 신분 질서는 강력한 공통의 문화적 정체성이 성장하는 것을 방해했다. 이러한 점에서 도쿠가와시대의 일본은 "지역적으로 서로 분리되어 국가적 유대보다는 지역적 유대로 사람들이 똘똘 뭉쳐 살아"가던 나라였다.[7]

근대적 의미에서 '일본인'으로서의 정체성이 일본열도에 사는 대부분의 사람들에게 확산된 것은 메이지 시기에 들어서였다. 1868년 메이지유신을 통해 막부 타도에 성공한 메이지 세력은 당시 서양으로부터의 위협에 대항하기 위해 무엇보다 국가를 강화하고 '민(民)'을 국가에 대한 충성심을 공유하는 '국민'으로 재편하는 것이 필요하다고 생각했다. 이를 위해 메이지 정부는 '폐번치현(廢藩置縣, 1871)'과 같은 강력한 중앙집권화 정책을 추진했는데, 이러한 정책은 번에 대한 소속감과 일체감을 뛰어넘어 '일본' 전체를 충성심의 대상으로 하는 근대적 정체성으로 '일본인' 개념이 등장하는 것을 가능하게 해주었다. 메이지 정부는 또한 1871년 8월 '해방령'을 공포, 기존의 봉건적 신분제를 철폐함으로써 일본 영토에 거주하는 모든 주민을 균등한 의무와 권리를 갖는 근대적 의미의 '국민'으로 재편하고자 했다. 또한 의무교육 시행(1872)과 같은 다양한 '문명개화' 정책을 통해 메이지 정부는 일반 민중들 사이에 새로 수립된 국가 '일본'에 대한 소속감과 정체성을 확산시키고자 했으며, 이러한 노력의 연장선상에서 1890년 국가에 대한 충성심과 유교적 윤리의 중요성을 강조하는 '교육칙어(敎育勅

---

7 후지타니 다카시, 『화려한 군주』, 25~27쪽, 31쪽.

語)'를 제정·반포하고 이후 이 내용을 6년 동안의 '국민학교' 의무교육을 통해 학생들에게 끊임없이 주입함으로써 자라나는 어린 세대를 '일본 국민'으로 새롭게 길러내고자 했다.[8]

이러한 조치들과 더불어 메이지 정부는 일본 '국민들' 사이에 국가에 대한 애국심과 충성심을 고취하기 위하여 다양한 '국가의례'를 '발명'했다.[9] 특히 새로 수립된 근대국가 일본의 상징으로 '천황'을 '발명'하여 북쪽으로는 홋카이도에서 남쪽으로는 규슈 남단까지 지방 곳곳을 '순행(巡幸)'하게 함으로써 일본 영토에 대한 '상징적 장악'을 강화하고 일반 민중들 사이에 새로 태어난 국가 '일본'에 대한 일체감과 충성심을 확산시키고자 했다.[10] 또한 메이지 정부는 '폐기처분되었던' 신도(神道)를 '선반에서 끄집어'내어 국가에 대한 충성심과 천황에 대한 숭배를 조장하기 위한 '장치'로 활용하는 한편,[11] '일본 최초 통치자 진무(神武) 천황의 등극'과 메이지 천황의 생일을 기념하는 국경일 등 다양한 국경일을 '발명'하고 황실과 관련한 다양한 의례를 만들어냄으로써 일반 국민들 사이에 국가에 대한 애국심을 고취하고자 했다.[12] 이러한 노력의 결과 19세기 말에 이르러 일본열도에 사는 대부분의 사람들은 근대국가 '일본'에 대한 소속감과 '일본인'으로서의 정체성을 공유하는 근대적 의미의 '일본인'으로 '재탄생'할 수 있었다.

이처럼 메이지 시기 근대적 형태로 등장하기 시작한 '일본인' 개념은

---

8 강상규, 「일본의 자기정체성에 관한 연구시론」, 153~155쪽.

9 후지타니 다카시, 『화려한 군주』, 34쪽.

10 후지타니 다카시, 『화려한 군주』, 78~89쪽.

11 후지타니 다카시, 『화려한 군주』, 21쪽.

12 후지타니 다카시, 『화려한 군주』, 34~36쪽.

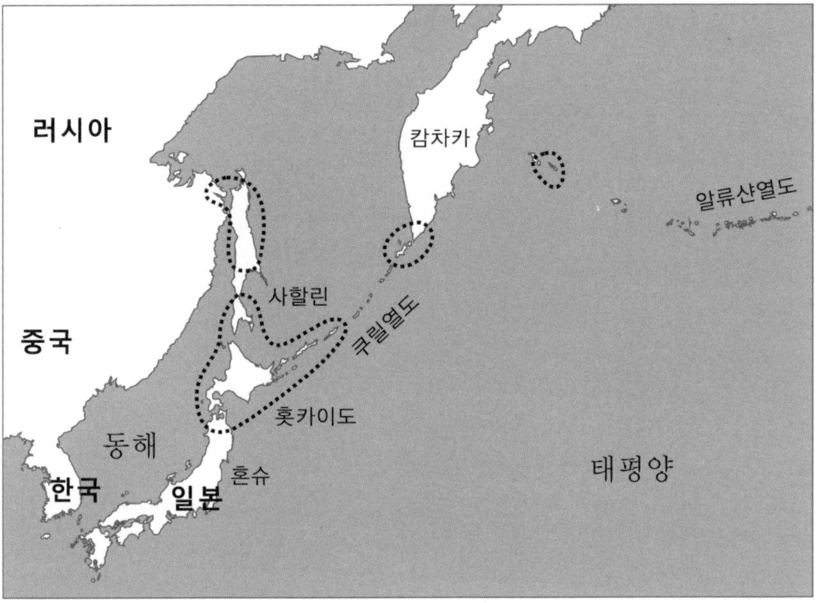

19세기 후반 아이누인 거주 지역(점선 표시 부분).

19세기 후반 이후 일본이 주변 지역으로 영토를 확장함에 따라 그 범위가 계속 확대되었다. 물론 일본이 새로 진출한 모든 지역에서 '일본인' 범주의 확대가 동일하게 이루어진 것은 아니었다. 일본은 19세기 후반 이후 일본 영토로 편입한 지역 가운데 홋카이도·오키나와·대만·조선 등지의 주민들은 '일본인'으로 편입한 반면 요동반도 조차지(이른바 관동주)와 화북 점령 지대 주민들, '내지인'[13]과 '조선인'을 제외한 '만주국'의 대다수 주민

[13] 제국 시기 일본은 국내적으로 일본 본토, 조선, 대만, 사할린, 관동주, 남양군도 등을 각각 이법지역(異法地域)으로 파악하고 있었다. 그 가운데 일본 본토를 '내지(內地)'라고 불렀고, 기타 청일전쟁 이후 취득한 지역을 '외지(外地)'라고 불렀다. 그리고 내지에 본적을 가진 자들을 '내지인'으로, 외지에 본적을 가진 자들을 '외지인'으로 부르며 양자를 구별했다. 정인섭, 『재일교포의 법적지위』(서울: 서울대학교출판부, 1996), 11쪽 참고.

1880년 스틸프리드(Stillfreed)가 촬영한 아이누인 모습.

들, 남방 점령지 주민들, 그리고 국제연맹의 위임 통치령이었던 남양군도 주민들은 '일본인'의 범주에서 배제했다.[14] 그러면 일본의 영토 확장과 더불어 '일본인'의 범주가 어떻게 확대되었는지 좀더 자세히 살펴보도록 하자.

---

[14] 小熊英二,『日本人の境界』, 4쪽.

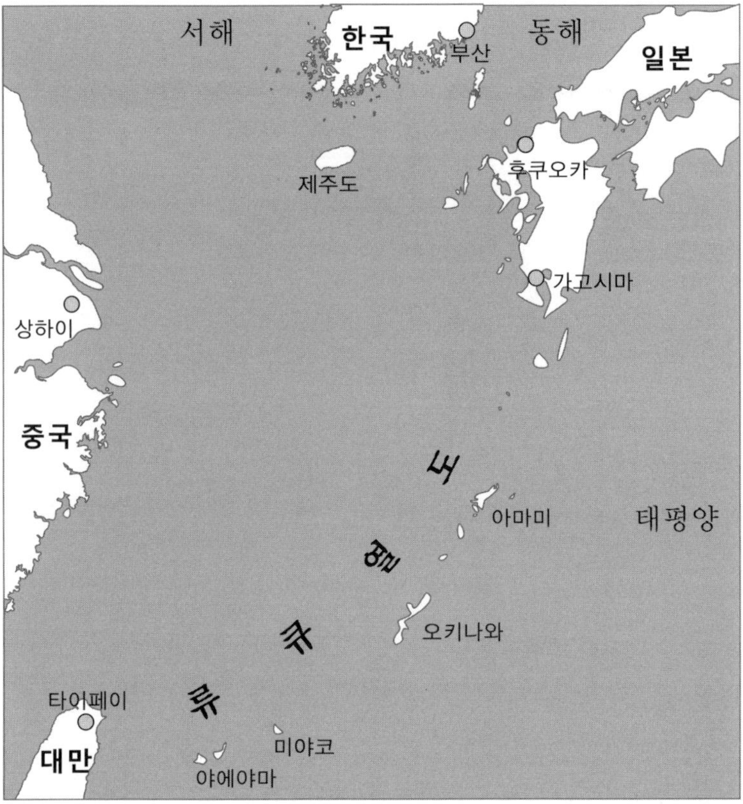

류큐열도.

잘 알려져 있듯이, 일본의 주변 지역으로의 영토 확장은 19세기 후반부터 본격적으로 이루어졌다. 에조치(蝦夷地, 1869년 일본에 편입된 이후 홋카이도로 개명) 병합은 그 첫 출발이었다. 일본은 15세기 이래 에조치 지역과 교역을 비롯한 다양한 교류 활동을 벌여왔다. 특히 도쿠가와 막부는 1604년 에조치 남부 지역에 마쓰마에번(松前藩)을 설치하여 마쓰마에 가문으로 하여금 이 지역을 관장하게 했고, 18세기 들어 러시아가 남하하자 1799년 에조치 동부 지역에 직할령을 설치, 이 지역에 대한 직할 통치를 실시했다.

류큐왕국 제이상왕통(第二尙王統) 초대왕 상엔왕(尙円王, 1415~1476).

러시아가 물러난 이후 막부는 1821년에 직할 통치를 종료하고 다시 간접 통치를 실시했으나, 러시아가 다시 남하하자 1855년 에조치 전역에 대한 직할 통치를 재실시했다.[15] 이 과정에서 일본과 러시아 양국 사이에 국경 설정을 둘러싼 분쟁이 발생하게 되었는데, 막부는 1853년 쿠릴열도의 에

15 최장근, 「러일 국경분쟁 발생과 아이누민족의 지위소멸과정에 관한 고찰: 아이누모시리를 둘러싼 러·일·아이누민족간의 정치역학관계」, 『일본어문학』, 제25집 5호(2003), 564~577쪽.

토로후(択捉島, Iturup) 섬에 대한 권리를 놓고 러시아와 교섭하는 와중에 에조치를 비롯한 이 지역 거주 아이누인이 '일본인'이라고 주장하면서 에토로후 섬뿐만 아니라 더 나아가 캄차카반도도 일본 영토라고 주장하기도 했다.[16] 일본과 러시아는 결국 1855년 '일로통교조약(日露通交條約)'을 맺어 에토로후 섬 이남을 일본령으로, 우르프(Urup) 섬 이북을 러시아령으로 하는 국경선을 확정했다. 이후 일본은 메이지유신 1년 뒤인 1869년 에조치를 홋카이도로 개명하여 일본 영토로 완전 편입했고, 뒤이어 1871년 '호적법' 공포[17]와 더불어 이 지역 거주 아이누인을 일본 호적에 평민으로 등록함으로써 법적으로 '일본인'화했다.[18] 이러한 조치에 뒤이어 일본 정부는 아이누인을 문화적으로 '일본인'으로 '문명화'하기 위해 다양한 동화 정책을 추진하는 한편, 아이누 전통 문화와 생활 방식을 말살하기 위해 1899년 '홋카이도 원주민 보호법(北海道旧土人保護法)'을 제정·시행했다.[19]

---

16 小熊英二,『日本人の境界』, 50~51쪽.

17 메이지 정부는 1871년 근대적 통치를 위한 기초 자료를 수집하고 일반 민중에 대한 통제를 강화하고자 '호적법'을 공포, 1872년부터 이를 일본 전역에서 시행했다. 이 법의 시행에 따라 일본에 거주하는 모든 사람은 '호주(戶主)'를 중심으로 '가(家)' 내에서 자신의 신분 관계와 기본적 인적 사항을 국가에 등록하게 되었다.

18 이러한 법적 조치에도 불구하고 아이누인에 대한 사회적 차별과 멸시는 일본 사회 내에 계속 남아 있었다. 특히 아이누인을 '사라져갈 열등한 인종(inferior dying race)'으로 보는 인종적 사고의 영향 아래, 아이누인들은 법적으로는 동등한 '일본인'이 되었지만 실질적으로는 '순혈' 일본인으로 이루어진 '일본 국민'의 범주에서 배제된 채로 남아 있을 수밖에 없었다. Richard Siddle, "Ainu: Japan's Indigenous People", Michael Weiner ed., *Japan's Minorities*(London: Routledge, 1997), 23~24쪽.

19 아이누인에 대한 보호를 명목으로 1899년 메이지 정부에 의해서 제정된 이 법률은 아이누인의 공통 토지를 수탈하고 수렵 민족인 아이누인의 농경민화를 강요했으며, 더 나아가 아이누 문화를 열등한 문화로 간주하여 일본 문화로 동화할 것을 강요했다. 小熊英二,『日本人の境界』, 53~54쪽과 68~69쪽 참고.

일본의 주변 지역으로의 확장은 남쪽에서도 비슷하게 이루어졌다. 메이지유신 이후 4년이 지난 1872년에 메이지 정부는 '류큐처분'을 통해 류큐왕국에 류큐번(琉球藩)을 설치했고, 그뒤 7년이 지난 1879년에 이를 오키나와현(沖縄縣)으로 개명하여 일본제국의 일부로 완전히 편입했다. 이와 함께 류큐 주민들을 일본 호적에 등록하여 법적으로 '일본인'으로 전환시켰다.[20] 그러나 이러한 편입 이전부터 메이지 정부는 '류큐인'을 '일본인'화하기 위한 다양한 조치들을 취하고 있었다. 실례로 1871년 대만에 표류한 류큐인들이 대만인에 의해 살해된 사건을 처리하기 위해 청국과 교섭하는 과정에서 메이지 정부는 류큐인에 대한 청의 관할권을 부정하며 류큐인은 일본 정부가 관할권을 가지는 '일본인'이라고 주장했고, 이 주장에 근거하여 '일본인' 피해에 대한 보복이라는 명목으로 1874년 봄 대만에 군대를 파견했다. 출병 두 달 후 메이지 정부는 류큐번에 대한 관할을 외무성에서 내무성으로 이전, 류큐가 일본의 일부라는 사실을 드러내고자 했다. 이에 청은 류큐가 청의 속국이기 때문에 류큐인에 대한 보호는 청의 관할이라고 주장하며 일본군의 철수를 요구했다. 평행선을 달리던 청·일 양국 사이의 교섭은 당시 북방에서 러시아와 국경 분쟁으로 위협을 느낀 청이 영국공사의 중재를 받아들여 일본에 소액의 배상금을 지불하고 대신 일본이 대만으로부터 군대를 철수함으로써 일단락되었다. 이 과정에서 일본은 양국 사이에 체결한 조관(條款)에 류큐인을 '일본국 속민(屬民)'으로 한다는 절을 삽입할 수 있었는데, 오구마에 의하면 이는 "류큐인이 '일본인'이라는 점, 즉 류큐가 일본령이라는 점을 청이 인정"한 것으로 해석될 수 있다.[21] 메이지 정부는 이후 몇 차례에 걸쳐 류큐가 일본의 일부분이라

20 小熊英二, 『日本人の境界』, 21~23쪽.

는 사실을 강조했다. 마침내 1879년 군대와 경찰을 동원하여 류큐왕국을 강제적으로 병합, 오키나와현으로 편입했으며, 류큐인을 법적으로 '일본인'화 했다. 류큐를 병합한 이후 일본 정부는 아이누인의 경우와 마찬가지로 류큐인을 문화적으로 '일본인'화하고 '일본'에 대한 충성심을 고양하기 위하여 일본식 교육제도를 도입하는 등 다양한 동화 정책을 실시했다.[22]

이후 법적인 측면에서 아이누인과 류큐인의 완전한 '일본인'화는 1899년 법률 제66호로 제정된 '국적법'이 홋카이도와 오키나와를 비롯한 일본 전역에 시행되어 이들이 일본 국적을 획득함으로써 완성되었다. 메이지 유신 이후 약 30여 년이 지난 1899년에 메이지 정부는 법적으로 누가 '일본 국민'인지 그리고 '일본 국적'을 취득하기 위한 절차는 무엇인지 명확히 하기 위해 부계혈통주의를 기본 원칙으로 하는 국적법을 제정·시행했다. 이 법 제1조~제4조는 (1) 출생 시 아버지가 일본인인 자 또는 출생 전에 사망한 아버지가 사망 시 일본인인 자, (2) 출생 전에 아버지가 이혼 등의 사유로 일본 국적을 상실한 경우라도 임신 당시 아버지가 일본인인 자, (3) 출생 시 아버지가 누구인지 알 수 없는 경우 또는 아버지가 국적이 없는 경우 어머니가 일본인인 자, (4) 일본에서 출생한 자 가운데 출생 시 부모가 누구인지 알 수 없거나 또는 부모 모두 국적이 없는 자는 출생과 함께 '일본인'이 된다고 규정하고 있다. 또한 이 법 제5조는 외국인이 (1) 일본 남성과 결혼하여 일본인의 처가 되는 경우, (2) 호주(戶主)인 일

---

21 小熊英二, 『日本人の境界』, 23~24쪽.

22 小熊英二, 『日本人の境界』, 35~39쪽. 이러한 동화 정책에도 불구하고 류큐인에 대한 사회적 차별은 사라지지 않았다. 박훈이 지적하듯이, 이러한 차별의 존재로서 류큐인들은 '일본인'이 되고자 하면 할수록 자신들이 여타 일본인과 다른 '오키나와인'이라는 사실을 자각하는 역설을 경험하게 되었다. 박훈, 「동화론과 오키나와 아이덴티티: 오타 초후(太田朝敷)의 동화주의를 중심으로」, 『사회와 역사』, 제73집(2007), 256쪽.

본 여성과 결혼하여 일본인의 남편이 되는 경우, (3) 일본인 아버지 또는 어머니가 인지하는 경우, (4) 일본인의 양자가 되는 경우, (5) 귀화할 경우 일본 국적을 취득할 수 있다고 규정하고 있다. 이 법 제7조는 또한 (1) 5년 이상 계속해서 일본에 주소를 가지고 있고, (2) 만 20세 이상으로서 본국법에 의해 능력이 있으며, (3) 품행 단정하고, (4) 독립적 생계를 유지하기에 충분한 자산과 기능을 가진, 그리고 (5) 일본 국적 취득과 함께 기존 국적을 상실하게 되는 외국인은 법무총재의 허가를 얻어 귀화할 수 있다고 규정하고 있다. 이 밖에도 이 법은 외국인의 귀화 요건과 절차, 귀화 등에 의해 일본 국적을 취득한 자의 권리 제한, 일본 국적 상실 요건 등에 대해 상세히 규정하고 있다.[23] 메이지 정부는 1899년 4월 1일 이 법을 아이누인과 오키나와인을 비롯한 일본의 모든 주민들에게 적용, 일본 국적을 부여함으로써 근대적 의미에서 '일본인'의 법적 경계를 명확히 설정했다.

한편, 청일전쟁(1894~1895)에서 승리한 일본은 1895년 청으로부터 대만을 할양받고, 이후 1899년 4월 1일 일본 국적법을 대만에 시행함으로써 대만인을 법적으로 '일본인'화했다. 그러나 대만인이 법적으로 '일본인'이 되었다고 해서 모든 면에서 일본인과 동일한 대우를 받았던 것은 아니다. 당시 일본 정부는 대만인을 '내지(內地) 일본인'과 구별하기 위해 다양한 제도를 유지하고 있었고, 교육이나 법 적용 측면에서도 대만인을 '내지 일본인'과 다르게 대했다. 실례로 일본은 대만인에게 일본 국적법을 적용했지만 일본 호적법 적용 대상에서는 제외했다. 대만에서 일본 정부는 대만 총독부의 율령에 근거한 별도의 호적 체계를 유지하고 있었다. 오구마에 의하면, 이러한 점에서 "대만은 일본의 국경선 내에 있지만 '내지'와는 법

---

23 大沼保昭,「出入国管理法制の成立過程 15」,『法律時報』, 51卷 7号(1979), 104~105쪽.

1943년 조선육군지원병제 실시 이후 전쟁에 끌려가는 장승포 청년들.

제적으로 구별되는 지역으로서의 독특한 지위"를 점하고 있었고, 대만인은 '일본인'이면서 동시에 '일본인'이 아닌, 즉 '내지 일본인'과는 다른 법적 지위를 가지는 '일본인'으로서의 위치를 점하고 있었다.[24]

1910년 한일병합 이후 일본은 해외 거주자를 비롯한 모든 조선인에게 대만인과 비슷한 법적 지위를 부여했다. 즉, 대외적인 필요에 따라 법적으로 조선인을 '일본인'으로 규정했지만, 동시에 다양한 제도를 통해 조선인을 '내지 일본인'과 구별하고자 했다. 조선인을 '내지 일본인'과 구별한 사례를 몇 가지 지적하자면, 첫째, 일본은 1910년 조선을 병합한 이후 실질적으로 조선인을 국적상 '일본인'으로 취급하면서도 공식적으로는 조선인에게 일본 국적법을 적용하지 않았다.[25] 일본은 또한 1910년 합병 이후 조

[24] 小熊英二, 『日本人の境界』, 70쪽.

선인에게 제국의회에서 제정한 내지 법체계가 아닌 조선총독부가 제정한 '조선민사령(朝鮮民事令)'·'조선형사령(朝鮮刑事令)'과 같은 별도의 법체계를 적용했고, 이 조치의 연장선에서 조선인에게 별도의 호적 체계를 적용했다.[26] 참정권 분야에서도 일제는 조선인을 '일본인'과 다르게 대했다. 일제는 조선에 선거법을 적용하지 않았고 따라서 조선 거주 조선인들은 선거권·피선거권을 향유할 수 없었다.[27] 병역 의무에서도 일제는 조선인을

---

25 정인섭에 따르면, 일본이 조선에 일본 국적법을 적용하지 않은 이유는 조선인이 다른 외국 국적을 취득함으로써 일본 관할에서 벗어나는 것을 막기 위해서이다. 당시 일본의 국적법 제20조는 "자기의 희망에 의해 외국 국적을 취득한 자는 (일본) 국적을 상실한다"라고 규정하고 있었는데, 만일 일본 국적법이 조선인에게도 적용된다면 일제는 외국 국적을 취득한 조선인 독립 운동가들에 대한 관할권 행사가 어렵게 될 형편이었다. 이에 일제는 외국 귀화 조선인을 확정적으로 외국인으로 취급하기보다는 이중국적 신분으로라도 계속 일본 신민으로 묶어두는 것이 통치 정책상 편리하다고 판단하여 조선에 국적법을 실시하지 않았고, 외국 국적 취득자도 계속 '일본인'으로 취급했다. 정인섭, 『재일교포의 법적지위』, 9쪽.

26 제국 시기 일본은 조선과 대만에서 '내지'의 호적 체계와는 다른 별도의 호적 체계를 유지하고 있었다. 조선의 경우 공식적으로 병합하기 이전인 1909년 3월 4일 통감부가 법률 제8호로 제정한 '민적법(民籍法)'에 근거하여 민적제도를 시행하다가, 1923년 7월 1일 '조선호적령(朝鮮戶籍令)' 공포와 함께 이를 호적제도로 대체했다.

27 일본은 1889년 '중의원 의원 선거법'을 제정하여 납세 등 일정한 조건을 갖춘 '일본인'에게 선거권을 부여했고, 1925년 '보통선거법'을 제정하여 일정한 결격 요건에 해당하지 않는 '내지' 거주 25세 이상의 모든 남자 제국 신민에게 선거권을 부여했다. 그러나 이 보통선거법은 '내지' 이외의 지역, 즉 대만과 조선에는 적용되지 않았다. 따라서 '내지' 출신 '일본인'이라 하더라도 조선 거주자는 선거권을 행사할 수 없었다. 반면 일본 거주 25세 이상의 조선인 남자들은 1925년 보통선거법 제정 이후 선거권과 피선거권을 향유할 수 있었다. 실례로 1932년 실시된 제국의회 선거의 경우 당시 투표권을 가진 조선인의 약 45퍼센트에 이르는 1만 6,170명의 조선인이 투표에 참여할 수 있었다. 뿐만 아니라 몇몇 조선인들은 의회 선거에 직접 출마하기도 했는데, 1929년에서 1943년까지 약 200여 명에 이르는 조선인들이 전국 선거와 지방 선거에 출마하여 그 가운데 32명은 실제 당선되었고, 특히 박춘금은 제국의회 의원으로 당선되기도 했다. Michael Weiner, *Race*

1927년 제정된 '병역법'의 적용 대상에서 제외함으로써 '내지 일본인'과 구별했다.[28] 이 밖에도 일제는 관직 임용, 귀족 임명 자격 요건, 학령 아동의 취학 의무 등에서도 조선인과 '내지 일본인'을 다르게 대했다.[29] 이러한 점에서, 오구마의 표현을 빌리자면, 조선인 또한 대만인과 마찬가지로 일본 제국 내에서 '일본인'이면서 '일본인'이 아닌, 즉 '내지 일본인'과는 다른 '일본인'으로서의 지위를 차지하고 있었다.[30]

이상에서 살펴본 바와 같이, 일본은 19세기 후반 이후 주변 지역으로 영토를 확장하면서 아이누인·류큐인·대만인·조선인을 법적으로 새로이 '일본인'의 범주에 편입시켰다. 그리고 이러한 편입은 제국 시기 건국 신화상의 이른바 '신무(神武) 동정(東征)의 성지(聖旨)'라는 '팔굉위우(八紘爲宇)' 사상과 천황제 가족주의 사상을 결합한 '팔굉일우(八紘一宇)' 사상에 의해 정당화되었다. 이 사상에 따르면, 초대 천황 진무 이래 일본의 목표는 대동아 내지는 전 세계를 하나로 묶어 커다란 '가족국가'를 형성하고 더 나아가 전 인류를 자식과 형제로 받아들여 이들을 행복하게 만드는 것

---

and Migration in Imperial Japan(London: Routledge, 1994), 148~150쪽.

28 일본인의 일반 병역의무는, 메이지 헌법 제 20조가 "일본 신민은 법률이 정한 바에 따라 병역 의무를 갖는다"고 규정하고 이에 따라 1889년 개정 '징병령'이 실시됨으로써 시작되었다. 일본 정부는 이후 1927년 '병역법'을 제정, 이를 대체했다. 그러나 일본 정부는 합병 이후에도 거주지와 관계없이 대만인과 조선인에 대해서는 병역법을 적용하지 않았다. 즉, 징병 검사 대상자를 일본 호적법 적용자로 제한함으로써 조선 호적과 대만 호적에 적을 가진 조선인과 대만인을 병역 의무 대상자에서 제외한 것이다. 정인섭에 따르면, 일제가 이처럼 대만인과 조선인을 병역 의무 대상자에서 제외한 이유는 이들에게 군사 지식을 교육하고 무기를 공급하여 병력으로 양성하는 것이 식민 지배에 잠재적인 위험 요소가 될 것이라는 우려 때문이었다. 정인섭, 『재일교포의 법적지위』, 17~18쪽.

29 大沼保昭, 『在日韓国朝鮮人の国籍と人権』(東京: 東信堂, 2004), 184~185쪽.

30 小熊英二, 『日本人の境界』, 166쪽.

이다.[31] 당시 일본의 보수 지배층은 이 사상에 근거하여 새로 편입한 아이누인·류큐인·대만인·조선인 등을 일본이라는 거대한 가족국가의 '양자'로 받아들여야 한다고 주장하면서, 이들을 법적으로 '일본인'의 범주에 편입하는 것을 정당화했다.[32]

그러나 이처럼 법적으로 '일본인'의 범주에 포함시켰다고 해서 일본 정부가 이들을 다른 일본인들과 모든 면에서 동일하게 대우한 것은 아니다. 아이누인의 경우 '홋카이도 원주민 보호법'에 근거하여 상이한 교육제도를 적용했으며, 류큐인에게도 본토와는 다른 교육제도를 적용했다. 뿐만 아니라 참정권과 병역 의무 분야에서도 이들을 여타의 '일본인'과 다르게 대우했다.[33] 류큐에 참정권이 부여된 것은 1919년의 일이며, 대만과 조선에 참정권이 부여된 것은 1945년의 일이다.[34] 병역 의무의 경우 류큐에 징병제가 실시된 것은 일본에 편입된 지 20년이 지난 1899년의 일이며, 조

---

31 정창석, 「현대 천황제 사상」, 460~461쪽.

32 실례로 1918년 당시 제국교육회 이사로 있던 오오시마 마사노리(大島正德)는 '국체론'에 대한 강연에서 다음과 같이 밝히며 '조선인'을 일본 제국의 '양자'로 받아들여야 한다고 주장했다. 그는 말하기를, "물론 저들(조선인)이 우리와 동일 민족이라고는 할 수 없지만 우리나라 본래의 국가 가족 내에 저들도 양자처럼 받아들여 정신적으로 가족 취급을 하는 것이 우리 국체를 확대하는 것"이라고 했다. 오구마 에이지(小熊英二), 『単一民族神話の起源: 〈日本人〉の自画像の系譜』(東京: 新曜社, 1995) / 조현설 옮김, 『일본 단일민족신화의 기원』(서울: 소명출판, 2003), 196~198쪽 참고.

33 小熊英二, 『日本人の境界』, 4쪽.

34 조선과 대만에 거주하는 조선인 대만인이 참정권을 누릴 수 있게 된 것은 1945년 4월 1일 '중의원 의원 선거법'과 '귀족원령' 개정에 의해서이다. 이 법률에 따르면, 조선과 대만에 거주하는 25세 이상의 최소 15엔의 직접세를 낸 모든 조선인 남성과 대만인 남성들은 중의원 대표자 선거에 투표할 수 있다. 그러나 제2차 세계대전 패전으로 실제 선거는 이루어지지 못했다. 후지타니 다카시, 박선경 옮김, 「죽일 권리와 살릴 권리: 2차 대전 동안 미국인으로 살았던 일본인과 일본인으로 살았던 조선인」, 『아세아연구』, 제51권 2호, 2008, 23쪽.

선인과 대만인이 육군에 지원할 수 있게 된 것은 각각 1938년과 1942년의 일이다. 해군특별지원병제는 1943년부터 대만과 조선에서 실시되었고, 제2차 세계대전 상황이 악화된 1944년에야 조선인과 대만인에 대한 전면적인 징병제가 실시되었다.

특히 일본은 호적 제도에 근거하여 대만인과 조선인을 여타의 '일본인'과 구별하고자 했다. 제국 시기 일본은 일본 본토와 대만 그리고 조선에 각각 별도의 호적 제계를 유지하고 있었다. 이에 아이누인과 류큐인을 포함한 '내지 일본인'은 출생과 동시에 일본 호적에 등록해야 했고, 조선인과 대만인은 각각 조선 호적과 대만 호적에 등록해야 했다. 그리고 일본 호적, 조선 호적, 대만 호적 안에서의 전적(轉籍)은 자유로이 허용되었으나, 일본 호적에서 조선 호적으로 또는 대만 호적으로, 그 반대로 조선 호적이나 대만 호적에서 일본 호적으로의 전적은 혼인·입양·인지 등의 특별한 경우를 제외하고는 허용되지 않았다. 또한 조선인이나 대만인은 일본으로 분가할 수 없었고, 일본인도 조선이나 대만 내에서 분가나 일가 창립을 할 수 없었다. 본적은 일본 호적이나 조선 호적 또는 대만 호적 가운데 어느 한 곳에만 둘 수 있었으며, 신분 행위로 인해 타 호적으로 본적을 옮기는 것은 곧 그의 법률상 신분이 조선인·대만인 또는 일본인에서 새로운 신분으로 변경됨을 의미했다. 혈통상 순수한 일본인이라도 조선 호적에 편입되면 법률상 조선인이 되었고, 그 반대도 마찬가지였다.[35] 일제는 이처럼 일본·대만·조선에 분리된 호적 체계를 유지함으로써 대만인과 조선인을 한편으로는 '일본인'화 하면서도 동시에 이들을 여타 '일본인'과 제도적으로 구별하고자 했다. 오구마의 표현을 빌리자면, 일본은 '대외적'인

[35] 정인섭, 『재일교포의 법적지위』, 12~13쪽.

필요로 인해 대만인과 조선인을 법률상 '일본인'으로 포함했지만 동시에 호적 제도를 통해 '국내적'으로는 '일본인'의 범주에서 배제하고자 했다.[36]

3. 제2차 세계대전 종전과 '일본인'의 경계

1945년 8월 15일 제2차 세계대전 종전과 함께 메이지 시기 이래 유지되어온 천황 중심 가족국가론은 공식적으로 해체되었다. 특히 조선과 대만을 비롯한 기존 식민지들이 일본 제국으로부터 분리됨에 따라 조선인과 대만인을 일본이라는 거대한 가족국가의 구성원으로 간주하던 전전의 가족국가론은 더 이상 유지될 수 없게 되었다.[37] 그러나 천황 중심 가족국가론에서 유래한 혈연 이데올로기는 전후 일본 사회에 계속 남아 '일본인'의 경계를 설정하는 데 중요한 역할을 했다. 이 절에서는 전전의 천황 중심 가족국가론에서 유래한 보수주의적 혈연 이데올로기가 전후 '일본인'의 경계를 설정하는 데 법적·제도적으로 어떻게 표상되고 있는지 살펴보도록 하겠다.

잘 알려져 있듯이, 제2차 세계대전 종전과 함께 조선과 대만을 비롯한 기존 식민지들이 일본 제국으로부터 분리되고 오키나와가 연합군 점령 아래 놓이게 됨에 따라 일본은 '일본인'의 경계를 재설정해야 하는 문제에 직면하게 되었다. 특히 전후에 '고향'으로 돌아가지 못하고 일본에 계속 남아 있던 재일 조선인과 재일 대만인을 일본인의 범주에 포함시킬 것인

---

36 小熊英二, 『日本人の境界』, 155쪽.

37 오구마 에이지, 조현설 옮김, 『일본 단일민족신화의 기원』, 434~435쪽.

가 말 것인가의 문제는 당시 전후 처리 문제와 맞물려 일본이 해결해야 할 시급한 과제로 등장했다.[38] 우선 이 문제에 대한 점령 당국의 입장부터 살펴보도록 하자.

1945년 8월 15일 일본의 무조건 항복에 따라 일본에 진주한 연합군은 카이로 선언과 이를 수용한 포츠담 선언이 조선의 독립과 대만의 중국 반환을 예정하고 있었기 때문에 재일 조선인과 재일 대만인이 단순한 패전 일본의 신민이 아니라는 사실을 인식하고 있었다.[39] 그러나 점령 기간

---

38 제2차 세계대전 종전 이후 일본에는 일자리를 찾아 일본으로 이주하거나 태평양전쟁 시기 강제 동원된 약 200만 명의 조선인과 약 2만 8,000명의 대만인이 거주하고 있었다. 이들 대부분은 전쟁 종료와 함께 고향으로 돌아갔지만, 약 60만 명의 조선인과 약 1만 4,000명의 대만인은 다양한 이유로 본국으로 돌아가지 않고 일본에 좀더 남아 있기로 결정했다. 특히 연합군 사령부 당국이 '금, 은, 유가 증권 등의 수출입을 통제하기 위하여' 귀국 시 본국으로 가져갈 수 있는 재산을 '담배 몇 보루를 겨우 살 수 있을 정도'의 1,000엔 이하로 제한했기 때문에 태평양전쟁 이전 일본으로 이주하여 일본에서 생활 터전을 잡고 있던 많은 사람들이 본국으로 돌아가지 않고 일본에 좀더 남아 있기로 결정한 것이다. 이들은 대부분 상황이 개선되면 본국으로 돌아갈 의사를 가지고 있었다. 실례로, 연합군 사령부 지시에 따라 1946년 3월 18일까지 일본 정부에 조선인으로 등록한 64만 7,006명 가운데 약 80퍼센트에 달하는 51만 4,060명이 본국으로 돌아갈 의사를 표명했다. 그러나 당시 한반도의 정치경제적 상황이 해방 이후의 혼란과 남북 분단으로, 중국의 경우도 국공내전으로 혼란스런 상황이 계속됨에 따라 이들의 '체류(sojourn)'는 점점 '영주(permanent settlement)'로 변화하게 되었다. 종전 이후 일본에 남아 있던 이들을 어떻게 처리할 것인지의 문제는 당시 전후 처리 문제와 맞물려 점령 당국과 일본 정부에 중요한 문제로 등장했다. 종전 이후 재일 조선인과 재일 대만인이 처한 상황에 대해서는 Changsoo Lee, "The Period of Repatriation 1945~1949", Changsoo Lee and George De Vos eds., *Koreans in Japan: Ethnic Conflict and Accommodation*(Berkeley: University of California Press, 1981), 59쪽과 Bumsoo Kim, "Bringing Class Back In: The Changing Basis of Inequality and the Korean Minority in Japan", *Ethnic and Racial Studies*, Vol. 31, No. 5, 876쪽 참고. 또한 종전 이후 재일 조선인 관련 통계에 대해서는 外務省, 『数字から見た在日本朝鮮人』, 外務省調査月報, 1券 9号(東京: 外務省, 1960), 6쪽 참고.

39 大沼保昭, 「出入国管理法制の成立過程 1」, 『法律時報』, 50巻 4号, 1978, 94쪽.

해방을 맞아 고향으로 돌아가는 귀국선에서 손을 흔들고 있는 조선인들.

중 그들을 법적으로 어떻게 처리할 것인가에 대해서는 사전에 분명한 방침 설정이 없었던 듯 보인다. 1945년 11월 1일 연합국 최고사령관(SCAP)이 공포한 「일본 점령 및 관리를 위한 연합국 최고사령관에 대한 항복 후 초기 기본 지령」의 제8절 d에 따르면, "귀관은 대만계 중국인 및 조선인을 군사상 안전이 허용하는 한 해방 민족(liberated nationals)으로 취급하지만 그들이 과거 일본제국의 신민(Japanese subjects)이었기 때문에 필요한 경우 적국민(enemy nationals)으로", 즉 '일본인'로 처우할 것이라고 밝히고 있다.[40] 이는 군사상 안전이 허용하는 한 재일 조선인과 재일 대만인을 '일본인'이 아닌 '해방 민족'으로, 즉 '비일본인(非日本人)'으로 처우하겠지만 안보의 관점

[40] 大沼保昭, 「出入国管理法制の成立過程 1」, 95쪽.

에서 필요한 경우 계속 '일본인'으로 처우하겠다는 입장의 표명이었다.[41]

한편, 연합군 사령부가 1946년 2월 17일 공포한 「조선인, 중국인, 류큐인 및 대만인의 등록에 관한 총사령부 각서」는 일본 거주 조선인·대만인·중국인·류큐인에게 1946년 3월 18일까지 일본 정부에 등록할 것을 명함으로써 재일 조선인과 재일 대만인은 물론 더 나아가 류큐인을 사실상 '비일본인'으로 간주한다는 방침을 천명했다.[42] 반면 1946년 5월 21일자 SCAP 문서는 "자유의사로 일본에 잔류하고 현행 본국 송환 절차에 따른 조선으로의 귀환을 거부하는 재일 조선인은 처우의 목적상 정식으로 수립된 조선 정부가 해당 개인을 조선 국민으로 승인할 때까지는 일단(presumptively) 일본 국적을 보지하는 것으로 간주된다"고 밝히고 있으며, 본국으로의 송환을 거부하는 대만인에 대해서도 중국 정부가 "중국 국민으로 승인할 때까지 일단 일본 국적을 보지하는 것으로 간주된다"고 밝히고 있다.[43]

이처럼 연합국 사령부의 입장이 모호한 상황에서 일본 정부는 영토주권 변경과 그에 따른 주민의 최종적 국적 변동은 평화조약에 의한다는 전통 국제법 이론에 근거, 아직 평화조약이 체결되지 않았다는 이유로 재일 조선인과 재일 대만인의 법적 지위를 공식적으로는 제국 시기와 마찬가지로 '일본인'으로 유지하고자 했다.[44] 이러한 입장에서 재일 조선인의 국적에 관한 1949년 1월 26일 민사갑(民事甲) 144호 민사국장 회답에서는 "일

---

41 Bumsoo Kim, "From Exclusion to Inclusion?: The Legal Treatment of 'Foreigners' in Contemporary Japan", *Immigratns and Minorities*, Vol. 24, No. 1, 56쪽.

42 大沼保昭, 「出入国管理法制の成立過程 2」, 『法律時報』, 50巻 5号, 1978, 78쪽.

43 大沼保昭, 「出入国管理法制の成立過程 3」, 『法律時報』, 50巻 6号, 1978, 148쪽.

44 大沼保昭, 『在日韓国朝鮮人の国籍と人権』, 228쪽.

본 국내에 거주하는 조선인은 의연 일본 국적을 갖는 것으로 해석해야 한다.… 조선인에 대하여는 (일본 국적으로의) 귀화 문제가 생기지 않는다"고 명시했다.[45] 1950년 4월 새로운 국적법 제정을 위한 국회 심의 과정에서도 일본 정부 측은 "조선인의 국적 문제도 종국적으로 강화조약에 의하여 결정될 것이지만, 그때까지는 일본 국적을 갖는 것으로 해석하고 있다"고 설명하는 등 평화조약 발효 시까지 재일 조선인의 국적은 '일본'이라는 입장을 견지했다.[46] 오누마(大沼)에 의하면, 일본 정부가 이처럼 재일 조선인과 재일 대만인을 계속 '일본인'으로 처우한 가장 중요한 원인은 이들을 '외국인'으로 처우할 경우 이들에 대한 사법권과 경찰권 행사가 어려워져 치안 유지에 곤란이 발생할 것을 우려했기 때문이다.[47]

일본 정부는 이처럼 치안 유지에 도움이 된다는 이유로 재일 조선인과 재일 대만인을 '일본인'으로 처우하면서도, 동시에 참정권과 사회보장 분야에서는 사실상 이들을 '외국인'으로 처우함으로써 이들의 권리를 제한하기 시작했다. 실례로 1945년 12월 17일 공포·시행된 '중의원 의원선거법', 1947년 2월 24일 공포·시행된 '참의원 의원선거법', 1947년 4월 17일 공포·시행된 '지방자치법'은 각각 부칙에서 "호적법의 적용을 받지 않는 자의 선거권과 피선거권은 당분간 정지"한다고 명시함으로써 '조선호적령'의 적용 대상이었던 재일 조선인과 '대만호적령'의 적용 대상이었던 재일 대만인의 선거권과 피선거권을 박탈했다. 일본 정부는 또한 연합국 사령부의 요청에 따라 1947년 5월 2일 공포한 '외국인등록령' 제11조에서 "대만인 중 내무대신이 정한 자와 조선인은 본 칙령의 적용에 관하여는

45 大沼保昭, 「出入国管理法制の成立過程 12」, 『法律時報』, 51巻 3号, 1979, 128쪽.

46 정인섭, 『재일교포의 법적지위』, 33~34쪽.

47 大沼保昭, 「出入国管理法制の成立過程 4」, 『法律時報』, 50巻 7号, 117쪽.

당분간 외국인으로 본다"고 명시함으로써 재일 조선인과 재일 대만인을 '외국인'으로 처우한다는 입장을 명백히 했다.[48]

한편, 일본 정부는 1950년 5월 4일 메이지 시기 제정된 국적법을 대체하기 위하여 새로운 국적법을 공포, 같은 해 7월 1일부터 시행에 들어갔다.[49] 이 법은 기존 국적법과 마찬가지로 부계혈통주의를 기본 원칙으로 하면서도 동시에 기존 국적법 조항 가운데 새로 시행된 신헌법의 개인 존엄성 존중, 양성 평등, 국적 이탈의 자유 보장 원칙에 저촉되는 남성 우위 부부 일체성 및 가족 일체성 규정 조항, 국적 이탈을 제한하는 조항 등을 폐지했다.[50] 법 개정 당시 정부 일각에서는 국적법 개정이 강화조약 체결에 따른 국적 변동이 완료된 이후 이루어져야 한다는 주장도 나왔으나, 국가의 기본법인 국적법이 헌법에 위배되는 상태가 계속되어서는 안 된다는 의견에 밀려 결국 1950년 3월 개정안이 통과되었다. 이 법 제2조는 출생에 의한 국적 취득을 (1) 출생 시 아버지가 일본 국민인 경우, (2) 출생 전에 사망한 아버지가 사망 시 일본 국민인 경우, (3) 아버지가 누구인지 알 수 없거나 아버지의 국적이 없고 어머니가 일본 국민인 경우, (4) 일본에

---

48 大沼保昭, 「出入国管理法制の成立過程 7」, 『法律時報』, 50巻 10号, 140쪽.

49 이후 이 국적법은 국적 관련 업무를 담당하는 정부 부서 이름이 법무부(法務府)에서 법무성(法務省)으로, 그리고 주무 장관의 명칭이 법무총재(法務總裁)에서 법무대신(法務大臣)으로 변경됨에 따라 이러한 변경을 반영하기 위해 1952년 8월 1일 일부 개정되었다.

50 실례로 메이지 국적법은 결혼한 여성은 남편의 국적을 따른다는 전제 아래 일본인 남성과 결혼한 외국인 여성은 결혼과 동시에 기존 국적을 상실하고 일본 국적을 취득하는 것으로, 그리고 외국인 남성과 결혼한 일본인 여성은 결혼과 동시에 일본 국적을 상실하는 것으로 규정했다. 그러나 새로 제정된 국적법은 일본인 남성과 결혼한 외국인 여성과 외국인 남성과 결혼한 일본인 여성 모두 자신이 원할 경우 기존 국적을 계속 유지할 수 있도록 조치했다.

서 출생하고 출생 시 부모가 누구인지 알 수 없거나 또는 부모 모두 국적이 없는 경우로 명시하고 있다. 또한 이 법 제3조와 제4조는 외국인에 대해 (1) 일본에 계속하여 5년 이상 주소를 가지고 있고, (2) 20세 이상으로서 본국 법에 의해 능력이 있고, (3) 소행이 선량하고, (4) 독립의 생계를 영위하기에 충분한 자산 또는 기능을 가지고 있고, (5) 국적이 없거나 일본 국적 취득에 의해 기존 국적을 상실하고, (6) 일본국 헌법과 헌법에 의해 성립된 정부를 폭력으로 파괴할 것을 기획·주장하거나 또는 이를 기획하고 주장하는 정당이나 단체를 결성하거나 또는 이러한 단체에 가입한 경우가 없을 때 법무총재의 허가를 얻어 일본 국적을 취득할 수 있다고 명시하고 있다. 이처럼 출생과 귀화에 의한 일본 국적 취득을 명시하고 있는 이 법은 '전쟁에 수반하는 국적 변동은 강화조약에 의해 결정된다'는 전통적 국제법 이론을 전제로 제정되었기 때문에 재일 조선인과 재일 대만인의 국적에 대해 특별히 언급하지 않았으며, 이들이 형식상 일본 국적을 계속 보지하는 것으로 간주했다.[51]

일본 정부는 이후 1952년 4월 28일 샌프란시스코 대일평화조약 발효와 함께 재일 조선인과 재일 대만인의 일본 국적을 일방적으로 박탈함으로써 이들을 법적으로 '일본인'의 범주에서 배제하는 것을 분명히 했다. 1951년 9월 8일 서명한 샌프란시스코 대일평화조약 제2조 a항과 b항은 각각 "일본은 조선의 독립을 승인하고… 조선에 대한 모든 권리, 권한 및 청구권을 포기한다", "일본은 대만에 대한 모든 권리, 권한 및 청구권을 포기한다"라고 명시할 뿐 재일 조선인과 재일 대만인의 국적 문제에 관해서 명확하게 언급하지 않아 평화조약 발효와 함께 재일 조선인과 재일 대만

[51] 大沼保昭, 「出入国管理法制の成立過程 4」, 102~104쪽.

인의 국적을 어떻게 결정할 것인가가 1952년 들어 시급한 문제로 등장하게 되었다. 이에 일본 정부는 발효일을 9일 앞둔 1952년 4월 19일 민사갑(民事甲) 438호 민사국장 통달「평화조약에 따른 조선인, 대만인 등에 관한 국적 및 호적 사무 처리에 관하여」에서 다음과 같이 재일 조선인과 재일 대만인의 일본 국적 박탈을 명시했다. 이 통달의 내용은 다음과 같다.

(1) 조선과 대만이 조약 발효일로부터 일본국 영토에서 분리됨에 따라 조선인 및 대만인은 내지에 재주하는 자를 포함하여 모두 일본 국적을 상실한다.
(2) 또한 조선인 또는 대만인이었던 자라도 조약 발효 전에 내지인과 결혼, 연조(縁組, 입양 등을 통해 양자·양녀 등으로 관계를 맺는 일) 등의 신분 행위에 의해 내지 호적에 입적해야 할 사유가 생긴 자는 내지인이며 조약 발효 후에는 어떠한 절차도 필요 없이 계속 일본 국적을 보유한다.
(3) 또한 내지인이었던 자라도 조약 발효 전에 조선인 또는 대만인과 양자연조(養子縁組) 등의 신분 행위에 의하여 내지 호적으로부터 제적되어야 할 사유가 발생한 자는 조선인, 대만인이며 조약 발효와 함께 일본 국적을 상실한다.
(4) 생략.
(5) 조약 발효 후에 조선인 및 대만인이 일본 국적을 취득하기 위해서는 일반 외국인과 마찬가지로 국적법 규정에 의하여 귀화 수속을 밟는 것이 필요하다.[52]

이 조치에 따라 일제 시기 조선과 대만에 본적을 두고 있었던, 즉 '내지' 호적법의 적용 대상이 아니었던 재일 조선인과 재일 대만인은 자신들

52 大沼保昭,『在日韓国朝鮮人の国籍と人権』, 33~34쪽에서 재인용.

의 의사와 상관없이 일방적으로 '일본인'에서 '외국인'으로 법적 신분이 바뀌게 되었다. 특히 재일 조선인의 경우는, 중화민국 국적을 획득한 재일 대만인과 달리 당시 일본이 남북한 어디와도 공식적 외교 관계를 맺고 있지 않았기 때문에 사실상 어떤 국가로부터도 법적 보호를 받을 수 없는 '무국적자(stateless people)'가 되었다.[53] 재일 조선인이 국적을 가질 수 있게 된 것은 1965년 한·일 국교 정상화 이후부터이다.[54] 여기서 한 가지 주목할 점은 당시 일본 정부가 '일본인'의 범주를 새롭게 설정하고 재일 조선인과 재일 대만인의 국적을 결정하는 과정에서 혈통주의 원칙에 근거한 국적법과 더불어 메이지 시기부터 유지되어온 남성 중심의 호적 제도를 '일본인'의 판별 기준으로 사용했다는 점이다. 즉, 기본적으로 혈통주의 원칙에 입각하여 일본 국적을 부여하면서도 동시에 위의 통달 (2)항과 (3)항에 따라 혈통상 조선인으로 출생한 여성도 결혼을 통해 일본인 남편의 호적에 입적될 사유가 발생한 자는 일본 국적을 유지할 수 있도록 했으며, 반면 혈통상 일본인으로 출생한 여성도 조선 남성 또는 대만 남성과 혼인함으

53 '무국적자(stateless people)'에 대한 논의는 Hannah Arendt, *The Origins of Totalitarianism*(San Diego: Harcourt, 1976), 269쪽 참고.

54 1965년 한·일 국교 정상화로 한일 양국 사이의 외교 관계가 정상화됨에 따라 약 35만 명의 재일 조선인이 대한민국 국적을 회복함과 동시에 일본에서의 영주권을 보장받게 되었다. 그러나 이 조치에도 불구하고 약 25만 명의 총련계 재일 조선인들은 북한을 지지하며 대한민국 국적 취득을 거부, 1981년 출입국관리령 개정으로 '특별영주권'이 허가되기 전까지 영주권이 없는 상태로 살아야 했다. 현재까지 약 7만여 명의 재일 조선인이 대한민국 국적 취득을 거부하고 외국인등록증의 국적란에 '조선'을 유지한 채 일본에 거주하고 있는 것으로 알려져 있다(일본 정부는 공식적으로 '조선적'을 유지하고 있는 외국인의 숫자가 몇 명인지 밝히고 있지 않다). 일본 정부는 이들을 공식적으로는 북한 주민으로 인정하지 않지만 비공식적으로는 북한 주민으로 대우하고 있다. 한편, 북한은 이들을 북한 주민으로 인정하여 북한 여권을 발급하고 있다. Bumsoo Kim, "From Exclusion to Inclusion?", 61쪽.

로써 남편의 호적(즉, 조선 호적이나 대만 호적)에 입적될 사유가 발생한 자는 일본 국적을 상실하도록 조치했다. 남성의 경우 원칙상 결혼에 의한 전적이 이루어지지 않았기 때문에 이 조항은 남성에게는 해당 사항이 없었다. 이 밖에 입양이나 인지 등을 통해 자신의 호적이 일본 호적에서 조선 호적 또는 대만 호적으로, 그 반대로 조선 호적이나 대만 호적에서 일본 호적으로 옮겨질 사유가 발생한 사람도 자신의 호적에 따라 국적이 결정되었다.

일본 정부가 이처럼 혈통주의 원칙과 호적 제도에 근거하여 재일 조선인과 재일 대만인의 일본 국적을 박탈한 반면, 19세기 말 일본에 편입된 이래 내지 호적법의 적용 대상이었던 아이누인에 대해서는 일관되게 '일본인'으로 처우하는 입장을 견지했다. 연합군 사령부 또한 일본의 무조건적 항복을 요구한 포츠담 선언이 홋카이도를 일본의 주권 영역에 포함된 것으로 명확히 했기 때문에 아이누인을 계속 '일본인'으로 처우하고자 했고, 아이누인 자신들도 '일본인'으로서의 지위를 계속 유지하고자 했다. 1947년 봄, 홋카이도와 동북부를 관할하던 연합군 사령부의 J. M. 스윙(Swing) 소장이 홋카이도 아이누협회 간부들에게 일본으로부터 독립할 의사가 있는지 물었을 때 이들 간부들은 "우리들은 일본인입니다. 특수한 인종이 아닙니다. 따라서 독립할 생각이 전혀없습니다"라고 대답했다.[55] 이러한 상황에서 당시 아이누인을 계속 '일본인'의 범주에 포함시키는 것에 대해서는 특별한 논란의 여지가 없었다.

반면 류큐인의 경우는 냉전의 시작과 함께 문제가 복잡하게 되었다. 일본의 무조건적 항복을 요구한 포츠담 선언은 일본의 주권을 '혼슈(本州), 홋카이도, 규슈, 시코쿠(四國)의 섬들과 부속 도서(minor islands)'로 제한했고,

---

55 小熊英二,『日本人の境界』, 461쪽.

제2차 세계대전 중 *New York World Telegram*에 실린 풍자화. 오키나와의 전략적 중요성을 강조하고 있다.

일본 주요 섬의 부속 도서가 아닌 오키나와에 대해서는 특별한 언급을 하지 않았다. 따라서 류큐인의 운명이 어떻게 될 것인가 하는 문제는 전후 처리 과정에서 결정되어야 할 과제로 남아 있었다.[56] 종전 이후 일본 정부는 류큐인이 '일본인'이라는 입장을 견지하면서도 패전으로 주권을 상실한 상황이었기 때문에 이 문제에 대해 주도적인 목소리를 내기보다는 연합국의 처분을 기다리는 형편이었다. 반면 연합국 측은 이 문제에 대해 통일된 입장을 가지고 있지 못했다. 실례로 1943년 11월 열린 미·영·중 삼국의 카이로 회담에서 중국은 오키나와에 대한 미국과 중국의 공동점령과 국제기관에 의한 신탁통치를 주장했으나, 1945년 6월 오키나와 전투에서 승리한 미국은 오키나와를 단독 점령했다. 이후 연합군 사령부가 1946년 1월 29일 공포한 「약간의 외곽 지역을 일본으로부터 통치상 행정상 분리하는 것에 관한 총사령부 각서」는 일본으로부터 오키나와를 분리할 계획을 명시했다.[57] 한편, 연합군 총사령관 맥아더는 1947년 "오키나와인은 일본인이 아니기 때문에 미국의 오키나와 점령에 반대할 것은 없을 것이다"라고 발언하며 류큐인이 '일본인'이 아니라는 인식을 드러내기도 했다.[58]

이러한 와중에 냉전의 시작과 중국에서의 공산당 승리는 워싱턴 정책 결정자들과 연합군 사령부로 하여금 오키나와의 전략적 가치를 일깨우게 해주었으며, 미국은 점차 오키나와에 대한 단독 점령을 유지하는 것이 미국의 군사적 필요에 필수적이라고 인식하게 되었다.[59] 미국은 결국 오키나와를 단독 점령하기로 결정했고, 1951년 체결된 샌프란시스코 평화조

---

56 Koji Taira, "Troubled National Identity: The Ryukyuans/Okinawans", Michael Weiner ed., *Japan's Minorities*(London: Routledge, 1997), 157~158쪽.

57 小熊英二, 『日本人の境界』, 461~462쪽; 大沼保昭, 「出入国管理法制の成立過程 1」, 95~96쪽.

58 小熊英二, 『日本人の境界』, 467쪽.

59 小熊英二, 『日本人の境界』, 467쪽; Koji Taira, "Troubled National Identity", 158쪽.

약 제3조는 미국이 류큐열도와 오가사와라제도(小笠原諸島), 주변 수역, 그리고 그 거주민들에 대한 "행정, 입법, 사법의 모든 권력을 행사할 수 있는 권리를 가진다"고 명문화했다. 이후 오키나와는 1972년 5월 15일 일본으로 반환되기 전까지 미국을 유일한 '시정권자(施政權者)'로 하는 미군정 통치 아래 놓이게 되었고, 오키나와 거주 주민들은 '미국인'도 아니고 '일본인'도 아닌 매우 특이한 법적 지위를 갖게 되었다. 즉, 이들은 실질적으로 미국의 주권 아래 있으면서도 미국 헌법의 보호를 받는 미국인이 아니었으며, 또한 명목상 국적은 '일본인'이지만 그렇다고 일본 헌법의 보호를 받는 '일본인'도 아니었다. 이들은 일본 국민으로서 참정권을 행사할 수 없었고, 일본으로의 호적 이동이나 도항 등에서 미군정으로부터 제한을 받았다.[60] 당시 오키나와 주민들이 일본을 방문할 때 일종의 여권으로 사용한 '도항증'은 '류큐열도 거주자'라는 '기괴한 법적 신분'으로 이들을 분류하고 있었다.[61]

이처럼 오키나와 거주 류큐인의 법적 신분이 모호한 상태로 남아 있던 반면, 일본 본토 거주 류큐인들의 법적 신분은 '일본인'으로 계속 유지되었다. 당시 일본 정부는 '잔존주권(殘存主權, residual sovereignty)' 또는 '잠재주권(潛在主權)' 개념에 근거하여, 미국이 비록 오키나와에 대한 행정·입법·사법권을 행사할 시정권을 가지고 있지만 그 밖의 나머지 주권은 일본에 있다고 주장하며 일본 본토에 거주하는 류큐인은 물론 오키나와 출신 유학생과 본토를 잠시 방문하러 온 오키나와 주민들도 모두 완전한 '일본인'으로 대우했다. 특히 본토에 주재하는 류큐인은 다른 일본인과 마찬가

---

60 小熊英二,『日本人の境界』, 480쪽.

61 최현,「근대국가와 시티즌십: 오키나와인의 사례」,『지방사와 지방문화』, 제10권 제1호(2007), 74~75쪽.

지로 선거권은 물론 피선거권 행사도 가능했다.[62]

4. 전후시기 '일본인'의 경계

제2차 세계대전 종전 이후 '일본인'의 경계를 재설정하는 문제에 직면하여 일본은 과거 메이지시대 이래 유지되어온 혈통주의 원칙과 호적 제도를 근거로 '일본인'의 경계를 재설정했다. 즉, 부계혈통주의에 입각한 국적법을 제정·시행하는 동시에 19세기 이후 일본에 병합된 홋카이도·오키나와·대만·조선 출신자들 가운데 '내지' 호적에 편입된 아이누인과 류큐인은 '일본인'으로 포함하는 반면 조선 호적과 대만 호적에 본적을 유지하고 있던 재일 조선인과 재일 대만인은 '일본인'의 범주에서 배제함으로써 '일본인'의 경계를 재설정했다. 이러한 경계 설정 방식은 샌프란시스코 강화조약 발효 이후 지금까지 큰 틀에서 유지되고 있지만, 오키나와 반환(1972), 국적법 개정(1984)을 거치며 약간의 변화를 겪었다. 이 절에서는 연합군 점령 시기 설정된 '일본인'의 경계가 이후 어떠한 변화를 겪었는지 몇 가지 사례를 중심으로 살펴보고자 한다.

우선 오키나와의 일본 반환에 따른 변화부터 살펴보자. 위에서 언급한 바와 같이, 샌프란시스코 강화조약 발효 이후 오키나와가 미군의 시정권 아래 놓이게 되면서 오키나와 주민들은 실질적으로는 미국의 주권 아래 있으면서도 명목상 국적은 '일본인'인 매우 특이한 법적 지위를 갖게 되었다. 이러한 상태에서 오키나와 주민들의 기본권과 정치적·경제적 권

62 小熊英二,『日本人の境界』, 477~478쪽; Koji Taira, "Troubled National Identity", 158쪽.

1967년 11월 21일 오키나와 반환을 합의한 후 백악관에서 악수를 나누는 미국의 닉슨 대통령과 일본의 사토 에이사쿠 수상.

리를 제한하는 조치가 미군정 당국에 의해 계속 취해지자 오키나와 주민들은 미군정에 강한 반감을 갖게 되었으며, 이는 일본으로의 복귀를 요청하는 주민 운동으로 이어지게 되었다.[63] 1950년대와 1960년대를 거치며 이 운동은 더욱 거세어졌고 일본 내에서도 오키나와의 일본 복귀를 요구하는

[63] 小熊英二, 『日本人の境界』, 502~513쪽; 실례로 미군정 당국은 포령 144호를 발포하여 공산주의를 막는다는 이유에서 언론·출판·결사의 자유를 제한하고 오키나와 주민들의 대중 운동과 정치 활동을 억압했다. 심지어는 '복귀 운동'에 적극적인 좌파 인민당 간부를 변호사도 없이 즉결 군사 재판에 회부하여 투옥한 경우도 있었고, 정치적 반대자들을 포령 144호에 따라 합법적으로 납치·고문하기도 했다. 미군정 당국은 또한 미군 기지 설치를 위해 이에야마·이사하마 등지에서 농민들의 토지를 강제 수용하고 이들이 사는 집을 파괴하는 등 기본적 재산권을 침해하기도 했다. 뿐만 아니라 미군정 당국은 일본 본토에서 귀환하고자 하는 오키나와인들의 입역을 통제하고 오키나와 주민들이 미군정 허가 없이 본토를 방문하는 것을 금지하는 등 다양한 방식으로 오키나와 주민들의 기본권을 제약했다. 이러한 조치들은 모두 오키나와 주민들 사이에 미군정에 대한 반감을 높이고 복귀 운동에 대한 지지를 확산시키는 계기가 되었다. 최현, 「근대국가와 시티즌십」, 77~81쪽.

목소리가 점차 커져갔다. 뿐만 아니라 미국 국내에서도 통치 비용 부담을 이유로 일본에 오키나와를 반환해야 한다는 의견이 의회를 중심으로 널리 개진되기 시작했다. 당시 오키나와에 대한 미국의 일차적 이해는 오키나와에 위치한 미군 기지를 유지하고 사용하는 것이었던 만큼, 이 문제만 해결된다면 미국으로서는 오키나와의 일본 반환을 반대할 이유가 없었다. 결국 미·일 양국은 협상을 통해 1971년 6월 "일본이 류큐열도와 다이토제도(大東諸島) 그리고 그 거주민에 대한 모든 행정, 입법, 사법권 행사에 대한 전적인 책임과 권한을 가진다"는 내용의 반환협정에 조인했고, 뒤이어 1972년 5월 15일 이 협정에 따라 오키나와가 일본에 반환되었다.[64] 이 조치로 오키나와에 대한 일본의 주권이 완전히 회복되었고, 오키나와 주민들은 법적으로 다시 완전한 '일본인'이 되었다.

한편, 일본 정부는 제2차 세계대전 이후 중국 만주 지역에 남겨진 일본인 '잔류 고아'[65] 문제가 1970년대 중반 이후 사회적 이슈로 등장하자 이들을 '일본 국민'으로 받아들이기로 결정, 일본 국적을 부여하고 새로이 '일본인'의 범주에 포함시켰다. 잘 알려져 있듯이, 일제는 1932년 만주국 수립 이후 만주 지역에 대한 식민지화를 강화하기 위하여 수많은 일본인들의 만주 이주를 장려했다. 이 결과 1945년에 이르러 만주에는 약 150만 명 이상의 일본인들이 거주하고 있었다. 이들 대부분은 1945년 8월 15일 일본의 제2차 세계대전 패전 이후 일본으로 되돌아왔으나 약 1만여 명 이상의 일본인들, 특히 나이 어린 아이들이 가족과 헤어지거나 고아가 된 채 본국으로 귀국하지 못하고 만주에 남게 되었다.[66] 이처럼 제2차 세계대전

---

[64] Koji Taira, "Troubled National Identity", 161~163쪽.

[65] 1972년 중·일 관계가 정상화된 이후 일본인 부모와 가족들이 '중국 잔류 일본인 고아 찾기'를 내걸고 혈육을 찾아 나섰기 때문에 '잔류 고아'라는 이름이 붙게 되었다.

이후 만주에 남아 있던 일본인 '잔류 고아'들은 대부분 중국인 가정에 입양되어 중국 국적을 취득하거나, 또는 여자의 경우 중국인 남성과 결혼하여 중국 국적을 취득, 이후 오랜 세월 동안 '중국인'으로 살아가야 했다. 이들의 존재는 전쟁 이후 한동안 일본에서 잊혀졌으나, 중·일 관계가 정상화된 1972년 이후 언론을 통해 서서히 그 존재가 다시 알려지기 시작했다. 이후 이들의 '본국' 송환을 요구하는 목소리가 일본 국내에서 높아짐에 따라 일본 정부는 중국 정부의 도움을 얻어 1981년부터 이들의 '귀국'을 본격적으로 추진하기 시작했다. 이 결과 2005년 말 현재 약 6,300명에 달하는 '잔류 고아'들이 일본으로 영주 귀국할 수 있었으며, 이 밖에 2만 명 이상의 동반 가족이 일본을 방문할 수 있었다. 일본 정부는 이들 가운데 일본 구호적에 기록이 남아 있고 또 본인이 원할 경우 일본 국적을 부여, 법적으로 완전한 '일본인'으로 받아들였다.[67]

일본 정부는 이처럼 오키나와 주민과 중국에서 돌아온 '잔류 고아'를 새로 '일본인'의 범주에 포함하는 한편 '재일 한국조선인'을 비롯한 재일 외국인에 대한 '배제'를 계속했다.[68] 특히 매우 까다로운 귀화 제도를 유지

---

66 大場かをり, 橋本進 編, 『母と子でみる中国残留日本人孤児』(東京: 草の根出版会, 1986), 66쪽.

67 그러나 일본에 정착한 '잔류 고아'들은 문화적 차이와 경제적 어려움 등으로 인해 일본에서 힘겨운 생활을 계속하고 있다. 특히 대부분의 '잔류 고아'들이 일본어에 능숙하지 못해 일상생활에서 많은 어려움을 겪고 있다. 일본 정부는 일본으로 귀국한 '잔류 고아'들에게 임시 거처와 일본어 교육 그리고 약간의 연금을 제공하고 있다. '잔류 고아' 문제에 대해서는 한영혜, 「일본의 다문화공생 담론과 아이덴티티 재구축」, 『사회와 역사』, 제71집, 2006, 164쪽; Mariko Asano Tamanoi, "Japanese War Orphans and the Challenges of Repatriation in Post-Colonial East Asia", *Japan Focus*(August 13, 2006); Rowena Ward, "Left Behind: Japan's Wartime Defeat and the Stranded Women of Manchukuo", *Japan Focus*(March 9, 2007) 참고.

함으로써 재일 한국조선인을 비롯한 일본 거주 외국인이 귀화를 통해 법적으로 '일본인'이 되는 것을 최대한 억제하고자 했다. 실례로 일본 정부

68 이하에서는 제2차 세계대전 이후 조선으로 돌아가지 못하고 일본에 계속 남아 있던 '재일 조선인'과 그들의 후손을 일컫는 용어로 '재일 한국조선인'이라는 명칭을 사용하고자 한다. 이는 이들 가운데 일부가 1950년 이후 외국인 등록 서류상의 '국적'란에 '조선' 대신 '한국'을 국적으로 기입한 사실을 반영한 것이다. 1947년 외국인등록 제도가 일본에 처음 도입되었을 당시 일본 거주 조선인들은 '조선'을 자신들의 국적으로 하여 외국인 등록 수속을 밟았다. 그러나 1948년 한반도 남쪽에 대한민국(한국으로 약칭)이, 북쪽에 조선민주주의인민공화국이 수립된 이후 대한민국을 지지하는 재일 조선인들은 외국인 등록 서류상의 국적란에 표시된 국적을 '조선'에서 '한국'으로 바꾸어달라고 일본 정부에 요청했다. 반면 조선민주주의인민공화국을 지지하는 재일 조선인들은 자신들의 국적을 '조선'으로 계속 유지하기를 원했다. 결국 일본 정부는 1950년 대한민국을 지지하는 재일 조선인들에게 본인이 원할 경우 외국인 등록 서류상의 국적란에 '조선' 대신 '한국'을 기입할 수 있도록 허락했다. 이러한 조치는 당시 일본과 대한민국, 일본과 조선민주주의인민공화국 사이에 공식적 외교 관계가 없었기 때문에 재일 조선인의 법적 지위에 실질적 변화를 가져온 것은 아니었다. 다만, 대한민국을 지지하는 재일 조선인들에게 외국인등록증 상의 국적이 '조선'에서 '한국'으로 변화했다는 상징적 의미만을 가질 뿐이었다. 일본 정부는 당시 외국인 등록 서류상의 국적란에 적힌 '조선'과 '한국'이라는 명칭이 법적으로 의미 있는 국적을 지칭하는 것이 아니라 단지 외국인 등록 업무를 위한 행정적 구분에 지나지 않는다는 입장을 유지했다. 일본 정부는 1965년 '한·일 국교 정상화' 이후에야 '한국'을 공식적 국적으로 인정했고, 외국인 등록 서류의 국적란에 '한국'으로 기입한 사람들을 공식적으로 '재일 한국인'으로 인정하기 시작했다. 이후 재일 조선인의 상당수가 대한민국 국적을 취득하고 외국인 등록 서류에 '한국'을 국적으로 기입했으나 일부는 아직까지 자신의 외국인 등록 서류상에 '조선적(朝鮮籍)'을 유지하고 있다. 현재 약 5~7만 명에 이르는 사람들이 '조선적'을 유지하고 있는 것으로 추정된다(일본 정부는 공식적 숫자를 밝히지 않고 있다). 이들은 현재 일본에서 자신들의 의도에 상관없이 비공식적으로 조선민주주의인민공화국 국적자, 즉 북한 국적자로 대우받고 있다. 북한 또한 이들을 북한의 국민으로 인정하고 있으며, 이들이 원할 경우 북한 여권을 발급해주고 있다. 그러나 아직까지 외국인 등록증 상에 '조선적'을 유지하고 있는 사람 가운데 일부는 자신들이 북한을 지지하기 때문에 '조선적'을 유지하고 있는 것이 아니라 조국의 분단을 인정하지 않기 때문에 '한국'으로 국적을 바꾸지 않고 '조선적'을 유지하고 있을 뿐이라고 주장하며 북한 국적자로 대우받는 것에 대해 반발하고 있다. 일본 정부는 공식적으로는 아직까지 외국인 등록 서류상의 '조선'이 국적을

는 국적법 제4조의 귀화 조건 가운데 '소행이 선량'해야 한다는 3항의 조건을 자의적으로 해석함으로써 외국인의 일본 국적 취득을 최대한 억제하고자 했다.[69] 언론 보도에 의하면, 귀화 관련 업무를 담당하는 공무원들은 위의 3항을 근거로 주차 위반 기록이 있거나 교통 범칙금 체납 기록이 있는 외국인의 귀화를 거부하기도 했고, 귀화 신청자의 식생활, 사생활, 정치적 성향, 주변 사람들로부터의 평판을 조사하여 문제가 있다고 판단하는 경우 자의적으로 귀화를 거부하기도 했다.[70] 이와 더불어 일본 정부는 법률적 절차는 아니지만 행정적 편의를 위해, 즉 외국식 이름이 일본 호적에 기입될 수 없다는 이유로 귀화 신청자들로 하여금 일본식 이름으로 개명할 것을 요구했고, 이를 거부할 경우 신청자가 '일본인이 될 의사가 부족하다'고 판단, 귀화를 허락하지 않았다. 일본 거주 외국인의 다수를 차지하는 재일 한국조선인들은 이러한 요구가 일제가 1930년대와 1940년대에 시행한 '창씨개명' 정책의 연장이라고 주장하며 많은 경우 아예 귀화 신청 자체를 포기하기도 했다.[71] 또한 귀화할 경우 가족 전체가 함께 귀화하도

의미하는 것이 아니라 외국인 등록 업무를 위한 행정적 범주에 지나지 않는다고 주장한다. *Japan Times*, "Neither South, North, Nor Japan: Korean Resident Writers Mull Allegiance"(27 December 2002); *Japan Times*, "Japan's Enemy Within: The Shrinking North Korean Community Feels It is under Siege"(25 January 2005).

69 '소행이 선량할 것'이라는 조항은 그동안 자의적 해석의 여지가 너무 많아 인권 단체로부터 여러 차례 폐지를 권고 받았으나, 2008년 최종 개정된 일본 국적법은 이 조항을 여전히 유지하고 있다.

70 *Japan Times*, "Koreans Weigh Merits of Gaining Japanese Citizenship"(21 April 2001); 金英達, 『在日朝鮮人の歸化』(東京: 明石書店, 1990), 78~79쪽, 222~223쪽.

71 *Japan Times*, "Foreigners Face Long Slog to Japanese Citizenship"(20 April 2001); Seigo Hirowatari, *Foreigners and the 'Foreigners Question' under Japanese Law*, Institute of Social Science Occasional Papers in Law and Society(Tokyo: University of Tokyo, 1994), 5쪽.

록 한 행정 지침은 민족적 반감 등을 이유로 귀화에 대한 거부감이 큰 재일 한국조선인 1세를 부모로 둔 2세와 3세들의 귀화를 어렵게 만들었다.[72]

재일 한국조선인을 비롯한 외국인에 대한 배제는 일본이 1979년 유엔 인권규약을 비준하고 이후 다양한 인권 관련 국제협약에 가입하면서 점차 개선되기 시작했다.[73] 특히 1980년 가입한, 여성에 대한 모든 차별을 금지한 유엔여성차별철폐조약의 의회 비준을 얼마 앞둔 1984년에 일본 정부는 기존 국적법 및 호적법의 여성 차별 조항을 일부 개정하는 개정법을 공포(1984년 5월 25일), 일본 국적 취득을 좀더 용이하게 했다. 개정 전 국적법 제2조는 부계혈통주의를 채택하여 외국인 아버지와 일본인 어머니 사이에 태어난 아이는 출생에 의한 일본 국적 취득이 불가능했다. 새로 개정된 국적법 제2조는 이러한 남녀 차별적 요소를 제거하기 위하여 부모양계혈통주의를 채택, 출생에 의한 일본 국적 취득을 (1) 출생 시 아버지 또는 어머니가 일본 국민인 경우, (2) 출생 전 사망한 아버지 또는 어머니가 일본 국민인 경우, (3) 일본에서 출생하고 출생 시 부모가 누구인지 알 수 없거나 또는 부모 모두 국적이 없는 경우로 확대하여 부모 중 한 사람만 일본 국적을 가지고 있어도 출생에 의한 일본 국적 취득이 가능하도록 조치했다. 이에 따라 법률 시행일인 1985년 1월 1일부터 외국인 아버지와 일본인 어머니 사이에서 태어난 자도 출생에 의해 일본 국적을 취득, 법적으로 '일본인'이 될 수 있었다.

또한 제2조 개정에 따른 경과조치로 개정법 시행 이전(1985년 1월 1일 이

[72] Chikako Kashiwazaki, "Citizenship in Japan: Legal Practice and Contemporary Development", T. A. Aleinikoff and D. Klusmeyer eds., *From Migrants to Citizens*(Washington, D. C.: Carnegie Endowment for International Peace, 2000), 443쪽.

[73] Bumsoo Kim, "From Exclusion to Inclusion?", 63~66쪽.

전)에 외국인 아버지와 일본인 어머니 사이에서 태어난 자 가운데 미성년자(즉, 1965년 1월 1일부터 1984년 12월 31일 사이에 태어난 자)에 대해서는 개정법 시행일 이후 출생한 자와의 균형을 맞추기 위하여 개정법 시행일로부터 3년 이내에 법부대신에 대한 신고만으로 일본 국적을 취득할 수 있도록 조치했다(개정법 부칙 5조). 이 경과조치에 따라 대한민국 국적 또는 '조선적' 아버지와 일본인 어머니 사이에서 태어나 대한민국 국적 또는 '조선적'을 가지고 있던 1만 5,621명의 '외국인'이 법무대신에 대한 신고만으로 새로 일본 국적을 취득, 법적으로 '일본인'이 될 수 있었다.[74] 또한 오키나와 주둔 미군 아버지와 일본인 어머니 사이에서 태어나 법률적 문제로 '무국적자'로 남아 있던 약 80여 명의 사람들도 이 경과조치에 따라 일본 국적을 취득, 새로 '일본인'이 될 수 있었다.[75]

일본 정부는 또한 국적법을 개정하면서 기존의 호적법 일부를 개정, 외국인과 결혼한 일본 여성이 자녀를 자신의 호적에 올릴 수 있도록 조치했다. 기존 호적법에서는 일본인 아버지와 외국인 어머니 사이에서 태어난 자는 아버지의 일본 국적을 계승하고 아버지의 호적에 입적되었지만, 외국인 아버지와 일본인 어머니 사이에서 태어난 자는 일본 국적이 없기 때문에 일본 호적에 입적될 수 없는 상황이었다. 그러나 국적법 개정으로 외국인 아버지와 일본인 어머니 사이에서 태어난 자도 일본 국적을 취득할 수 있게 됨에 따라 이들의 호적과 성(姓)을 어떻게 처리할 것인가의 문제가 발생하게 되었다. 이 문제를 해결하기 위해 일본 정부는 외국인과 결혼한 일본 여성이 결혼과 함께 부모의 호적에서 분리되어 자신의 독자적

---

74 Yasunori Fukuoka, *Lives of Young Koreans in Japan*(Melbourne: Trans Pacific Press, 2000), 37쪽.

75 김경득, 「일본 국적법 및 호적법 개정과 재일한국인」, 『가족법 연구』, 제2호, 1988, 74~75쪽.

호적을 가질 수 있도록 조치했고(기존의 호적법에서는 외국인과 결혼한 일본 여성은 호적에 결혼 사실을 기재는 하지만 부모의 호적에 그대로 남아 있어야 했다), 자녀를 자신의 호적에 입적할 수 있도록 조치했다. 이에 따라 외국인 아버지와 일본인 어머니 사이에서 태어난 자도 출생과 함께 일본 국적을 취득하여 어머니의 호적에 입적 가능하게 되었다. 일본 정부는 또한 외국인과 결혼한 일본 여성이 결혼 후 6개월 이내에 변경 신청을 하는 것만으로 호적상 자신의 성을 배우자의 성으로 바꿀 수 있도록 조치했다. 이전에는 성을 바꾸고자 하면 '불가피한 이유'가 있음을 입증하여 가정법원의 허가를 받아야 했으며, 외국인과의 결혼에 의한 성의 변경은 사실상 쉽지 않았다. 그러나 호적법 개정에 의해 배우자나 부모의 외국 성을 사용하는 것이 원칙적으로 인정되었다. 이에 따라 외국인 아버지와 일본인 어머니 사이에서 태어난 자가 일단 어머니 호적에 들어간 후 성씨 변경을 통해 외국인 아버지의 성을 가질 수 있게 되었다.[76]

이러한 호적법 개정과 더불어 귀화 시 외국식 이름이 호적에 기입될 수 없다는 이유로 일본식 이름으로 바꿀 것을 요구하던 기존의 행정 관행이 공식적으로 폐지되었다.[77] 이에 따라 그동안 이름 변경 문제 때문에 귀화를 꺼려하던 재일 한국조선인들의 귀화가 더욱 증가하게 되었다. 〈표 1〉은 지난 1952년부터 2005년 사이 약 30만 명의 재일 한국조선인이 귀화를 통해 일본 국적을 취득, 법적으로 '일본인'이 되었음을 보여주고 있다. 〈표 2〉는 또한 지난 10년 동안 매년 약 1만 5,000명 정도의 외국인이 귀화를 통해 일본 국적을 취득, 법적으로 '일본인'이 되었음을 보여주고 있다.

76 한영혜, 「일본의 다문화공생 담론과 아이덴티티 재구축」, 169~170쪽.

77 Bumsoo Kim, "From Exclusion to Inclusion?", 65쪽.

〈표 1〉 재일 한국조선인 귀화자 수(1952~2005)

연도	명	연도	명	연도	명	연도	명	연도	명
1952	232	1963	3,558	1974	3,973	1985	5,040	1996	9,898
1953	1,326	1964	4,632	1975	6,323	1986	5,110	1997	9,678
1954	2,435	1965	3,438	1976	3,951	1987	4,882	1998	9,561
1955	2,434	1966	3,816	1977	4,261	1988	4,595	1999	10,059
1956	2,290	1967	3,391	1978	5,362	1989	4,759	2000	9,842
1957	2,737	1968	3,194	1979	4,701	1990	5,216	2001	10,295
1958	2,246	1969	1,889	1980	5,987	1991	5,665	2002	9,188
1959	2,737	1970	4,646	1981	6,829	1992	7,244	2003	11,778
1960	3,763	1971	2,874	1982	6,521	1993	7,697	2004	11,031
1961	2,710	1972	4,983	1983	5,532	1994	8,244	2005	9,689
1962	3,222	1973	5,769	1984	4,608	1995	10,327	계	296,168

출처: 민단, '재일동포통계', http://www.mindan.org/kr/shokai07.htm#22(검색일 2009년 1월 5일)

일본의 국적법 개정은 이후 1993년·2004년·2008년 세 차례 더 이루어졌다. 특히 2008년 개정은 출생 당시 부모가 결혼 상태이거나, 혼외 자녀의 경우 출생 전에 아버지로부터 인지가 있어야 한다는 기존 국적 취득 조건을 개정, 결혼을 하지 않은 일본인 아버지와 외국인 어머니 사이에서 태어난 자도 출생 이전은 물론 출생 이후에도 일본인 아버지의 인지에 의해 일본 국적 취득이 가능하도록 조치했다.[78] 이 개정은 2008년 6월 4일 최고재판소가 결혼하지 않은 일본인 아버지와 필리핀 어머니 사이에서 태어난 자에 대하여 결혼을 하지 않았다는 이유로 일본 국적을 인정하지 않은 것은 '불합리한 차별로서 위헌'이라고 결정함에 따라 이루어졌다. 일본 정부

[78] 모자 관계는 출산에 의해 증명되기 때문에 기존 국적법 하에서도 일본인 어머니와 외국인 아버지 사이에서 태어난 자는 별다른 조치 없이 일본 국적 취득이 가능했다.

〈표 2〉 과거 10년간 귀화 허가 신청자 수, 귀화 허가자 수 등 추이(단위: 명)

연도	귀화 허가 신청자 수	귀화 허가자 수				불허가자 수
		합계	한국·조선	중국	기타	
1998	17,486	14,779	9,561	4,637	581	108
1999	17,067	16,120	10,059	5,335	726	202
2000	14,936	15,812	9,842	5,245	725	215
2001	13,442	15,291	10,295	4,377	619	130
2002	13,344	14,339	9,188	4,442	709	107
2003	15,666	17,633	11,778	4,722	1,133	150
2004	16,790	16,336	11,031	4,122	1,183	148
2005	14,666	15,251	9,689	4,427	1,135	166
2006	15,340	14,108	8,531	4,347	1,230	255
2007	16,107	14,680	8,546	4,740	1,394	260
계	138,737	139,669	89,974	41,654	8,041	1,481

출처: 法務省, 「帰化許可申請者数等の推移」, http://www.moj.go.jp/TOUKEI/t_minj03.html(검색일 2009년 1월 5일)

는 이 판결 이후 결혼하지 않은 일본인 남성과 필리핀 여성 사이에서 태어나 출생 이후 일본인 아버지로부터 인지받았다는 이유로 일본 국적 취득이 거부된 10명의 필리핀 국적 어린이에게 일본 국적을 부여, 법적으로 '일본인'이 될 수 있도록 조치했다.[79]

이 밖에 전후 시기 '일본인' 경계 설정과 관련한 중요한 사례로 20세기 초·중반 해외로 이민 간 일본인의 후손인 '닛케이진(日系人)' 2세와 3세들이 호적 기록을 근거로 일본 국적을 회복, 법적으로 '일본인'이 된 경우

[79] *Japan Times*, "Bar to Kids' Citizenship Ruled Illegal: Supreme Court Opens Door to Unwed Foreign Moms' Children"(5 June 2008); *Japan Times*, "Revised Law Removes Barriers to Nationality"(6 December 2008).

를 지적할 수 있다.[80] 가장 대표적인 사례로는 후지모리(Alberto Fujimori) 전 페루 대통령의 경우를 들 수 있다. 후지모리 전 페루 대통령은 1930년대 페루로 이민 간 일본인 부모에게서 태어난 닛케이진 2세이다. 1938년 그가 페루에서 태어날 당시 그의 부모가 리마의 일본 영사관에 출생신고를 해 부모의 출생지인 구마모토(熊本)에 호적 기록이 남아 있다는 이유로, 재임 당시의 부정과 인권 유린에 대한 재판을 피해 2000년 11월 일본에 입국했을 때 일본 국적을 회복하여 강제 추방되지 않고 일본에 장기 체류할 수 있었다.[81] 당시 일본 정부는 후지모리 전 페루 대통령의 기록이 호적에 남

---

80 '닛케이진'은 일본에서 다른 나라로 이민 간 일본인 및 그 후손들을 일컫는 일반적 용어이지만, 최근에는 주로 1910년대에서 1960년대 사이에 남미로 이민 간 일본인의 후손으로서 1980년대 이후 일본에 되돌아와 거주하고 있는 브라질·페루 등 남미 출신자들을 일컫는 말로 쓰이고 있다. 잘 알려져 있듯이, 일본의 중소 영세기업들은 1980년대 후반 버블 경제 하에서 젊은이들이 '3K' 노동, 즉 '위험(危険, kiken)'하고 '고되고(きつい, kitsui)', '더러운(汚い, kitanai)' 노동을 기피하면서 노동력 부족에 직면하게 되자 이를 타개하기 위한 방안으로 해외로 이민 간 일본인들을 불러들이기 시작했다. 초기에는 주로 브라질·페루 등 남미 지역으로 이민 간 일본인 가운데 일본 국적을 보유하고 있는 사람들을 대상으로 했다. 그러나 이들만으로는 수요를 충당할 수 없게 되자 점차 일본 국적이 없는 닛케이진 2세와 3세로 그 대상을 확대, 이들을 단기체제용 비자로 일본에 입국시킨 후 곧 매년 갱신 가능한 친족방문 비자로 바꾸어 채용하는 방식을 사용했다. 이후 일본에서 취로 활동을 하는 닛케이진의 숫자가 증가하게 되자 일본 정부는 1990년 이들의 체재를 합법화하기 위하여 '출입국관리 및 난민인정법'을 개정, 닛케이진 2세는 물론 3세와 이들의 배우자에게도 '정주자' 신분을 부여하고 이들이 합법적으로 일본에서 일할 수 있도록 조치했다. 이 조치 이후 일본에 입국하는 닛케이진의 숫자가 급증하여 브라질 국적 닛케이진의 경우 1989년 그 수가 2만 9,241명이었으나 1990년에는 6만 7,303명, 1991년 9만 6,337명으로 늘어났다. 2007년 말 현재 일본에 거주하는 닛케이진의 수는 브라질 국적자 31만 6,967명과 페루 국적자 5만 9,696명을 포함하여 40만 명 이상으로 추정되고 있다. 한영혜, 「일본의 다문화공생 담론과 아이덴티티 재구축」, 166~167쪽; 法務省, 『平成20年版出入国管理』(東京: 法務省, 2008), 19쪽.

81 1899년 제정된 메이지 국적법 제20조 2항은 외국에서 태어나 외국 국적을 취득한 일본인은 일본 국적을 '유보(留保)'하겠다는 의사를 표시하지 않으면 출생 시점으로 거슬러

아 있고 부모 또는 본인이 일본 국적 포기 절차를 밟지 않았기 때문에 일본 국적을 회복하겠다는 의사 표시만으로 일본 국적을 회복할 수 있다고 발표하고 그의 일본 국적을 회복시켜주었다.[82]

5. 다문화 시대 '일본인'의 경계

지금까지 전전의 가족국가론에서 유래한 보수주의적 혈연 이데올로기가 전후 '일본인'의 '경계'를 설정하는 데 어떻게 표상되고 있는지 법적·제도적 측면을 중심으로 살펴보았다. 앞에서 언급한 바와 같이, 메이지 정부는 1899년 3월 16일 부계혈통주의를 기본 원칙으로 하는 국적법을 공포, 같은 해 4월 1일 이 법을 새로 병합한 홋카이도·오키나와·대만을 비롯한 일본 전역에 시행하면서 아이누인·류큐인·대만인을 포함한 모든 일본 주민을 법적으로 '일본인'으로 전환시켰다. 그리고 1910년 조선 병합과 함께 조선인을 법적으로 '일본인'의 범주에 포함시켰다. 제국 시기 이러한 편입은 가족국가론의 관점에서 일본이 아이누인·류큐인·대만인·조선인을 '양자'로 받아들여 키운다는 논리로 정당화되었다.

올라가 일본 국적을 상실한다고 규정하고 있다. 1950년 제정된 신국적법 제9조 또한 동일한 내용을 규정하고 있다. 이 조항에 근거하여 일본 정부는 1985년 이전에 외국에서 태어난 자 가운데 일본 호적에 기록이 남아 있고 일본 국적을 유보하겠다고 의사를 표시한 사람에 대해서는 본인이 원할 경우 의사 표시만으로 일본 국적을 회복할 수 있도록 조치했다. 그러나 1984년 개정된 국적법은 이중국적을 방지하기 위하여 '국적선택조항'을 도입, 외국서 태어난 자가 일본 국적을 택하지 않을 경우 자동적으로 일본 국적을 상실하는 것으로 규정했다.

82 『동아일보』, 「후지모리 일본국적 확인. 구마모토에 호적 남아」(2000년 11월 29일); 『세계일보』, 「일 정부, 후지모리 처리문제 고심」(2000년 11월 29일).

그러나 제국 시기 설정된 이러한 '일본인'의 경계는 1945년 제2차 세계대전 종결과 함께 더 이상 유지될 수 없게 되었다. 제2차 세계대전 이후 조선과 대만을 비롯한 기존 식민지가 일본으로부터 분리됨에 따라 일본은 다시 한번 '일본인'의 범주에 누구를 포함할 것인지 그리고 누구를 배제할 것인지 고민하지 않을 수 없게 되었다. 이 문제에 직면하여 일본은 메이지 시기 이래 내려온 혈통주의를 기본 원칙으로 하는 국적법과 남성 중심의 호적 제도에 근거하여 '일본인'의 경계를 재설정했다. 즉, 1950년 부계혈통주의를 기본 원칙으로 하는 국적법을 제정·시행하는 한편, 메이지시대 이래 유지되어온 남성 중심의 호적 제도에 근거하여 제국 시기 일본 호적법의 적용 대상이었던 류큐인(오키나와인)과 아이누인, 그리고 일본인과 결혼하여 내지 호적에 편입된 대만과 조선 출신 여성들, 입양 등에 의해 내지 호적에 편입된 자들을 '일본인'으로 포함하고, 일본 호적법의 적용 대상이 아니었던 조선인과 대만인, 그리고 결혼·입양 등으로 내지 호적에서 제적된 일본인을 '일본인'의 범주에서 배제함으로써 '일본인'의 경계를 재설정했다.

이처럼 혈통주의 원칙과 호적 제도에 근거하여 설정된 '일본인'의 경계는 전후 시기 큰 틀에서 유지되었으나, 오키나와 반환과 국적법 개정 등을 거치며 약간의 변화를 겪었다. 즉, 오키나와 반환(1972)과 함께 오키나와 주민들이 다시 한번 법적으로 완전한 '일본인'으로 편입되었고, 중·일 관계 정상화 이후 일본으로 귀국한 중국 '잔류 고아'들 가운데 일본의 구 호적에 기록이 남아 있던 사람들이 일본 국적을 회복, 새로이 '일본인'의 범주에 포함되었다. 또한 1984년 국적법 개정과 함께 부모양계혈통주의가 채택되어 외국인 아버지와 일본인 어머니 사이에서 태어난 자가 출생과 함께 일본 호적에 입적하여 일본 국적을 취득함으로써 법적으로 '일본인'이 될 수 있었으며, 2008년 국적법 개정으로 결혼하지 않은 일본인 아버지와 외국인 어머니 사이에서 태어난 자가 출생 이전 또는 이후 일본인 아버지의 인지에 의해 일본 국적을 취득할 수 있게 되었다. 이 밖에 약 30만 명의 재일 한국조선인을 비롯한 수십만의 외국인이 귀화를 통해 일본 호적에 적을 가진 '일본인'이 될 수 있었으며, 일본에 호적 기록이 남아 있던 닛케이진 2세와 3세들도 국적 회복 절차를 통해 '일본인'이 될 수 있었다.

여기서 한 가지 주목할 점은 전후 '일본인'의 경계를 설정하는 데서 보수주의적 혈연 이데올로기가 매우 중요한 역할을 하고 있다는 사실이다. 우선 1950년 제정된 국적법과 1985년 개정된 국적법이 모두 기본적으로 혈통주의 원칙을 채택하고 있다는 사실이 이를 증명한다. 앞서 언급한 바와 같이, 1950년 제정된 일본의 국적법은 기본적으로 부계혈통주의에 근거하여 '일본인'의 법적 경계를 설정했으며, 1985년 개정된 국적법은 양계혈통주의에 근거하여 '일본인'의 경계를 설정했다. 이에 따라 1985년 이전까지는 아버지가 '일본인'인 경우, 이후부터는 부모 가운데 한사람만이라도 '일본인'인 경우 그 자식은 자동적으로 '일본인'이 될 수 있었다. 둘째, 일본 정부는 연합군 점령 시기 '일본인'의 경계를 설정하는 데서 혈연 이데올로기에 근거하여 재일 조선인과 재일 대만인의 일본 국적을 박탈했다. 물론 예외적으로 결혼이나 입양 등을 통해 본적이 조선 호적 또는 대만 호적에서 일본 호적으로 옮겨진 경우 일본 국적을 인정하기는 했으나, 기본적으로 혈통주의 원칙에 입각하여 혈통상 '일본인'이 아닌 재일 조선인과 재일 대만인을 '일본인'의 범주에서 배제했다. 그리고 이는 이들의 귀화를 억제하던 일본 정부의 방침에서도 잘 나타나고 있다. 앞에서 언급한 바와 같이, 일본 정부는 까다로운 귀화 제도를 운영, 일본에서 태어나고 자란 재일 조선인과 재일 대만인의 일본 국적 취득을 매우 어렵게 만들었다. 뿐만 아니라 대부분의 일본인들이 혈연 이데올로기에 근거하여 이들 재일 조선인과 재일 대만인이 일본 국적을 취득한 이후에도 '일본인'이 아닌 '외국인'으로 대했다.[83] 마지막으로 일본 정부는 혈연 이데올로기에 근거하여 중국 거주 '잔류 고아'와 닛케이진 2세 및 3세를 '일본인'으로 받아들였다. 즉, 이들이 오랜 '외국' 생활로 문화적으로는 전혀 '일본인'이 아니었음에도 불구하고 혈통상 '일본인'의 피를 물려받았다는 이유로 이들을 '일본인'으로 받아들여 일본 국적을 부여한 것이다. 뿐만 아니라 대부분의 일본인들 또한 혈연 이데올로기에 근거하여 이들을 기본적으로 '일본인'으로 받아들이고 있다.[84]

이처럼 혈통주의를 기본 원칙으로 하여 설정된 '일본인'의 경계는 최근 초국적 인구 이동의 증가로 일본에 정주하는 외국인 숫자가 급격히 증가하고 일본이 '다문화 사회'로 변화함에 따라 새로운 문제에 직면하게 되었다. 통계에 의하면, 일본 거주 외국인 숫자는 지난 20년 사이 급격히 증가하여 1990년 처음으로 100만을 넘어섰고 2005년 200만을 넘어, 2007년 말 현재 일본 전체 인구의 약 1.69퍼센트를 차지하는 215만 2,973명에 이르고 있다.[85] 뿐만 아니라 일본 사회의 낮은 출산율로 일본 거주 외국인 숫자는 앞으로도 당분간 계속 증가할 것으로 예상되고 있다. 국제연합 인구과가 1997년 발표한 추정치에 따르면, 최근과 같은 낮은 출산율이 지속될 경우 일본은 부족한 노동력을 메우기 위해 2050년까지 총 3,350만 명에 이르는, 즉 매년 64만 7,000명에 이르는 외국인 노동자를 받아들여야 하며,

83 Yasunori Fukuoka, *Lives of Young Koreans in Japan*, xxxii쪽.

84 Yasunori Fukuoka, *Lives of Young Koreans in Japan*, xxxiii쪽.

85 法務省, 『平成20年版出入国管理』, 19쪽.

이들 가운데 상당수가 일본의 엄격한 이민 제도에도 불구하고 일본에 합법적 또는 불법적으로 정주할 것으로 예상되고 있다.[86]

일본에 정주하는 외국인 숫자가 이처럼 계속 증가하는 상황에서 혈통주의 원칙에 근거한 '일본인'의 경계 설정 방식은 필연적으로 일본에서 태어나고 자란 수많은 '외국인'들을 '일본인'의 범주에서 '배제'하고 '차별'하는 결과를 가져올 수밖에 없다. 실제로 일본 정부는 지금까지 혈통주의 원칙과 호적제도에 근거하여 일본 '국민'과 '외국인'을 법적으로 구별하고, 이 구별에 기초해 이들을 참정권이나 공직 임용 및 승진 등의 분야에서 '차별대우'해왔다. 일본 정부에 의하면, 참정권은 그 '성질'상 일본 '국민'에게만 부여되는 권리로 일본에서 태어나고 일본에 아무리 오래 살았다고 하더라도 '외국인'은 이 권리를 행사할 수 없다.[87] 뿐만 아니라 '공권력 행사'와 '공공의사 형성'에 관련된 공직에 임용되거나 취임할 수 있는 권리 또한 '국민주권' 원리에 근거하여 '원칙'상 '일본 국적을 가진 자'만이 누릴 수 있는 것으로, '외국인'은 '당연한 법리'로서 이러한 권리를 누릴 수 없다.[88]

---

86 United Nations, Population Division, *World Fertility Patterns 1997*(New York: United Nations, 1997), 2쪽.

87 1980년대 중반 이래 민단을 중심으로 한 재일 한국인들은 일본 헌법 제93조 2항의 "지방공공단체의 장과 의회 의원 및 그 밖의 법률이 정한 공무원은 해당 지방공공단체의 주민이 직접 선거로 선출한다"는 규정과 참정권을 국민의 기본권으로 규정한 헌법 제15조가 외국인의 지방선거 참정권을 부인하지 않는다고 주장하며 지방참정권 인정을 요구했다. 그러나 일본 정부는 참정권은 그 '성질'상 일본 '국민'에게만 부여되는 권리라고 주장하며 이러한 요구를 받아들이지 않았다. 일본 최고재판소 또한 정부 입장을 지지했는데, 1995년 2월 28일의 판결을 보면 헌법 15조의 '국민'은 '일본 국적을 가진 자'를 가리키며 헌법 93조의 '주민'은 '기본적으로 일본 국적을 가진 해당 자치단체의 주민'을 가리킨다고 했다. Seigo Hirowatari, *Foreigners and the 'Foreigners Question' under Japanese Law*, 19쪽; Kim, "From Exclusion to Inclusion?", 70쪽.

그러나 일본에 정주하는 외국인 숫자가 계속 늘어나고 일본이 점차 다문화 사회로 변화함에 따라 이러한 구별을 유지하는 일은 점점 더 어려워지고 있다. 특히 일본 정주 외국인과 일본인 사이의 '국제결혼'으로 일본 국적과 외국 국적을 동시에 보유하는 이중국적자의 수가 계속 증가함에 따라 기존의 '일본인' 경계 설정 방식에 대한 문제 제기가 잇따르고 있다.[89] 정부의 비공식적 통계에 따르면 22세 이하로 이중국적을 보유하고

---

88 일본 정부는 1970년대 중반 이래 재일 한국조선인을 비롯한 재일 외국인이 기술직과 사무직 지방공무원으로 채용되는 것을 허용해왔으나, "공무원에 관한 당연한 법리로서 공권력의 행사 또는 공공의사(公共意思) 형성에 참여하는 공무원이 되기 위해서는 일본 국적이 필요하다"는 1953년 3월 25일 법제국 회답을 근거로 외국인이 '관리직'으로 승진하는 것은 금지해왔다. 이 지침에 근거하여 동경도(東京都)는 1994년과 1995년 도인사위원회가 실시한 관리직 선고(選考) 시험에 당시 도 소속 보건부(保健婦)로 근무하던 대한민국 국적의 재일 한국인 정향균 씨가 응시하는 것을 금지했다. 이에 정향균 씨는 이러한 조치가 부당하다고 주장하며 1994년 법원에 관리직 선고 수험 자격 확인과 위자료 지급을 요구하는 소송을 제기했다. 1996년 5월 16일 내려진 1심 판결에서 동경지방재판소는 일본 헌법은 '외국인'이 '공권력 행사와 공(公)의 의사형성 참여'에 관련한 직에 취임하는 것을 보장하지 않는다고 선고, 수험 자격 확인에 관한 소를 각하하고 아울러 위자료 지불 소도 기각했다. 한편, 1997년 11월 16일 내려진 항소심 판결에서 동경고등재판소는 "기본적 인권의 보장은 권리의 성질상 일본 국민만을 대상으로 하고 있다고 해석되는 것을 제외하고 외국인에게도 동등하게 미치며… 관리직 안에도 외국 국적을 가진 직원에 대해 승진 임용을 허용하더라도 지장이 없는 경우도 존재하기에… 외국 국적 직원의… 수험 기회를 빼앗는 것은" 헌법 제22조 제1항의 직업 선택의 자유, 제14조 제1항의 평등 원칙 규정에 위반하는 조치라고 판단, 위자료 20만 엔을 인용했다. 그러나 최고재판소는 항소심 판결을 뒤집으며 2005년 1월 27일 '국민주권'의 원리에 근거하여 '원칙'상 '공권력을 행사하는 지방공무원에 취임할 권리'는 '일본 국적을 가진 자'에게만 보장되는 것으로 보아야 하며 '일본 국민'과 '재류 외국인'을 '구별(區別)'한 동경도의 조치는 '합리적 이유에 근거한 것으로' '헌법 제14조 제1항을 위반한 것은 아니다'라고 최종 판결했다. 鄭香均, 『正義なき国, '当然の法理'を問いつづけて: 都庁国籍任用差別裁判の記録』(東京: 明石書店, 2006), 215~216쪽, 221~229쪽, 275~276쪽.

89 실례로, 한국인 아버지와 일본인 어머니 사이에 태어난 자는 부계를 통해 한국 국적을, 모계를 통해 일본 국적을 출생과 동시에 취득할 수 있다.

있는 자의 숫자는 2006년 현재 약 53만 명에 이르고 있으며,[90] 23세 이상으로 사실상 이중국적을 보유하고 있는 자의 숫자도 약 60만에서 70만 명에 이르는 것으로 추정되고 있다.[91] 이중국적자의 수는 앞으로 일본인과 외국인의 국제결혼이 증가함에 따라 더욱 늘어날 것으로 예상되고 있다.[92] 이러한 상황에서 최근 일본의 시민사회와 학계, 언론계는 물론 자민당 내부에서도 기존의 '일본인' 경계 설정 방식의 문제점에 대한 지적이 자주 나오고 있으며, 대안으로 국제결혼으로 태어난 사람과 이민자 2세 등에게 공식적으로 이중국적을 허용해야 한다는 주장이 제기되고 있다.[93] '다문화' 시대를 맞아 보수주의적 혈연 이데올로기에 근거한 일본인의 경계 설정 방식은 새로운 도전에 직면하고 있다. 다시 한번 '일본인'의 경계 설정에 변화가 필요한 시점이다.

---

90 Alex Martin, "Benefits in Offing for Those Allowed Multiple Citizenship", *Japan Times* (3 January 2009).

91 위에서 언급한 바와 같이, 1985년 개정된 국적법은 일본인과 외국인 사이에 태어난 자도 출생과 동시에 일본 국적을 취득할 수 있도록 조치했고, 이중국적을 방지하기 위하여 이 결과 이중국적을 취득하게 된 자는 22세가 넘기 전에 하나의 국적을 선택하도록 조치했다. 그러나 이러한 규정에도 불구하고 법무부가 특별히 국적 선택을 강요하지 않기 때문에 많은 사람들이 22세가 넘어서도 이중국적을 계속 보유하고 있다. Minoru Matsutani, "Debate on Multiple Nationalities to Heat Up: Diet Battle Lines Being Drawn in Wake of Law Change and Amid Kono Effort to Rectify Dual Citizenship Situation", *Japan Times*(1 January 2009).

92 일본인과 외국인의 국제결혼은 최근 크게 늘어나 2006년의 경우 전체 결혼 건수의 6.5퍼센트에 달하는 44만 701건에 이르고 있다. Alex Martin, "Benefits in Offing for Those Allowed Multiple Citizenship" 참조.

93 Minoru Matsutani, "Debate on Multiple Nationalities to Heat Up: Diet Battle Lines Being Drawn in Wake of Law Change and Amid Kono Effort to Rectify Dual Citizenship Situation"; Setsuko Kamiya, "Multinationalism Remains Far From Acceptance in Japan", *Japan Times* (4 January 2009).

참고문헌

- 강상규, 「일본의 자기정체성에 관한 연구시론: 근대일본의 에피스테메로서의 국체」, 『국제지역연구』, 7권 3호(1998).
- 김경득, 「일본 국적법 및 호적법 개정과 재일한국인」, 『가족법 연구』, 제2호(1988).
- 『동아일보』, 「후지모리 일본국적 확인. 구마모토에 호적 남아」, 2000년 11월 29일자 12면.
- 민단(재일본대한민국민단), 「재일동포통계」, http://www.mindan.org/kr/shokai07.htm#22 (검색일 2009년 1월 5일).
- 박훈, 「동화론과 오키나와 아이덴티티: 오타 초후(太田朝敷)의 동화주의를 중심으로」, 『사회와 역사』, 제73집(2007).
- 『세계일보』, 「일 정부, 후지모리 처리문제 고심」, 2000년 11월 29일자 12면.
- 오구마 에이지, 조현설 옮김, 『일본 단일민족신화의 기원』(서울: 소명출판, 2003).
- 요시노 고사쿠, 김태영 옮김, 『현대 일본의 문화 내셔널리즘: 현대 일본 아이덴티티의 행방』(서울: 일본어뱅크, 2001).
- 정인섭, 『재일교포의 법적지위』(서울: 서울대학교출판부, 1996).
- 정하미, 「일본의 역사 지리적 '북방문제'를 통해 본 '경계의식' 연구」, 『일본어문학』, 제39집(2007).
- 정창석, 「현대 천황제 사상」, 『일본문화학보』, 제31집(2006).
- 최장근, 「러일 국경분쟁 발생과 아이누민족의 지위소멸과정에 관한 고찰: 아이누모시리를 둘러싼 러·일·아이누민족간의 정치역학관계」, 『일본어문학』, 제25집 5호(2003).
- 최현, 「근대국가와 시티즌십: 오키나와인의 사례」, 『지방사와 지방문화』, 제10권 제1호(2007).
- 한영혜, 「일본의 다문화공생 담론과 아이덴티티 재구축」, 『사회와 역사』, 제71집(2006).
- 후지타니 다카시, 한석정 옮김, 『화려한 군주: 근대일본의 권력과 국가의례』(서울: 이산, 2003).
- 후지타니 다카시, 박선경 옮김, 「죽일 권리와 살릴 권리: 2차 대전 동안 미국인으로 살았던 일본인과 일본인으로 살았던 조선인」, 『아세아연구』, 제51권 2호(2008).
- 金英達, 『在日朝鮮人の歸化』(東京: 明石書店, 1990).
- 大沼保昭, 「出入国管理法制の成立過程 1~15」, 『法律時報』, 50卷 4号~51卷 7号

(1978~1979).
- 大沼保昭,『在日韓国朝鮮人の国籍と人権』(東京: 東信堂, 2004).
- 大場かをり, 橋本進 編,『母と子でみる中国残留日本人孤児』(東京: 草の根出版会, 1986).
- 文部省,『国体の本義』(東京: 文部省, 1937).
- 法務省,『平成20年版出入国管理』(東京: 法務省, 2008).
- ______,「帰化許可申請者数等の推移」, http://www.moj.go.jp/TOUKEI/t_minj03.html (검색일 2009년 1월 5일).
- ______,『数字から見た在日本朝鮮人』, 外務省調査月報, 1劵 9号(東京: 外務省, 1960).
- 福岡安則,『在日韓国朝鮮人』(東京: 中共新書, 1993).
- 小熊英二,『単一民族神話の起源: 〈日本人〉の自画像の系譜』(東京: 新曜社, 1995).
- ______,『日本人の境界: 沖縄·アイヌ·臺灣·朝鮮 植民地支配から復歸運動まで』(東京: 新曜社, 1998).
- 鄭香均,『正義なき国, 〈当然の法理〉を問いつづけて: 都庁国籍任用差別裁判の記録』(東京: 明石書店, 2006).
- 学士院,『帝室制度史』, 第一卷(東京: 大日本帝国学士院, 1937).
- Arendt, Hannah, *The Origins of Totalitarianism*(San Diego: Harcourt, 1976).
- Befu, Harumi, "Nationalism and Nihonjinron", Befu ed., *Cultural Nationalism in East Asia*(Berkeley: University of California Institute for East Asian Studies, 1993).
- ______, *Hegemony of Homogeneity*(Melbourne: Trans Pacific Press, 2001).
- Fukuoka, Yasunori, *Lives of Young Koreans in Japan*(Melbourne: Trans Pacific Press, 2000).
- Hirowatari, Seigo, *Foreigners and the 'Foreigners Question' under Japanese Law, Institute of Social Science Occasional Papers in Law and Society*(Tokyo: University of Tokyo, 1994).
- *Japan Times*, "Foreigners Face Long Slog to Japanese Citizenship"(20 April 2001).
- ______, "Koreans Weigh Merits of Gaining Japanese Citizenship"(21 April 2001).
- ______, "Neither South, North, Nor Japan: Korean Resident Writers Mull Allegiance"(27 December 2002).
- ______, "Japan's Enemy Within: The Shrinking North Korean Community Feels It is under Siege"(25 January 2005).
- ______, "Bar to Kids' Citizenship Ruled Illegal: Supreme Court Opens Door to Unwed Foreign Moms' Children"(5 June 2008).

- ______, "Revised Law Removes Barriers to Nationality"(6 December 2008).
- Kamiya, Setsuko, "Multinationalism Remains Far From Acceptance in Japan", *Japan Times* (4 January 2009).
- Kashiwazaki, Chikako, "Citizenship in Japan: Legal Practice and Contemporary Development", T. A. Aleinikoff and D. Klusmeyer eds., *From Migrants to Citizens*(Washington, D. C.: Carnegie Endowment for International Peace, 2000).
- Kim, Bumsoo, "From Exclusion to Inclusion? The Legal Treatment of 'Foreigners' in Contemporary Japan", *Immigratns and Minorities*, Vol. 24, No. 1(2006).
- ______, "Bringing Class Back In: The Changing Basis of Inequality and the Korean Minority in Japan", *Ethnic and Racial Studies*, Vol. 31, No. 5(2008).
- Lee, Changsoo, "The Period of Repatriation, 1945~1949", Changsoo Lee and George De Vos eds., *Koreans in Japan: Ethnic Conflict and Accommodation*(Berkeley: University of California Press, 1981).
- Martin, Alex, "Benefits in Offing for Those Allowed Multiple Citizenship", *Japan Times* (3 January 2009).
- Matsutani, Minoru, "Debate on Multiple Nationalities to Heat Up: Diet Battle Lines Being Drawn in Wake of Law Change and Amid Kono Effort to Rectify Dual Citizenship Situation", *Japan Time*(1 January 2009).
- Murphy-Shigematsu, Stephen, "Japan's Monoethnic Myth and Minority Identities", *International Journal of Psychology*, Vol. 31, No. 3/4(1996).
- Siddle, Richard, "Ainu: Japan's Indigenous People", Michael Weiner ed., *Japan's Minorities*(London: Routledge, 1997).
- Taira, Koji, "Troubled National Identity: The Ryukyuans/Okinawans", Michael Weiner ed., *Japan's Minorities*(London: Routledge, 1997).
- Tamanoi, Mariko Asano, "Japanese War Orphans and the Challenges of Repatriation in Post-Colonial East Asia", *Japan Focus*(13 August 2006).
- United Nations, Population Division, *World Fertility Patterns 1997*(New York: United Nations, 1997).
- Ward, Rowena, "Left Behind: Japan's Wartime Defeat and the Stranded Women of Manchukuo", *Japan Focus*(9 March 2007).
- Weiner, Michael, *Race and Migration in Imperial Japan*(London: Routledge, 1994).
- Yoshino, Kosaku, *Cultural Nationalism in Contemporary Japan*(London: Routledge, 1992).

6장

현대 일본의 보수주의와 '국가' 표상

보수의 논리와 심리

장인성

1. 새로운 보수주의

탈냉전과 지구화의 맥락은 정치·군사적 대립구도를 완화시키고 경제적 신자유주의를 심화시키는 가운데 국제 관계의 존재 양식과 국가의 행동 방식을 바꾸고 있다. 이와 더불어 국가나 사회의 개방에 대응하는 보수와 진보의 감각도 달라지고 있다. 탈냉전과 지구화의 상황에서 보수와 진보는 가치 지향이나 행동 양식을 달리할 것을 요구받고 있다. 대체로 보수는 자유주의를 옹호하고 진보는 이를 비판하는 양상을 보이지만, 구체적 양상은 국가에 따라 다를 수밖에 없다.

일본에서도 탈냉전과 지구화의 맥락에 들면서 보수 대 진보의 오랜 이원 구도가 붕괴되었고, 이에 따라 보수의 목소리가 커진 반면 진보의 입지는 현저히 축소되고 있다. 이미 1980년대에 나카소네 야스히로(中曾根康弘) 수상은 '국제화'를 표방하면서 '국제 책임'을 수행하는 '국제 국가'로서 일본 국가를 상정하는 한편, 이러한 일본 국가를 내부적으로 지탱할 수 있는 보수의 일상화를 추동한 바 있다. 각종 국민회의의 조직화, 히노마루와 기미가요의 법제화 추진, 교육기본법 제정 등 흔히 '보수화'·'우경화'로 불리는 '국민화'가 그것이다. 국민화는 보수-진보의 이원 구도(이른바 '보혁 구도')를 전제로 한 것이었다. 1990년대의 '보수개혁'은 보수-진보 이원 구도의 붕괴 위에서 전개되었다. 보혁 구도의 붕괴는 좌파/진보의 몰락을 의미할 뿐만 아니라 보수의 새로운 전개를 가져왔다. 보수정치가들의 경우 자민당 보수 집권(55년체제)이 보수 연립정권으로 바뀌는 정치 변동 속

---

* 서울대학교 외교학과 교수.

* 이 글의 초고는 서울대학교 일본연구소 편, 『일본비평』, 창간호(서울: 그린비, 2009)에 수록되었음.

에서 '보수개혁'을 모색해왔다. 걸프전쟁 지원을 둘러싸고 일본의 '국제공헌'의 한계가 드러나고 탈냉전기 국제 안보에 대응하는 일본 국가의 무력함이 드러나면서 오자와 이치로(小沢一郎), 고이즈미 준이치로(小泉純一郎) 등 보수정치가들은 국가 개혁의 필요성을 강하게 제기하거나 행정 개혁을 실천했다. 평화헌법 개정과 국가 개혁을 통해 탈냉전기 국제 안보 환경에 대응할 수 있는 국제정치적 역할의 확대를 지향한 '보수개혁'이었다.

그런데 보수지식인들의 경우 보수의 새로운 전개는 다른 의미를 지닌다. 탈냉전과 지구화의 상황이 보수의 존재 양태에 변화를 초래한 것은 진보의 몰락 못지않게 의미가 깊다. 보수정치가들이 세계에 대한 〈공간적 대응〉을 통해 세계 속의 일본 국가의 존재 양상을 문제 삼는다면, 보수지식인들은 〈시간적 대응〉을 통해 일본 국가와 사회의 존재 방식에 대한 비판적인 성찰에 무게를 둔다. 보수정치가들의 정치적 현실주의는 현실의 국제체제와 미·일 동맹을 전제로 한 현재의 국제적 맥락 하에서 일본 국가가 어떠한 정책적 선택을 할지를 따진다. 이에 비해 보수지식인들(보수주의자들)은 현실을 용인하는 정치적 사려(prudence)로 귀결되기 쉬운 정치적 선택에 불만을 표하면서, 전후체제와 일본 국가의 존재 방식에 대해 근본적인 의문을 제기한다. 탈냉전과 지구화 맥락에서의 일본 보수주의는 전후체제의 정치적 존재 방식뿐만 아니라 전후체제의 이념적 존재 방식까지 문제 삼는다. 보수주의자들은 '국제화', '국제 국가', '정치 대국' 등의 슬로건보다 일본의 국가공동체의 역사적 존재 방식과 내셔널 아이덴티티를 중시한다. '새로운 역사교과서를 만드는 모임(새역모)'의 견해와 활동은 표층에 불거져나온 보수주의의 극단적 표현일 따름이다.

그런데 보수-진보는 각각 정치감각과 일상감각의 차원을 갖는다. 정치가나 행동가들의 보수는 사회 영역에서 영위되는 일상감각과도 일정한 연관을 갖지만 주로 정치 영역에서 정치감각으로서 표출된다. 탈냉전기 일본 보수주의의 성격과 특질은 '일상감각'과 '국가 표상'의 두 지표를 매개로 포착될 수 있다. 일상감각으로서의 보수는 정치감각으로서의 보수와 선을 긋기 어렵지만, 정치 행위를 배제한 혹은 정치 행위로 표출되기 전의 보수감각과 보수이념으로 상정한다. 이 글에서는 보수의 일상감각을 양성해온 전후체제를 문제 삼아 보수의 일상감각을 보수주의 이념으로 재구축하려는 보수지식인의 담론에 주목한다. '역사교과서 문제'라는 정치적 행위에 가려진 혹은 정치적 비난에 엄폐된 보수주의의 일상감각과 보수이념을 '국가'라는 표상을 매개로 성찰할 때 일본 보수주의자들이 생각하는 '일본=보수' 표상의 실체는 얼마간 드러날 것이다.[1]

2. '보수의 시작'

'보수의 시작'

보수는 진보를 짝으로 삼아 성립한다. 55년체제 하에서 보혁 구도는 불균형 상태였지만 자민당-사회당의 대립구도 위에서 성립했다. 자민당 보수정권은 '보수'뿐만 아니라 좌파에 대항하는 '보수혁신'을 내포한 체제

---

1 일본 보수주의의 이념적 지형은 보수정치가·보수비평가·보수학자·보수논객 등 다양하다. 1980년대 이후 일본의 보수주의는 '새로운 역사교과서를 만드는 모임(새역모)'이 논쟁의 핵을 이루었고 '일본=보수'의 극단적 표상을 드러냈다. 이 글에서 다루는 보수주의자들 가운데는 '새역모'에 참여한 자도 있고 그렇지 않는 자도 있다. 이 글에서는 '새역모'의 운동이나 이념을 직접 다루지는 않을 것이다. '새역모'는 1990년대 이후의 보수주의 현상의 하나의 산물이지만, 보수주의 자체와 동일시될 수는 없다. 이 글에서는 그러한 정치적 행위를 배태한 현대 일본 보수주의의 심리와 논리를 분석한다.

였다. 냉전 종식은 '55년체제'(자민당 장기집권)뿐만 아니라 보혁 구도의 붕괴를 가져왔는데, 정치학자 미쿠리야 다카시(御厨貴)의 말을 빌리면 보혁 구도의 종언은 '보수의 종언'이기도 했다. 혁신의 붕괴는 '보수의 종언'을 뜻했다.[2] 사회주의권의 붕괴는, 미국에게 '역사의 종언'이었다면, 일본에게는 '보수의 종언'이었다. 물론 '보수의 종언'은 대립항의 소멸에 따른 착시 현상일 뿐, 보수 현상이나 보수적 행위가 종언을 고했다는 뜻은 아니다. 후속 연립정권들도 보수나 보수개혁을 지향했다. 경제적 자유주의에 대응하여 일상생활의 복지와 행정의 효율성을 높이는 행정 개혁을 모색했고 국가 개혁을 제기했다. 보수 내부에 개혁-저항 구도가 두드러지고 '보수혁신'이 힘을 얻었던 것이다. '보수'는 55년체제 붕괴에 따른 보혁 구도의 소멸로 '혁신'이라는 적을 상실한 상황에서 스스로 자기 존재를 구축해야 하는 숙명으로부터 비롯되었지만, 침투해오는 지구화에 대면해야 하는 일본 국가와 사회의 정치경제적 상황도 중요한 계기를 형성하고 있다.

그런데 탈냉전과 맞물려 정치제도로서의 '55년체제'는 공식적 종언을 맞이했으나, 의식으로서의 비공식적인 '전후체제'가 끝난 것은 아니었다. 정치감각이 아닌 일상감각에서는 오히려 '새로운' 보수가 출현했다고 하겠다. 보수주의자들의 일상감각에서는 '보수의 종언'이 아니라 진정한 '보수의 시작'일 수 있다. '보수의 시작'은 '역사의 시작'과 관련된다. 일본에게 냉전의 종언은 '역사의 종언'이 아니라 '역사의 시작'이었다. '역사의 시작'은 동아시아 맥락에서는 냉전기에 억압되었던 '역사'의 재발견, 즉 식민지 지배와 태평양전쟁을 둘러싼 기억과 책임의 부활을 뜻한다.

보수지식인들에게 '보수의 시작'은 이러한 '역사의 시작'에 대응하는

---

[2] 御厨貴, 『'保守'の終わり』(東京: 毎日新聞社, 2004), 78~79쪽.

한편, 일본의 전후체제와 자유민주주의에 대한 문제 제기 혹은 총체적 비판의 개시를 의미한다. '역사의 시작'은 보수주의 발언을 본격화하는 '보수의 시작'인 셈이다. '보수의 시작'은 정치적 보수 세력/정치적 현실주의자와 구별되는, 오히려 정치적 보수 세력의 '현실주의'를 상황 추종적인 비주체적 정치 행위로 간주하는 보수주의자들이 이들에 대항하는, 새로운 보수주의—이른바 '진정한 보수주의'—를 구축하려는 의식의 출현을 가리킨다. 탈냉전과 지구화의 맥락은 보수주의자들의 불안감을 키웠고 투쟁감각을 일깨웠다. 탈냉전을 계기로 '역사교과서 문제', '종군위안부 문제', '전쟁 책임 문제' 등의 문제군이 분출하여 보수-진보 논쟁을 불러일으키면서 '보수의 시작'='보수의 재발견'을 부추겼다.[3] 그리고 전후 보수체제에서 확립된 보수적 태도 혹은 보수의 일상감각은 보다 정밀한 보수주의 이념으로 분출하기 시작했다.

보수주의와 일본

'보수의 시작'은 멀리 에드먼드 버크(Edmund Burke)까지 맞닿아 있다. 현대 일본의 보수지식인들은 자신들의 지적 기원을 버크에서 찾는다. 보

[3] 1990년대 후반 가토 노리히로(加藤典洋)-다카하시 데쓰야(高橋哲哉) 사이의 논쟁은 탈냉전이 전쟁 책임에 관한 기억과 방법을 되살렸음을 보여준다. 일본의 전쟁 책임과 관련하여 아시아에 사죄하기에 앞서 자국민(일본인)의 애도가 선행되어야 한다는 논리(가토)와, 피해자인 아시아의 목소리에 응답하여 아시아 국가에 사죄해야 한다는 논리(다카하시) 사이의 쟁투였다. 일견 보수-진보 논쟁의 성격을 띠지만, 다카하시가 진보의 견해를 전형적으로 보인 반면, 가토의 주장은 반드시 보수라고 하기 어려운, 굳이 말하자면 리버럴 보수의 성격이 강하다. 더 주시할 것은 가토의 견해가 국가와 아시아의 사이에서, '애도'와 '사죄'의 사이에서 논리적으로 고민해야 한다는 맥락을, 그리고 다카하시가 아시아의 목소리에 귀기울여 일본이라는 응답 주체의 자기 책임을 추궁해야 한다는 맥락을 던졌다는 사실이다.

수주의는 19세기에는 혁명-보수(반혁명) 구도 위에서, 20세기에는 진보-보수 구도 위에서 성립했다. 버크의 『프랑스혁명에 관한 성찰』(1790)을 기원으로 삼는 근대 보수주의는 합리주의와 계몽주의에 기초한 자유주의와 프랑스혁명의 쌍생아였다. 자유주의가 프랑스혁명의 특정 이념과 추상적 관념을 준거로 삼아 사회변혁을 추구하는 반면, 보수주의는 이념보다는 과거와의 연속과 현상(現狀)에 토대를 둔 점진적 변화를 모색한다. 보수주의는 개인의 자유가 추상적·무제한적인 것이 아니며 현실의 질서나 종교와 같은 정신적 권위 속에서 보증되어야 한다고 본다. 인간의 이성에서 자유나 진보를 찾는 자유주의적 합리주의에 반대하면서 전통과 현실에서 가치를 찾는다. 그러나 보수주의는 합리주의를 싫어하지만 그렇다고 반합리주의인 것은 아니다. 보수주의는 이성뿐만 아니라 감정·본능·의지도 중시한다. 또한 삶의 다원성을 전제하며 능력의 조화 내지 균형을 중시한다. 자유와 진보를 부정하지는 않지만, 인간 본성과 인간 능력의 한계를 인식하며, 현명한 판단과 사려 있는 행동, 조화와 균형 감각을 요구한다.[4]

그런데 20세기를 전후한 시기에 자유주의가 변용하고 사회주의가 출현하면서 보수주의는 변형한다. 자유주의는 실증적 과학성을 받아들이면서 추상성·관념성이 약해졌고, 구체적인 삶에 기초한 자유를 중시하게 된다. 또한 사회주의 정당이 성장하면서 현대 자유주의는 혁명보다는 개혁을 중시하는 보수주의적 성격을 띠었고, 보수주의 정치 세력에 거의 흡수되면서 자유주의 정당=보수 정당이라는 등식이 성립했다. 보수주의도 사회주의에 대항하여 개인의 자유를 중시하고 민주주의를 옹호하게 된다.

---

[4] 林健太郎, 「現代における保守と自由と進歩」, 林健太郎 編, 『新保守主義』(東京: 筑摩書房, 1963), 10~22쪽.

영국의 보수주의자 에드먼드 버크(Edmund Burke). 전후 일본 보수주의자들은 버크의 보수사상에 사상적 기원을 두지만, 실제로는 버크와 일정한 거리를 보여왔다.

보수 정당은 '자유'와 '민주'라는 명칭을 사용하게 되고 사회주의 정당에 대항하는 부르주아 정당을 대변하게 된다. 사회주의 정당과 대항하고자 복지국가 정책을 받아들여 신보수주의를 표방하기도 했다. 보수주의가 수

구의 이념이나 권력형 부패의 온상으로 간주되는 부정적 이미지를 없애려는 의도도 있었다.[5]

보수주의는 진보를 규정하는 이념과 운동에 대응한다. 19세기에는 자유주의가, 20세기에는 사회주의가 진보를 규정했고, 보수주의는 각각에 대응한 것이었다. 이 구도는 일본에서 어떻게 작동했을까. 일본의 보수주의는 근대 일본, 제국 일본, 전후 일본, 탈냉전/지구화의 각 맥락에서 표출되었다. 보수주의는 각 맥락의 '국제 상황' 하에서 '국가'(공동체)의 생존·자립·발전을 모색하는 과제가 주어지고 문화(전통·가치·역사)가 공동체 방위의 수단으로 선택되는 구도에서 표명된다. '국제 상황'을 전제로 하는 한, 보수주의는 일본의 국제적 위상과 대외 관계에 의존하게 마련이다. '국가'(공동체)의 정치경제적 수준과 사회 결집력도 보수주의의 수동성과 능동성을 얼마간 규정한다. 보수주의자들은 각 맥락에서 진보주의(자유주의·사회주의)에 대항하면서 '보수'를 이야기한다. 버크의 보수주의는 유력한 준거였다.

메이지 보수주의는 자유주의와 대결하면서, 또한 메이지 정부가 문명개화와 더불어 국민국가 형성과 사회질서 유지를 위해 강력한 보수 프로그램을 추동하면서 형성되었다. 메이지 정치가들은 독일 모델에 기초한 입헌군주제(천황제)와 관료제를 확립했고, 국체이념과 가족국가관(穂積八束)은 사회질서를 유지하는 관료 보수주의로 기능했다. 천황제 국가 성립 과정에서 자유주의에 대항하여 유교를 국가의 도덕규범으로 상정하려는 유교 보수주의(元田永孚, 西村茂樹)도 나타났다. 국가에 봉사하는 기독교 보수주의도 출현했다. 특히 신세대 지식인들은 메이지 정부의 문명개화에

[5] 林健太郎,「現代における保守と自由と進歩」, 7~10쪽.

대항하여 전통 가치에 기초한, 일본의 '국체'·'국수(nationality)'를 보수하려는 '국민주의'(陸羯南)·'일본주의'(三宅雪嶺)를 내세웠는데, 이 역시 근대 내셔널리즘과 결합한 보수주의의 성격을 띠었다.[6]

메이지시대에 버크의 보수주의는 헌법 제정과 반자유주의의 맥락에서 받아들여졌다. 버크는 1870년대부터 언급되기 시작했지만,[7] 본격적으로 수용된 것은 1881년 가네코 겐타로(金子堅太郎)가 『정치론략(政治論略)』을 발간하면서부터였다. 『정치론략』은 『프랑스혁명에 관한 성찰』의 초역이지만, 가네코가 논지를 살리기 위해 버크의 다른 글도 원용하고 루소와 페인에 대한 비판적인 소개도 곁들인 일종의 편역서였다. 『정치론략』은 민권 운동이 고조되고 메이지 정부의 국가 구상과 준거 이론이 확립되지 못한 상황에서 민권에 대항하는 국시를 모색한 원로원의 요망에 부응하여 번역된 것으로, 관료들 사이에 보수주의의 이론적 무기로 널리 받아들여졌다. 『정치론략』은 반대로 자유주의 민권론의 이론적 심화를 자극하기도 했다.[8] 하지만 버크는 천황제 이데올로기에 맞는 버팀목이 되지는 못했다. 가네코 역시 이토 히로부미(伊藤博文)의 비서로 메이지헌법 기초에도 관여

---

6 메이지 보수주의에 관해서는 Kenneth B. Pyle, "Meiji Conservatism", John W. Hall ed., *The Cambridge History of Japan*(Cambridge: Cambridge University Press, 1989), 674~720쪽; Kenneth B. Pyle, *The New Generation in Meiji Japan: Problems of Cultural Identity, 1885~1895*(Stanford: Stanford University Press, 1969) 참조.

7 1875년 12월 8일자 『東京日日新聞』에 「英ボルグノ対外策ヲ引用シテ我ガ朝鮮問策ヲ論ズ」라는 기사가 보이고, 1880년 4월 『泰西諸大家論説』, 第1集(弘令社)에 「英エドモンド·バルク英国憲法の理論」(高橋達郎 訳述)이 소개되어 있다. 高瀬暢彦 編, 『金子堅太郎〈政治論略〉研究』(東京: 日本大学精神文化研究所, 2000).

8 高瀬暢彦 編, 『金子堅太郎〈政治論略〉研究』, 제3장과 제4장 참조. 자유민권론자 나카에 조민(中江兆民)은 자유주의 사상을 고취하고자 루소의 『사회계약론』을 한문으로 평역한 『民約譯解』(1882)를 출판했는데, 이 책은 『정치론략』에 자극받아 저술되었다.

했지만, 실질적 의미를 갖지는 못했다. 버크의 보수주의에 절대왕권제를 비판하는 자유주의적 경향도 있었으며, 독일법을 모델로 삼은 천황제 국가 건설 과정에서 영국 헌법학이 법학 교육에서 배제되어 입지를 잃었기 때문이다.[9]

그렇지만 버크가 완전히 잊혀진 것은 아니다. 1920년대와 1930년대 초반에 일본에서는 자유주의(다이쇼 데모크러시)와 사회주의(마르크시즘)가 사회의 진보와 혁명을 구가했고, 초국가주의자나 국가사회주의들이 영·미 중심의 국제 질서에 대항하여 국가의 '개조'와 '혁신'을 주장하는 분위기였다. 국체론자들은 이러한 진보 혹은 혁신의 움직임에 반발하여 '국체'와 '전통'을 앞세웠고, 버크를 동원하기도 했다. 황국론자 히라이즈미 기요시(平泉澄)는 혁신 세력에 대항하여 반혁명을 정당화하기 위해 버크를 동원했다.[10] 일본 최초로 버크 연구서를 저술한 우에다 마타지(上田又次)도 "현대 세계가 프랑스혁명의 사상으로 덧칠되어 무너지고 역사와 전통이 부정되고 있는 것처럼, 우리 일본도 메이지유신 이후 수입된 프랑스혁명의 사상 하에 모든 전통이 부정되어 도도하게 갈 곳을 모르고, 모든 것이 반역사적으로, 전통 파괴적으로 전개되는 금일"의 상황, 즉 "전통에 대한 반역인 반역사성으로써 일관되는 금일"의 상황에서 "올바른 전통과 올바른 역사주의"를 모색하기 위해 버크를 끌어들였다. 그는 버크의 프랑스혁명 비판이 불철저했다면서 프랑스혁명에 대한 철저한 비판은 "불멸의 국체를 호지(護持)하는 일본인만이" 가능하다는 주장까지 폈다.[11]

---

[9] 水田洋,「イギリス保守主義の意義」, 水田洋 責任編集,『バーク·マルサス』(東京: 中央公論社, 1969), 37쪽.

[10] 平泉澄,「革命とバーク」,『武士道の復活』(東京: 至文堂, 1933).

[11] 上田又次,『エドモンド·バーク研究』(東京: 至文堂, 1937), 6~7쪽.

근대 일본의 보수주의가 천황제 국가 형성 과정에서 진보주의(자유주의·사회주의)와 대결하면서 표출된 데는 두 가지 함의가 있다. 자유와 권리를 둘러싼 개인 대 국가의 대결 구도에서 자유주의와 보수주의의 이념이 성립했다는 것과, 국가 형성이라는 정치적 목표가 보수주의의 성격을 규정했다는 것이다. 보수주의는 자유주의의 진보성에 대항하면서도 천황제 국가 형성을 위한 개혁을 주장하지 않을 수 없었고 내셔널리즘을 동반했다. 보수주의는 시작부터 국가 표상과 밀접히 상관된 셈이다. '국가'는 공동체적 가치를 우선하는 변혁과 발전을 추동했고, 보수적 사고와 태도는 '국가'에 수렴되었다. 국가 발전=제국 확장은 보수와 혁신을 결합시키는 계기를 제공했다. '대일본제국'은 대내적으로 보수주의, 대외적으로는 수정주의(현상변경)라는 양면성을 보였던 것이다. 하지만 전후체제는 대외적 혁신의 측면을 상실하면서 대내적 차원에서 보수와 혁신이 결합하는 양상으로 바뀌었다.

3. 제도 · 감각 · 표상

'보수의 감각'과 제도

일본의 보수지식인들의 삶과 사유를 누르는 하중은 이른바 '전후체제'이다. 보수주의자들의 '전후체제' 이미지는 평화헌법과 미·일 동맹이라는 제도만이 아니라 '평화'와 '민주주의'에 대한 부정적 인식, 그러한 제도를 구축한 '미국'에 대한 반감으로 구성된다. 현대 보수주의는 정책·교의·철학의 세 측면에서 영위되지만,[12] 보수의 철학적·이론적 전통이 취약한 상황을 고려할 때 일본의 보수주의는 '행위로서의 보수'(보수적 태도), '원리로서의 보수'(보수이념), '감각으로서의 보수'(보수감각)의 세 측면에서 포착하는 것이 더 유용하다. 특히 '보수의 감각'에 주목할 필요가 있다. 보수의 '감각'은 '원리'와 '행위'를 배태하는 심정이기도 하지만, 전후체제의 하중에서 벗어나려는 욕구는 우선 '보수의 감각'으로 드러나기 때문이다.

전후 일본의 대표적 보수지식인이었던 평론가 에토 준(江藤淳)이 "'감각'이 아니라 성문헌법의 이념, '개혁'이라는 이념 위에 세워진" 미국에 이질감을 느꼈음을 볼 때, '감각'이 진보에 대항하는 보수주의의 중요한 근거임을 알 수 있다. '감각'은 현실을 파악하는 감성·의식·성향이며 이념과 행동의 무의식적 기반이라 하겠다. 보수감각이 반드시 보수주의를 낳는 것은 아니지만, 보수주의는 흔히 보수감각을 내포한다. 이는 전후 보수주의의 선구자였던 평론가 후쿠다 쓰네아리(福田恆存)가 "내 삶의 방식 내지 사고방식의 근본은 보수적이지만 자신을 보수주의자라고 생각하지는 않는다. 혁신파가 개혁주의를 내세우는 것처럼 보수파는 보수주의를 받들어서는 안 된다"[13]고 말한 데서도 읽어낼 수 있다.

'보수의 감각'은 태생적 소여물일 수도 있고 진보주의와 투쟁하는 과정에서 생성되는 심정일 수도 있지만, '전후체제'라는 체제(제도)와도 깊숙이 연관된다. '보수의 감각'은 전후체제의 허구성과 뒤틀림을 감지해내는 감각 혹은 능력이라 하겠다. 에토 준은 대미 의존적 동맹체제에서 배태된 '둔감함'의 멘탈리티에 통탄한다. 전후체제의 대미 의존성 때문에 "미국의 안색만 살피면 우선은 안심된다는 멘탈리티", "미국이 말하는 것만 듣고 있으면 나라가 망하는 일은 없다는 안이한 태도"가 생겨났다는 것이다.

---

12 添谷育志, 『現代保守思想の振幅』(東京: 新評論, 1995), 21~51쪽.

13 福田恆存, 『常識に還れ』(東京: 新潮社 1960). 西部邁, 『幻想の保守へ』(東京: 文藝春秋, 1985)에서 재인용.

에토는 국가란 "국제사회에서 생존을 유지하기 위해 항상 분투해야 하는" 존재인데, 전후 일본인들은, 메이지 초기 이와쿠라(岩倉) 사절단이 "한순간이라도 노력을 게을리 하면 나라는 망한다"는 '냉혹한 현실'을 통감했던 것과 달리, 국제사회의 '냉혹한 현실'에 너무 둔감해졌다고 개탄한다.[14] 이는 감각이 곧 체제의 산물임을 말해준다.

에토의 '보수감각'이 '전후체제'를 문제시할 때, 거기에는 이미 '일상감각으로서의 보수'가 '정치감각으로서의 보수'로 연결될 개연성이 암시되어 있다. '보수의 일상감각'이나 '심정'을 규율하는 제도는 국제체제(냉전체제·탈냉전체제)나 국내체제(보수체제·보혁정당체제)와 같은 정치체제, 관료제와 천황제에 기초한 '일본 시스템'(K. Wolferen) 등을 포괄한다. '야스쿠니신사'나 기념일 또는 '히노마루'와 같은 상징들, '전쟁유족회'나 '새역모'와 같은 보수단체, 그리고 '자민당'도 보수감각을 규율하는 제도이다. 보수 담론을 유포하는 매스미디어와 출판물도 빼놓을 수 없다. 다만 보수지식인들은 일반인들보다 '보수의 일상감각'을 '보수의 정치감각'으로 정치화할 가능성이 크다. 보수의 상징과 제도와 미디어를 사용하는 것 자체가 보수지식인들이 행하는 정치적 행위이다. 하지만 '전후체제'에 대한 비판적 인식론은 이들 정치적 행위에 앞선다.

표상과 '국가'

보수의 감각과 의식은 현실을 보수적으로 보는 방식인데, 현실을 보는 방식에는 표상이 개재된다. 표상(representation)이란 재현(description)하는 행위나 과정, 또는 재현된 것의 상태나 사실을 뜻한다. 표상은 실재의 형상

---

14 江藤淳,『保守とはなにか』(東京: 文藝春秋, 1996).

화 혹은 재현된 형상을 가리킨다. 재현 과정에는 상상력(imagination)이 관여하며 재현된 표상은 상상의(imaginary) 세계이지만, 표상이 실재(reality)에 근거하는 한 허구일 수만은 없다.[15] 표상은 현실을 재구성(구속)하기도 한다. 표상은 재생산을 통해 현실을 구성한다. 학습과 사회화를 통해 전승되는 관습적 표상이나 권력에 의한 강제적 표상은 사람들의 감각과 의식을 규율한다. 요컨대, '표상'의 운동(표상 작용)에는 재현 작용(표상화)과 구현 작용(구현화)의 두 측면이 있다. 재현 작용은 구현 작용을 의도하고, 구현 작용은 재현 작용을 유도한다. 실재가 재현되고 재현된 표상이 구현되는 장소(topos)는 동일하다.

지식인·문화인·학자들은 해석과 재현과 구현을 통해 두 표상의 두 작용에 관여한다. 널리 양해되고 공유된 표상(재현된 형상)은 작자의 이해와 해석을 구속하고, 작자는 공유된 표상을 전제로 재현하곤 한다. 공유된 표상과 이해되는 표상 사이에는 편차가 발생하게 마련인데, 이 편차야말로 작자의 의도를 드러낼, 작자가 재현을 행하는 근거이다. 예술가나 작가들은 현실(실재)을 어떻게 재현할지를 고민하고, 인문학자들은 작자의 재현 방식을 해석한다. 사회과학자라면 표상이 현실을 규율하거나 표상을 현실에 구현(재재현=현전화[現前化])하는 방식에 주목할 것이다.

현대 일본의 보수주의자들도 보수 표상의 재현 작용과 구현 작용을 통해 가치 있는 영원한 무언가를 지키려 한다. 보수 표상은 문화적 원리에 기초한 표상과 정치적 원리에 기초한 표상 사이의 상관성 속에서 생성·운용된다. 문화적 표상이 국체, 천황제, 일본 문화, 역사관, 가치 체계 등 가

[15] 상상과 표상, 제도와 표상의 상관성에 관해서는 Cornelius Castoriadis, Kathleen Blamey tr., *The Imaginary Institution of Society*(Cambridge: Polity, 1987)를 볼 것.

치 요소들과 관련된다면, 정치적 표상은 국제체제(냉전·탈냉전), 미·일 안보동맹, 평화헌법 등과 같은 체제 요소들과 관련된다. 두 표상이 정합적이면 보수 표상은 현실적인 것이 되고, 비정합적이면 비현실적인 것이 된다. 보수론자들의 '붕괴감'·'위기'·'불안'은 문화적 표상과 정치적 표상의 괴리에서 비롯된다. 괴리를 없애려는 보수주의자들의 시선은 불신의 대상인 정치적 표상을 겨냥한다. 즉, 제도와 체제의 '허구성'을 추궁하게 된다.

'국가'는 보수주의자들에게 두 표상 사이의 괴리를 없애는 강력한 표상이다. '국가' 표상은 정치적 표상의 허구성을 추궁할 정치적 준거이자 문화적 표상이다. 보수의 표상은 국토·자연·민족·공동체와 같은 삶(안보)의 공간일 수도, 삶의 가치를 규정하는 천황제·애국심·내셔널리즘일 수도 있다. 보수의 가치들은 편견과 이성, 권위와 권력, 자유와 평등, 재산과 생명, 종교와 도덕 등의 항목에서 표출되는데,[16] 전통에 기초한 공동체로서의 '국가'는 보수할 가장 중요한 표상으로 간주된다. '국가'의 표상 작용에는 흔히 '애국심'과 '내셔널리즘' 등이 매개로 등장한다. 여기에는 '전후체제' 표상의 해체, '국가' 표상의 재구축(재현 작용), '국가' 표상의 실천(구현 작용)이라는 정치화의 수순이 따른다. 보수지식인들의 세력화(새역모), 수정주의적 역사 서술, 교과서 운동, 애국심과 내셔널리즘의 고양 등은 바로 그 극단적인 보수의 정치적 행위이다.

---

16 로버트 니스벳, 강정인 옮김, 『보수주의』(서울: 이후, 2007).

4. '전후체제'

'전후체제'

'전후체제'는 전후 일본/현대 일본의 국가와 보수의 존재 양식을 재편하는 제도였다. '전후체제'는 평화헌법과 미·일 안보동맹이라는 제도가 일본의 정치와 사회를 규율하는 체제를 가리킨다. 평화헌법은 이상주의적인 '평화 애호'의 국가상을 만들어냈고, 미·일 동맹은 미국에 순응하는 수동 국가(reactive state)라는 성격을 일본에 부여했다. 평화주의와 발전주의는 이들 제도 속에서 온존했고, 전후체제의 속성을 규정했다. 헌법과 동맹은 전전의 강력한 국가 표상을 탈색시키는 촉매였다. 국체론과 군국주의가 만들어낸 국가 표상을 추락시키고 국가 의식을 현저히 약화시킨 계기는 패전과 점령군의 민주화 개혁이었다. '전후체제'는 보수 정당(자민당)과 진보 정당(사회당)의 불균형 보혁 구도 위에서 성립한 자민당 주도의 보수정치체제인 '55년체제'를 축으로 전개되었다. 55년체제는 보수정권의 자유민주주의와 경제주의에 의해 장기간 존속할 수 있었다.

전전·전중 일본에서 국가와 이념이 강력하게 결합했다면, 전후 일본에서는 분리되어 있었다. 공식적 제도와 정치체제가 보수적/현실주의적 성격을 띤 반면, 비공식적인 지식 사회/이념 세계에서는 진보가 압도했다. 보수정치가·관료가 국제체제와 미·일 동맹에 순응하는 현실적인 국가를 운영하고자 했다면, 진보적 세력·지식인은 국제체제와 미·일 동맹을 초월한 이상적인 국가를 꿈꾸었던 것이다. 현실주의적 외교 정책을 표방하는 수사적 언어와 이상주의적 인류애를 과시하는 정치적 언어가 거리를 둔 채 공존하면서 길항적 국가관은 '전후체제'를 구성했다. '전후체제'는 제도적 구성물일 뿐만 아니라 길항적 가치관·국가관의 비대칭적 공존을 함축하는 이념적 구성물이었다.

'평화'와 '민주주의'는 전후체제를 구성하는 핵심 이념이다. 보수지식인들은 '평화'와 '민주주의'를 부정하지 않지만, 절대평화에 입각한 평화국가나 개인주의적 시민사회에는 동의하지 않는다. 그들은 진보지식인들의 이상주의적 평화국가론 또는 냉전체제의 맥락을 경시하는 전면강화론이나 중립론을 비판해왔다. 후쿠다 쓰네아리는 진보주의자들이 "모든 현상과 문제를 자기라는 주체로부터 잘라내고 멀리하는" '자기말살병'에 빠졌으며, 절대평화론은 근거가 취약한 '두 개의 세계의 평화 공존'에 대한 신념, 평화 대 전쟁의 이분법적 사고, 소련이 '평화 공존'을 보전해줄 것이라는 잘못된 믿음에 기초한다고 비판한다.[17] 진보주의자들의 '평화'·'민주주의' 관념의 비현실성·허구성·추상성에 대항하여 일상 세계의 삶과 상식을 토대로 주체를 모색하려는 심리가 드러난다. 후쿠다는 진보주의자들의 '반미'·'중립' 주장을 비판하면서 국익을 위한다면 '강대국' 미국과도 협력해야 한다는 자세를 보였다.[18] 이 자세에서는 냉전체제와 미·일 관계의 현실을 인정하면서 현실적인 국제 정책을 모색한 정치적 현실주의자(高坂正尭, 永井陽之助)와의 친근성이 읽혀진다. 그렇지만 진보주의자들의 '평화'와 '민주주의' 관념을 지탱하는 '미국'이라는 존재가 용인되는 것은 아니다. 보수지식인들에게 '국익'과 '이념', '친미'와 '반미', '진보'와 '보수'는 착종되어 있다.

일본의 전후체제에서 '국가'는 '평화 국가'나 '문화 국가'의 용례처럼 '평화'와 '민주주의'를 표방하는 연성적인 관형사를 동반하는 것이 일

17 福田恆存, 「平和論にたいする疑問」(1954), 福田恆存, 『日本を思ふ』(東京: 文藝春秋, 1995), 181~204쪽.

18 福田恆存, 「平和論にたいする疑問」, 181~204쪽.

패전 직후 연합군총사령관 맥아더(Douglas MacArthur)를 방문한 쇼와 천황. 보수주의자들이 비판하는 일본 '전후체제'의 시작을 상징한다.

상적이다. 자유주의적 이념의 표현이자 동시에 기존 '국가' 관념의 강성 이미지를 완화하면서 이익을 추구하려는 동기에서 나온 용법이다. '평화'와 '문화'는 진보주의자들과 보수정치가들 사이에 '국가'를 수식하거나 호도하는 핵심 정치 언어로서 기능했지만, 용법과 의도는 서로 달랐다. 이는 추상적 국가관과 실체적 국가관의 차이와 연관된다. 간혹 천황제에 기초한 문화공동체 국가관을 상정하는 극우적/심미적 이념과 행동이 표출되기는 했지만, 대체로 보수주의자들은 '국가'를 규율하는 '자유민주주의'를 부정하지는 못했다. 하지만 나카소네 정권 때 극명히 드러났듯이, '평화'와 '경제 발전'은 일본 사회의 보수화를 부추겼고, '경제 대국'을 토대로 한 '국제 국가'의 출현은 '전후 정치의 총결산', 즉 전후체제의 종언을 주창하는 보수심리를 산출했다.

탈냉전과 지구화의 맥락은 '전후체제'를 흔들었고 '국가'를 쟁점화시켰다. 먼저, 냉전체제에서 잠복해 있던 전쟁 책임 논쟁과 종군위안부 문제를 둘러싸고 책임 주체로서의 '국가'가 부상한다. '자유주의 사관'을 내건 '새역모'의 역사 재서술 혹은 왜곡은 '국가'의 주체적 존재를 강화하려는 의도에서 나왔다.[19] 걸프전쟁은 '국제 공헌'이라는 화두를 통해 '국가'의 존재 방식을 일깨웠다. 일본 국내에서도 보혁 구도의 붕괴와, '국제 공헌'과 연계된 '헌법 개정'의 쟁점화는 '개혁'이라는 새로운 언어 상징을 등장

[19] 1980년대 이후 역사교과서 논쟁은 두 맥락을 갖는다. 먼저 1980년대 초 침략전쟁의 표현과 교과서 검정과 관련하여 역사교과서 문제는 동아시아의 국제 문제로서 성립했다. 교과서 문제는 동아시아 국제 수준의 쟁점이었고, 국내 논쟁으로 연결되지는 않았다. 하지만 1990년대 들어 새역모의 '자유주의 사관'과 역사교과서 발간은 일본 국내의 보수-진보 논쟁과 교과서 채택 찬반 운동을 불러일으켰고 국제 쟁점으로 이어졌다. 두 맥락에 보이는 변화는 탈냉전을 계기로 역사의 기억을 둘러싼 보수-진보 논쟁이 출현했다는 것이다.

시켰다. 55년체제가 붕괴하고 뒤이어 연립정권이 출현하면서 '개혁'은 보수의 생존을 위한 정치 언어로서 기능하게 된다. 탈냉전의 시간(역사)적 맥락이 책임 주체와 국제 행위자로서의 '국가'를 쟁점화하고, 지구화의 공간(세계)적 맥락이 공동체로서의 '국가'를 쟁점화했다. '국가'의 쟁점화를 통해 '전후체제'의 존재 방식을 자각하는 문제 상황이 출현했다. '전후체제'는 이러한 쟁점화 과정을 거치면서 타자화되었고 모순을 드러내기 시작했다. 국제적 계기에서 촉발된 일본 '국가'의 존재 방식을 둘러싼 보수-진보 논쟁은 일본에서의 '냉전의 종언'이 '전후의 종식'이 아니라 '진정한 전후의 시작'을 알리는 신호였다. 냉전의 종언은 '전후체제'를 끝낸 것이 아니라 '전후체제' 속에 잠재되어 있던 문제들을 현재화(顯在化)하는 계기였다.

'허구로서의 전후체제'

1958년 경제 회복을 이룩한 일본 정부는 『경제백서』를 통해 경제적 차원의 '전후' 종언을 선언했고, 1980년대 나카소네 수상은 정치적 차원의 '전후' 종식을 의미하는 '전후 정치의 총결산'을 내걸었다. 하지만 이러한 공식적 선언에도 불구하고, 비공식적 담론의 세계에서 '전후'는 존속해왔다. 비무장과 전쟁 포기를 선언한 '평화헌법'이 존속하는 한, '평화헌법'이 미국의 강제로 성립된 것이라는 신념이 견지되는 한, 그리고 미·일 안보동맹을 주권 제한으로 여기는 반미 감정이 살아 있는 한, '전후체제'는 존속하게 마련이다. '전후체제'는 평화헌법과 미·일 안보동맹으로 성립한 제도적 구성물일 뿐만 아니라 이들 제도 속에서 생성된 견해나 의식을 포함한다. '전후체제'는 사실의 구성물일 뿐만 아니라 언설 공간이며, 제도인 동시에 가치 체계이다. 탈냉전과 지구화 맥락의 보수주의자들은 제도와 가치의 양면에서의 허구성을 폭로함으로써 '전후체제'의 전복과 진보주의의 몰락을 꾀한다.

보수주의자들에게 '전후체제'는 허구적 세계이다. 보수정치학자 나카니시 데루마사(中西輝政)는 전후체제가 평화헌법의 '커다란 거짓' 위에 성립했다고 본다. 군사력 보유 금지와 전쟁 포기를 규정한 평화헌법 제9조는 '완전한 거짓말'이며, 이러한 평화헌법 위에 성립한 전후 민주주의는 '거짓말 위에 거짓말을 굳히는' 작업이었다고 주장한다. 아울러 '전후 60년'은 '일본 문명의 생명력'이 쇠락해온 '문명사적 위기의 60년'이었다고 진단한다. '문명사적 위기'는 안전보장, 국민정신, 황실의 존재 방식의 위기를 가리킨다.[20] 보수주의 경제사상사가 사에키 게이시(佐伯啓思)는 '전후체제'를 경제주의(근대화)·민주주의·평화주의와 같은 이념들이 만들어낸 '허구적 세계'로 규정한다. '전후체제'는 진보파든 혁신파든 "정신적 공백에 대한 자각이 없는" 체제라는 말이다. '정신적 공백'은 '국가 의식(내셔널 아이덴티티)의 상실'을 뜻한다. 사에키는 전후 일본의 '인권'·'평등'·'친절' 교육, 다시 말해서 '민주주의'가 허구적 현실을 만들어냈다고 주장한다. 허구성은 현실(reality)과 가상 세계(virtual reality) 사이의 간극을 뜻한다.[21] 사에키는 "전후체제=근대주의=진보주의=합리주의"라는 관점에서 국가 의식과 국가를 포착하고, 전후체제를 "기묘하게 뒤틀린 국익과 이념의 유희"를 내장한 '허구적 세계'로 규정한다. 새역모에 관여했던 정치사상사가 사카모토 다카오(坂本多加雄)의 경우 '전후체제'란 평화헌법이 만들어낸, 현실과 유리된 전후 평화주의에 빠진, 사회계약론적 발상에 빠져 '국가로부터의 자유'만을 연구하는, '국가' 없는, '허구'와 '허위'로 가득한, '자폐적

[20] 中西輝政, 『日本文明の興廢』(東京: PHP研究所, 2006), 1~15쪽.

[21] 佐伯啓思, 『現代日本のイデオロギー: グローバリズムと国家意識』(東京: 講談社, 1998), 11쪽.

사고 공간'이다.[22] 새역모 대표를 지낸 니시오 간지(西尾幹二)의 표현을 빌리면, '전후체제'는 '말'과 '체험'이 분열된 세계이다. "말에 지배되어 말은 잘 하지만 말을 상실한 사람"='성격 장애자'들이 '직관'과 '말'이 괴리되고 '체험'과 '표현'이 격리된 상태에서 '언어의 환상적 비대화'만을 일삼는, 신체를 통한 경험, 즉 '체험'이 결여된 체제이다.[23]

'거짓말', '허구적 세계', '자폐적 사고 공간', '성격장애자' 등의 말에서 간파되듯이, 보수주의자들의 눈에 '전후체제'는 병리적 사회로 비친다. 병리학적 진단은 현실과 비전 사이의 간극 혹은 괴리를 추궁한 것이지만, 관찰자의 불안감이 투사된 것이라 볼 수 있다. 불안감은 일본 사회가 붕괴되고 있다는 감각과 결부된다. 이미 1970년에 에토 준은 일본 사회의 병리적 속성을 가구(假構)와 현실이 겹쳐진 '놀이의 세계'로 읽어낸 바 있다. '전후체제'는 반미 감정이 강하면서도 미국에 의존하는, '자주방위'를 이야기하지만 일본인의 '자주적인' 방위일 수 없는, 자기동일성(아이덴티티) 회복과 생존 유지가 이율배반적으로 공존하는 '놀이의 세계'로 그려졌던 것이다.[24] 이후 에토는 전후 일본의 원점을 이루는 항복이 무조건적이 아니었음을 논증함으로써 '놀이의 세계'에서 주체를 찾으려 했다.[25] 1980년대에 들어서는 점령기 일본이 미국의 언론 '검열'로 '닫혀진 언어 공간'이었고,[26] 일본의 전후 민주주의가 일본 헌법을 제정한 미국에 의해 구속받

---

22 坂本多加雄, 『求められる国家』(東京: 小学館, 2001), 72쪽.

23 西尾幹二, 『国家と謝罪』(東京: 德間書店, 2007), 89쪽.

24 江藤淳, 「'ごっこ'の世界が終わったとき」(1970), 福田和也 編, 『江藤淳コレクション1史論』(東京: 筑摩書房, 2001), 44~72쪽.

25 江藤淳, 『忘れたことと忘れさせられたこと』(東京: 文藝春秋, 1979).

26 江藤淳, 『閉ざされた言語空間: 占領軍の検閲と戦後日本』(東京: 文藝春秋, 1989). 원래 『諸君!』, 1982年 2月号 및 12月号에 발표됨.

아왔다는 주장을 편다.[27] 후쿠다 쓰네아리의 경우 진보주의자들의 비현실성·허구성·비주체성을 비판했던 것이지 '평화'와 '민주주의' 자체를 부정한 것은 아니다. 에토의 경우는 미·일 관계가 국가 방위상 필요하다고 보면서도, 안보동맹을 통해 평화헌법의 군사력 불보지(不保持), 전쟁 포기 조항을 온존시키고 미국이 일본 사회의 '아버지' 역할을 수행함으로써 일본의 주권이 제한받는다고 생각했다. 기본적으로 "'감각'이 아니라 성문헌법의 이념, '개혁'이라는 이념 위에 세워진 나라" 미국의 이질성에 위화감을 느꼈다.[28] 에토 준도 '전후체제'의 구조적 모순과 미국의 규율성을 드러냄으로써 후쿠다 쓰네아리와 마찬가지로 전후체제의 모순·뒤틀림·왜곡을 폭로하고자 했다.

탈냉전기 보수주의자들도 에토 준의 헌법관을 계승하여 일본의 주체성, 혹은 인민의 동의를 주장하는 평화헌법의 인민제정설이나 내각제정설을 부정하고, GHQ의 헌법 초안이 일본 정부에 강요된 것임을 자명한 '역사적 사실'로 내세운다. '평화헌법'이 미국으로부터 강요된 헌법이며, 전후 일본의 타율적 비주체성이 '평화헌법'에 기인한다는 인식을 공유한다.[29] 하지만 탈냉전기 보수주의자들은 더 '진보'했다. 국제사회에서 '경제 대국', '국제 국가' 일본이 취약한 국제적 대응력과 비주체성을 드러냈을 때, 이들은 '전후체제' 전체를 문제 삼았다. 탈냉전기 보수주의자들은

27 江藤淳,『一九四六年憲法: その拘束』(東京: 文藝春秋, 1980).

28 江藤淳,『保守とはなにか』, 19~20쪽.

29 에토 준은 1980년을 전후한 때부터 평화헌법의 타율성과 체제 구속성을 비판했다. 江藤淳,「一九四六年憲法: その拘束」,『諸君!』, 1980年 8月号 및 江藤淳,「一九四六年憲法: その拘束·補遺」,『諸君!』, 1980年 9月号 참조. 두 글은 江藤淳,『一九四六年憲法: その拘束』에 수록되었다. 대체로 니시베 스스무, 사카모토 다카오, 니시오 간지 등 보수 논객들도 공유하는 헌법관이다.

'전후체제'를 '평화'와 '민주주의'의 언설 공간이자 가치 체계로 간주하고, 가치 체계 자체를 부정한다. '전후체제'는 '평화주의'와 '민주주의'가 '공식적 언어', 즉 체제 이데올로기가 되어 있는 '체제'이다.[30] 진보주의자들의 '평화주의'와 사회계약론적 발상에 기초한 '민주주의'가 지배한, 사카모토 다카오의 말을 빌리면, '평화와 민주주의의 역사관'[31]이 만연한 진보적 가치 체계의 공간이다. 이들은 '평화헌법'이라는 제도와 '미국'이라는 권력이 만들어낸 '진보이념의 공동체'(이상)와 '실제'(현실) 사이의 간극에서 생성되는 뒤틀림·왜곡·비주체성을 폭로하는 데 그치지 않는다. '평화헌법'이라는 제도와 '미국'이라는 권력 자체를, 혹은 그 제도와 권력이 구성해낸 이념 체계인 진보주의·합리주의·경제주의를 부정한다. '허구로서의 전후체제'='평화와 민주주의'의 전후체제를 거부한다.

'평화와 민주주의'의 '전후체제'에 대한 부정은 이념의 전환을 의미한다. 국가공동체와 관련된 '내셔널 아이덴티티', '국가 의식'의 부상을 뜻한다. 새로운 보수주의는 '국가' 표상을 내세운다. 사에키 게이시는 진보주의에 입각한 '경제성장의 종언',[32] 즉 발전주의의 종언을 선언하면서 보수주의의 핵심에 '냉전 이후' 일본 국가의 공동체적 구성과 내셔널 아이덴티티를 자리매김한다. '국가'는 냉전 이후의 탈이념화 경향과 지구화의 신자유주의 경제 논리에 대응하는 새로운 보수주의의 핵심 표상인 것이다. 사에키는 전후체제를 지탱한 '평화주의'는 점령 정책의 편의적인 산물로

30 佐伯啓思, 『国家についての考察』(東京: 飛鳥新社, 2001), 95쪽.

31 坂本多加雄, 「戦後日本の平和主義」, 21世紀日本フォーラム 編, 『戦後を超える』(京都: 嵯野書院, 1995).

32 佐伯啓思, 『成長経済の終焉: 資本主義の限界と'豊かさ'の再定義』(東京: ダイヤモンド社, 2003).

서 '국익'을 담은 정치적 언어이며, 미국에서 이식된, 평화주의를 지탱하는 '민주주의' 이념은 '근대화' 맥락에서 보편적 이념, 추상적 진리로 절대화되었다고 본다. 현실주의는 '대미 종속' 외교를 국익으로 간주함으로써 국가 의식을 봉쇄했고, 평화주의는 평화이념을 절대화함으로써 국가 의식을 봉쇄했다는 말이다.[33] 사에키가 포착하는 '전후체제'는 평화주의와 현실주의의 공범 관계 속에서 '국가 의식'이 '봉쇄'되어버린 체제, '근대주의'가 경제 발전을 가져오지만 '국가 의식'을 약화시키는 패러독스의 체제이다. 여기에다 지구화 맥락이 '문화 파괴(Vandalism)'와 '국가 의식의 약체화(denationalization)'를 부추겼다. 일본인들은 '혼(에토스)의 쇠약', 즉 '국가 의식(내셔널 아이덴티티)의 쇠약'에 빠졌다는 것이다.[34]

5. '보수의 감각'

보수의 정치감각과 일상감각

보수주의자들에게 '전후체제' 비판은 정치와 일상의 사이에서, 감각과 이념 사이에서, '전후체제'를 구성해온 진보주의를 척결하려는 담론 투쟁이다. 담론 투쟁은 '보수감각'에서 나온다. '보수감각'은 견고한 보수주의의 파생물일 수도 있지만, 전후체제를 문제 삼고 진보주의와 대결하는 가운데 발현된다. '보수의 정치감각'은 정치 생활에서 영위되는 보수감각으로서 '전후체제'를 적극적으로 감지(문제시)한다. '보수의 일상감각'은

33 佐伯啓思, 『国家についての考察』, 105~109쪽.

34 佐伯啓思, 『国家についての考察』 참조.

'전후체제'라는 체제 환경(민주주의, 평화헌법, 미·일 동맹, 진보주의) 속에서 생성된 보수의 일상감각이다. 체제에 대해 정치감각이 자각적이라면 일상감각은 무자각적인 편이다. 당연히 개인과 국가에 관한 감각은 다를 수밖에 없다. 보수주의자들의 보수감각은 전후체제의 '평화주의'('자유민주주의')와 '발전주의' 속에서 양생된 두 형태의 보수감각, 즉 미국에 추종하는 보수 정치가들의 '보수의 정치감각'과 경제적 풍요에서 생성된 일본 국민들의 '보수의 일상감각'을 깨우려는—정치화하려는!—의도를 지닌다.

일본 '국가'는 국제적으로는 냉전체제 아래 '평화'(평화헌법 이념의 구현자)와 '주권'(국제정치의 주체) 사이에서 제약을 받았고, 국내적으로는 정치적 보수와 혁신 사이에서, 보수의 일상감각과 정치감각 사이에서 애매성을 띠었다. 특히 미국과 소련이 국제 책임을 담당하는 냉전체제와, 미·일 동맹과 평화헌법으로 구축된 평화체제 하에서 국제 책임을 면제받은 일본 '국가'는 능동적인(proactive) 국제 행위자(주체)로서 행동하고 이를 뒷받침할 '국민공동체'를 구축하려는 발상을 그다지 갖지 못했다. 경제적 풍요와 중간층의 성장에 따른 중류 의식의 확산이 평화 의식을 지탱하면서 '보수감각의 일상화'는 더욱 진행되었다.[35] 여기서 체제와 주체를 의식하는 보수의 정치감각과, 평화와 경제 속에서 향유된 보수의 일상감각은 어긋날 수밖에 없었다.

보수정권은 보수의 정치감각과 일상감각의 거리를 초래한 일본 국가의 국제적 수동성(reactivity)[36]을 극복하기 위해, 보수의 일상감각과 정치감각

---

35 石田雄, 『日本の政治と言葉(下): '平和'と'国家'』(東京: 東京大学出版会, 1989), 238~239쪽.

36 일본 국가의 수동성-능동성 문제는 외교 정책 차원에서 논의되어왔다(Kent Calder, Kenneth Pyle, Susan Pharr). 국제체제와 국가 전략, 정치체제의 상관 관계에서 생성된 '보

후쿠다 쓰네아리(福田恆存). 전후 일본 보수사상의 기원이 되는 문예비평가.

의 거리를 줄이기 위해, 보수의 일상감각을 정치감각과 연결하려는 '국민화'를 시도했다.[37] 1970년대 국가 주도형 산업 정책과 일본적 경영 방식은 일상화된 보수감각을 정치감각으로 전환시킬 여지를 높였다. 산업 정책과 기업을 매개로 개인의 일상적 보수감각이 이를 관리하는 '국가'로 연결될, 바꾸어 말하면 '경제'와 '국가'를 매개로 보수의 정치감각으로 바뀔 개연

수의 정치감각'이라는 관점에서 볼 필요가 있다.

37 올림픽 개최(1964), 건국기념일 제정(1967), 메이지 백년제 개최(1968), 야스쿠니 법안화 시도(1969년 이후), 원호 법제화(1979) 등 국민적 행사와 법제화, '일본을 지키는 국민회의'(1981) 등 대중 동원을 통한 '국민화' 시도들을 들 수 있다. 이에 관해서는 石田雄, 『日本の政治と言葉(下)』, 238~246쪽; 平石直昭, 「現代日本の'ナショナリズム'」, 『社会科学研究』, 58:1(東京大学 社会科学研究所, 2006) 참조.

성을 높였던 것이다. 특히 1980년대 나카소네 정권이 '국제화'와 '국제 책임'을 요청받는 맥락에서 경제 대국의 자신감을 바탕으로 '국민화' 정책을 통해 일상감각에 내면화되기 시작한 '국민적 자부심'을 정치화하고자 했을 때, '국제화'와 '국제 국가' 지향이 '국민화'와 '국민공동체'로의 의지를 추동했을 때, 보수의 일상감각을 정치화할 여지는 높아졌다. 하지만 탈냉전과 걸프전쟁 상황에서 드러난 일본 '국가'의 대외적·대내적 취약성은 보수감각의 정치화가 성숙되지 못했고 일상감각과 정치감각의 어긋남이 여전하다는 사실을 확인시켜 주었다. '국가'는 일상적 삶을 규율하는 행정을 행하는 기제였을 뿐, 국민공동체로서의 표상을 획득하지는 못했다.

'싸우는 보수'

보수주의자들은 보수의 일상감각을 정치감각으로 연결시키려고 한다. '전후체제'에서 비롯된 보수의 일상감각을 일깨우려면—정치화하려면—'전후체제'를 깨야 한다고 생각한다. 전후체제에 대한 불만은 전후체제를 지배한 진보주의에 대한 반감에서 나온다. 보수의 감각은 진보에 대한 반감에서 출발한다. 후쿠다는 "보수파는 눈앞에 개혁주의의 불길이 오르는 것을 보고서야 자신이 보수파임을 깨닫는다"[38]고 말한다. 보수는 진보에 대항해서 스스로를 정당화하는 '논리'(이념)를 갖지만, 우선은 '감각'에 의존한다. 에토 준도 보수주의를 이데올로기보다는 '이스태블리시먼트(establishment)의 감각'으로 이해한다. 그것은 '기득권의 존재 기반'을 생각하는 감각, 보수 자체의 존재 기반을 따지는 감각을 의미한다. 에토는 작위와 지주의 기득권이 헌법(constitution)이 아니라 관습에 의해 유지되는 사례

---

38 福田恆存, 『常識に還れ』 참조.

에토 준(江藤淳). 평화헌법과 미·일 동맹의 비주체성을 선구적으로 감지했고, 전후체제의 '모순'을 보수의 입장에서 논증하는 저술 활동을 한 보수주의 문학비평가.

를 통해 영국의 보수주의가 '이즘(ism)'이 아니라 '감각'이라는 예증을 동원한다. 보수주의는 "우리들의 유의(流儀)를 지키면 된다는 보수감각"이라는 것이다.[39]

보수 자체의 존재 기반을 따지는 감각은 진보에 대한 수세적 반감을 넘어 공세적 보수감각이 성장했음을 암시한다. '기득권의 존재 기반'을 따지는 공세적 보수주의자들은 보수가 진보에 압도된 '전후체제'에 익숙해진 보수감각을 문제 삼는다. 경제사상사가 니시베 스스무(西部邁)는 "개인 심리의 차원에서 파괴된 전통의 파편을 주워 모아" "과잉된 계획적 혁신으로부터 몸을 지키는 콘서버티브(방부제)로 삼는 것이 오늘날 콘서버티브

39 江藤淳, 『保守とはなにか』, 27쪽.

(보수주의자)의 최대한의 자기 증명"이 되어버린 일본 보수의 현실을 개탄한다. '근대화의 이데(Idee)'가 승리하여 보수주의를 분명하게 주장하지 못하고 '과잉된 계획적 혁신'(진보)으로부터 스스로를 '보수'해야 하는 보수의 수세적 일상감각을 비판한다. 그에 따르면, "보수주의의 심리는 궁지에 몰려 있"고, 여기서 '도착(倒錯)의 감각'이 생겨난다. "여론은 전통 파괴에 의한 과거로부터의 단절과 사회 계획에 의한 미래의 창조에 대해 극히 낙관적이다. 여론은 좌우익을 불문하고 넓은 의미의 진보주의에 스스로의 정통성을 찾는다.… [진보주의는 '장소(topos)가 없는' 유토피아(utopia)이기 때문에] 유토피아 사상은 보수주의가 가장 기피하는 것이다. 그런데 여론이 완전히 진보주의의 색깔을 띤 현대에서는, 그리고 여론이 나라를 만든다고 여겨지는 현대에서는 오히려 보수주의 쪽이 '어디에도 없는 나라'를 구상하는 듯이 보인다. 이 도착의 감각을 어떻게 견뎌낼까, 이것이 보수주의의 심리에서 가장 중요한 고비이다." '전후체제'는 원래 유토피아를 기피하는 보수주의가 오히려 유토피아를 찾아야만 하는 역설적 상황을 낳고, 이 역설에서 '도착의 감각'이 생겨났다는 말이다. 그는 "현대에서 보수주의는 아나크로니즘이며 유토피아이다. 보수주의는 원래 아나크로니즘과 유토피아를 가장 꺼리는 것이었음을 생각할 때, 이는 커다란 역설이며, 비즈니스 문명이 만들어낸 커다란 조롱이다"라고 자탄한다.[40]

흥미롭게도 니시베는 이러한 '도착의 감각'을 1980년대 문화공동체(국민공동체)에 기초한 강력한 국제 국가를 지향했던 '신보수주의'의 맥락에서 감지하고 있다. '도착의 감각'이란 보수정권의 최절정기에 제시된 '국제 국가=국민공동체=문화공동체' 구상이 냉전체제와 신보수주의 국

[40] 西部邁,『幻想の保守へ』(東京: 文藝春秋, 1985), 206~208쪽.

현대 일본의 대표적인 보수논객이자 '새역모' 활동에도 적극 관여한 경제사상가 니시베 스스무(西部邁). '싸우는 보수'의 감각을 일깨우는 투쟁적 보수의 모습을 보이고 있다.

제연대에서 생겨난 외생적·비주체적인 것이며, 일상의 보수감각과 괴리된 것임을 드러낸 표현이라고 볼 수 있다. 대미 의존의 비주체성과 평화주의에 익숙한 보수의 일상감각이 만들어낸 '전후체제'의 '허구성'이 더욱 크게 보였던 것이다. '도착의 감각'은 '전후체제'에 대한 총괄적 비판을 유발하는 근거가 된다. 니시베에 따르면, '전후체제'는 진보이념으로 '보수적 감각을 상실한 체제', '전통을 파괴하는 메커니즘'이다. 진보주의는 "인간이 지적으로도 도덕적으로도 보다 완전한 것에 접근해간다는 가설을 믿는 태도", 즉 '퍼펙티빌리티(완전 가능성)의 신념'이다. 그런데 현대 일본의 진보주의는 윤리성이 약해진 '묽어진 진보주의'인데, 도수 낮은 알코올이 상습벽이 강하고 중독성도 심하듯이 부단한 변화를 통해 '보수적 감각'을 눌

러왔다.[41]

니시베의 보수감각은 '도착의 감각'을 극복하려는 '투쟁하는 감각'이다. 니시베는 '도착의 감각'을 극복하려면 진보주의가 '인습'이 되어버린 전후체제에서 그 '인습'을 깨야만 한다고 주장한다. "보수주의는 불변의 항상성에 구애받는데, '기지(既知)에 대한 반발'에 기초해서 '미지(未知)에 대한 공포'가 아닌 '미지에 대한 도전'을 시도해야 한다"는 말이다.[42] '싸우는 보수'의 모습이다. '진정한 보수파'는 '인습'을 깨야 한다. 그는 "전통 파괴라는 현대의 인습을 보수하려는 것은 가짜 보수파이고, 인습을 거스르는 것이 진정한 보수파이다"라고 단언한다. 니시베는 '인습'과의 투쟁을 위해 보수주의를 "합리적으로 설명할 수 없는 환상"으로 규정하고, '가치와 이상과 신앙'을 추구하는, 관습 속에 서서히 축적된 '의도하지 않은 모험'을 부추긴다. '의도하지 않은 모험'이란 "비합리도 시인하려는 용기", "선인들의 용기를 추체험하는 용기"이다.[43] '비합리적인' '환상의 보수'는 '의도하지 않은 모험'을 실행할, 투쟁할 '용기'를 부여받은 셈이다. '합리적 기획'이 아니라 '비합리적 환상'을 설정함으로써, 보수주의는 진보주의처럼 싸우는 감각을 갖추게 된 셈이다. 여기에는 진보와 싸우기 위해 진보에게 배우며, 유토피아를 부정하면서 스스로 유토피아('환상')를 설정하는 역설이 성립한다. '도착의 감각' 혹은 '궁지'를 벗어나려는 보수의 심리는 또 다른 역설을 잉태한 것이다. 적과 싸우고자 적의 장점을 배우고, 권력세계에서 살아남고자 투쟁 이미지를 재생산하는 일본의 현실주의 전통[44]과도 맞닿는 역설이다.

---

41 西部邁, 『幻想の保守へ』, 216~217쪽.

42 西部邁, 『幻想の保守へ』, 206쪽.

43 西部邁, 『幻想の保守へ』, 210쪽.

6. '국가'

이념으로서의 보수주의

보수지식인들은 진보와 전후체제에 대항하는 투쟁의 감각을 간직한다. 탈냉전은 투쟁의 감각을 투쟁의 행동으로 전환시키는 자극이 되었다. 일상감각의 정치화는 '국제 국가' 구상이 '국가'의 대내적 존재 양식을 자극하고 걸프전쟁이 '국제 국가' 일본의 허구성을 폭로하면서 촉발되었다. 지구화는 정치적 보수감각의 출현을 부추겼다. 탈냉전과 지구화의 도전은 '허구의 자폐적 세계'(전후체제)를 총체적으로 비판하는 심리와 논리를 수반했다. 심리는 감각만으로도 성립하지만, 논리는 이론/이념을 필요로 한다. '환상'(유토피아)을 창출해낸 니시베와 동업자들은 전후체제를 총체적으로 비판하는 가운데 '환상'의 이론화를 시도한다.

경제사상사가 사에키 게이시(佐伯啓思)는 여러 보수지식인들 중에서도 가장 열정적인 보수주의 이론가에 속한다. 사에키는 보수는 '보수적 태도'가 아니라 '주의(ism)'여야 하며, 현대 일본은 "보수를 위한 변혁, 혹은 르네상스(부흥)라는 의미에서의 개변"을 필요로 하고 있다고 주장한다. 진보주의가 전후 일본의 '체제'를 이루면서 '반체제'적인 체제, '반권위주의'적인 권위주의, '반국가주의적'인 국가 의식이 전후 일본의 정치 관념을 규정했는데, 이를 극복하려면 '주의'와 '변혁'이 필요하다는 말이다.[45] 보수

---

44 적의 장점을 배우고 투쟁 이미지를 재생산하는 일본의 현실주의 전통은 여러 학자들이 지적한 바 있다. 이를 잘 정리한 최근의 저작으로는 Kenneth B. Pyle, *Japan Rising: The Resurgence of Japanese Power and Purpose*(New York: PublicAffairs, 2007)가 있다. 특히 제2장과 제4장을 볼 것.

45 佐伯啓思, 『国家についての考察』, 30~31쪽.

는 '감각'을 넘어 '변혁 이념'을 갖출 것을 요청받고 있는 것이다.

앞에서 쓴 것처럼, 사에키는 전후체제를 '허구적 세계'로 규정한다. 전후의 '일본이라는 닫힌 언어 공간'은 글로벌리즘과 내셔널리즘이 서로 비난하면서 만들어낸 '허구'였고, 따라서 국제주의도 내셔널리즘도 허구였다는 것이다. 국제주의자나 세계주의자들은 국가 관념을 지녔는데도 자기 이익 때문에 '국제주의'·'세계평화'라는 말을 만들어냈고, 내셔널리즘은 단지 민주주의나 전쟁 비판에 대한 감정적 반발일 뿐, 국제주의/세계주의에 제대로 대항하지 못했다고 말한다.[46] 보수주의 이념은 이러한 상상의 국제주의와 내셔널리즘이 만들어낸 '닫힌 언설 공간'='허구'를 깨는 체제 이념으로서 상정된다. 보수주의는 경험적이고 정서적인 공감을 중시하기 때문에 추상적인 개인의 권리나 이익을 옹호하는 개인주의적인 자유주의나 공리주의와 대립하며, 국가를 유일한 사회적 실재로 여기는 국가주의와도 대립하는 것으로 이해된다. 보수주의는 추상적인 개인주의와 전체적인 국가주의 둘 다에 대항하는 이념이라는 것이다.[47] 보수주의는 반체제적 사상으로 간주된다. "근대의 진보는 보수주의를 타파함으로써 시작된 것이 아니라, 사회질서의 변혁이 합리화되었을 때 보수주의가 등장했고, 따라서 보수주의는 근대에서 가장 반체제적인 사상이었다"는 것이다. 보수주의는 파시즘의 원천이 아니라 민주주의 이상으로 전체주의와 대립하는 '가장 반체제적인 사상'이며, 계몽주의·진보주의·사회개량주의·민주주의에 회의적인 사상으로 이해된다.[48] 자유주의에 대항하는 '가장 반체제적인 사상'이라는 속성을 반추함으로써 보수주의를 전후 민주주의 체제에 대항

---

[46] 佐伯啓思,『現代日本のイデオロギー』, 124~126쪽.

[47] 佐伯啓思,『国家についての考察』, 24~26쪽.

[48] 佐伯啓思,「日本の'戦後保守主義'を問う」,『中央公論』, 2007年 2月号, 148쪽.

하는 반체제 이념으로 설정한 것이다. '싸우는 감각'이 '싸우는 이념'으로 전환되어 있다.

사에키가 파악하는 현대 보수주의는 계몽적 이성이 초래한 '근대주의의 패러독스'를 자각하고 '근대화'라는 불가역적 운동을 '가능한 한' 유보하는 사상이다. 그에 따르면, 현대 일본의 보수주의는 추상적인 이상보다도 현실에 있는 구체적이고 가까운 것에 대한 애호, 합리적인 사회 설계보다도 비합리적인 관습 속의 안정된 것에 대한 신뢰, 신뢰하는 가족/지역/자발적 집단에 대한 애착, 글로벌리즘보다는 절도 있는 애국심, 자유방임적 개인주의와 시장중심주의에 대한 회의, 강력한 국가주의(statism), 자유와 민주주의의 절대화·보편화에 대한 경계, 그리고 민주정치의 대중화·대중영합 정치에 대한 비판 등을 내용으로 삼는다.[49] 앞의 세 개는 고전적 보수주의와 공유하는 항목이며, 뒤의 다섯 개는 근대주의와 민주주의가 지배하는, 글로벌리즘의 위협에 처한 일본 전후체제를 비판하는 보수주의 이념의 내용이다. 사에키는 자유주의(개인주의)·시장주의·민주주의를 대신하는, '전체적 국가주의'와도 대립되는, '강력한 국가주의'를 내세운다.

사에키의 비판적 전후체제론은 합리주의(시장경쟁·개인주의·민주주의)가 만들어낸 '근대화의 덫'('근대화의 패러독스')에 대한 총체적 비판이다. 근대화는 국가와 커뮤니티, 인간관계, 공통의 가치관과 역사라는 관념을 부정했고, 근대화의 무조건적 확장이 오히려 근대사회를 지탱한 조건을 무너뜨렸다는 관점이다. 사에키는 '근대화의 역설'이 미국에 기인한다고 본다. 미국의 강한 자장 속에서 인민주권 이념 위에서 전개된 민주주의와 산업주의가 일본의 민주주의를 붕괴시켰다는 인식이다. 사에키는 전후 일본의

[49] 佐伯啓思, 「日本の'戦後保守主義'を問う」, 149~150쪽.

자유민주주의가 개인주의와 가치상대주의 때문에 '공공적 관심'이 취약하고 타자에 무관심하며 무책임하다고 본다. "개인의 주관을 초월한 공유 가치", 즉 '공유 문화'와 '공공 문화'를 존중하는 정신이 있어야만 자유와 민주주의를 보전할 수 있다고 주장한다. 보수주의의 요체는 사회적 모럴, 의무감, 공공 정신, 공공 이익이며, 이러한 요체가 갖추어진 한에서 민주주의는 의미를 갖는다.[50] 보수주의의 전후체제론은 전후 일본의 합리주의와 자유민주주의, 그리고 미국에 대한 총체적 비판이다.

'국가' 표상의 재구축, 내러티브의 재구성

보수주의자들은 '전후체제'를 해체하기 위해 '현실'(확립된 표상 세계)의 허구성을 폭로하고 재구성한다. 사에키에 따르면, '현실(reality, 실제)'은 '상상력(imagination, 표상화·재현)'에 의거해 구성된 '표상(image, representation)', 즉 '표상된 세계(imaginary world)' 혹은 '가상 세계(virtual reality)'이며, 따라서 '허구'일 수밖에 없다. 하지만 '현실'은 '신뢰할 수 있는 허구'이다. 사회의 규칙이나 법, 다양한 규범과 약속은 제작된 것이며 일정한 가치관을 내포하는 한 '허구'이지만, 이러한 현실을 양해하는 가치관과 사고 양식을 공유하고 신뢰하는 한에서 '현실'을 살기 때문이다. 사람들은 '상상의(imaginary)' 세계에 살지도, '사건들이 모인(factual)' 세계에 살지도 않는다. 일어난 일(fact)을 공통의 양해로서 받아들이는 상상력(imagination)을 잃어버릴 때 리얼리티를 상실하게 되고, 상상력이 '공통 경험으로서의 사실(fact)'이라는 뒷받침을 잃어버릴 때 '허구(fiction)'의 세계에 '자폐'하게 된다. '현실'이란 공

---

[50] 佐伯啓思, 『現代民主主義の病理: 戦後日本をどう見るか』(東京: 日本放送出版協会, 1997), 223~234쪽.

통의 양해가 지탱하는 '신뢰할 수 있는 상상력'에 뒷받침되는 사실의 집합이다.[51] 사에키는 전후 민주주의가 '공통 경험으로서의 사실'을 해석하는 상상력을 빼앗았다고 비판하면서 전후체제라는 '현실'='허구'='허구의 자폐적 세계'를 폭로한다.

보수주의자들은 새로운 신화의 구축을 시도한다. 앞에서 언급했듯이, 전후체제의 근간을 이루는 평화헌법의 탄생과 성격에 관한 '신화'를 깨는 것은 일차적 작업이다. 더 중요한 것은 '국가' 표상을 재구축하는 일이다. 사에키는 "역사의 지혜나 생활 속에서 나오는 경험의 퇴적, 그리고 그 에센스라고 할 건전성의 감각"을 구축함으로써 '전후체제'를 해체하고 '공통 경험'에 토대를 둔 '신뢰할 수 있는 허구'를 재구축한다. '경험의 퇴적'은 '역사'로, '건전성의 감각'은 '국가'로 수렴되며, '경험의 퇴적'(역사)은 '건전성의 감각'(국가)으로 귀결된다. '국가'는 불안을 해소하고 '혼의 부흥'을 가져올 유력한 표상이 된다. 사카모토 다카오(坂本多加雄)는 '건전성의 감각'을 "전쟁이 일어날 수도 있다는 전제에서 국가는 만들어지는 것이고 그 속에서 산다는 것은 어떠한 체험인가"를 체득하는 것, "가까운 전사자를 생각하고 마음 어딘가에 '유사(有事)에 대한 각오'를 둘러싸고 국가의 무력행사가 지닌 의미와 개개의 옳고 그름에 대해 항상 사색하는 '습관'을 자연스럽게 몸에 익히는 것"으로 이해한다. 이러한 체험과 습관은 국민으로서의 '마음가짐'이나 '정치적 성숙'을 갖는다는 말이다.[52] 여기서 국가를 '자기를 규율하는 공동체'이자 '타자에 대응하기 위한 주체'로서 표상하고(재현 작용), 이 표상을 국민에게 구현함으로써(구현 작용) '허구적

---

51 佐伯啓思, 『現代日本のイデオロギー』, 23~26쪽.

52 坂本多加雄, 『求められる国家』, 76~77쪽.

세계'를 벗어나 '실체적 세계'를 구축하는 작업이 수반된다. 내셔널리즘, 애국심, 내셔널 아이덴티티 등은 '국가' 표상과 관련된 심정들이다.

사카모토는 전후체제의 '신화'를 깨는 한편, 일본의 이야기를 작성해야 한다고 주장한다.[53] 사에키는 현대 일본 사회가 붕괴한 원인을 전후 일본 사회에서 신화나 전승, 역사를 포함한 모든 공유된 '이야기'가 죄다 부정되어 '과학'으로 대체되었고, '공유된 가치'가 '각자의 자유'로 치환되었다는 데서 찾는다. 민주주의나 과학(사실의 나열적인 기억)으로는 '납득할 수 있는 이야기'를 구성할 수도, 리얼리티를 줄 수도 없다. '신뢰할 수 있는 허구'='현실'을 재구성하려면 '생활의 실감'(경험)과 '건전성'에 기초한 '공통의 이야기'가 필요하다. 그것은 '의지하고 질서지우는', '개인의 기호를 넘어선', '절대적인 무언가'를 찾는 행위이다. "우리들이 아무리 해도 복종하지 않으면 안 되는 것, 절대적인 것"은, 절대자(신)를 갖지 못한 일본 사회에서는, '개인의 자유', '민주주의', '인권', '인간의 이성'과 같은 공식적 가치가 아니라 사회의 예의나 습관, 권위 속에서, 일상생활의 질서를 세우는 비공식적인 인간관계에서 모색되어야 한다는 것이다.[54] '공통의 이야기'는 개인의 비공식적인 관계를 규율하는 공동체의 관습과 가치에 관한 것임을 알 수 있다.

'공통의 이야기'의 새로운 서술은 공동체 역사의 재구성을 뜻한다. 공동체는 국민공동체·문화공동체로서의 '국가', 즉 정치적 표상과 문화적 표상을 공유한 국가로 상정된다. 국가는 민주주의적 구성물, 혹은 사회계약

53 坂本多加雄, 『求められる国家』 참조.

54 佐伯啓思, 『現代日本のイデオロギー』, 26~32쪽. 사에키는 '공유의 이야기'가 전승·영웅담·신화·고전·동화라도 좋고, 일본 역사나 사회에 관한 사회과학적 언설이라도 좋고, 미래를 향한 이상이라도 좋다고 말한다.

에 의한 인위적 결사가 아니라 개인을 초월하여 일본인들의 예의·습관·일상생활을 규정하는, 비공식적 관계를 질서지우는 소여의 공동체로 이해된다. 여기에 '국가' 표상이 강하게 연루된다. 극우 세력들은 '천황제 국가' 표상의 구현을 의도한다. 그들에게 '공통의 이야기'는 '국체' 내러티브로 족하다. 하지만 자유주의적 보수주의자들에게 '역사'는 '자랑스러운' 문화공동체 혹은 도덕공동체를 구성해내는 작업이며, 천황은 국가공동체에서 통합의 기능을 수행하는 문화적 기제로서 의미를 갖는다. 공통 내러티브의 구축은 역사적 사실의 탐구가 아니라 주관적 국가 의식을 투사한 역사의 재구성이다. 새역모 이데올로그들이 저술한 『일본의 도덕』(西部邁), 『일본의 문명사』(中西輝政), 『국민의 사상』(八木秀次) 등[55]은 보수 내러티브의 극단적 표현이다.

'강한 국가' 혹은 '균형체로서의 국가'

보수주의자들이 상정하는 '국가'는 일본 문화론자나 보수정치가들이 정치적 수사로서 말하는, 일본 문화의 관습과 가치에 기초한 문화공동체 혹은 사회적 도덕과 규율 및 관습이 만들어내는 도덕공동체인 '아름다운 일본'이라는 국가상과는 다르다. '아름다운 일본'이라는 국가 표상은 1980년대 경제 대국화에서 비롯한 자신감과 일본 문화에 대한 자부심을 함축하며, '문화 국가'와 결부된다. '아름다운 일본'은 가와바타 야스나리(川端康成)의 노벨문학상 수상 연설인 〈아름다운 일본의 나〉(1968)에서 심미적 표상을 극적으로 드러낸 바 있다.[56] 일상감각에 스며든 '일본의 미'와 '일본

[55] 西部邁, 『日本の道徳』(東京: 産経新聞ニュースサービス, 2000); 中西輝政, 『日本の文明史』(東京: 扶桑社, 2003); 八木秀次, 『国民の思想』(東京: 産経新聞ニュースサービス, 2005).

정신'을 구가한 가와바타의 '아름다운 일본'은 경제성장을 바탕으로 일본 문화의 특수성에 대한 자신감을 회복하던 때에[57] 세계를 향해 발신된 것이었다.

나카소네는 국제화라는 동력을 매개로 '국제사회 속의 국민국가'를 지향하면서 경제적 삶에 기초한 일상감각과 국제 공헌을 수행하려는 정치감각을 결합한 '문화 국가'를 상정한다. 나카소네는 일본 국가를 "세계에 공헌하고 국민에 봉사하는 운명공동체인 동시에 문화공동체"로 상정하면서, 이러한 공동체를 구축하려면 경제 발전과 민주주의로 단절된 '커뮤니티의 전통'을 되살려야 한다고 말한다. 보수할 가치는 '아름다운 일본'이며, '아름다운 일본'을 구성하는 일본인의 '일상의 삶'이다.[58] 보수정치가들에게 '아름다운 일본'은 문화적·심미적 표상을 넘어 정치적 신념이자 정치적 수사로서 재생산되고 있다.[59]

보수주의자 니시베 스스무는 '아름다운 일본'의 정치적 수사성을 비판한다. 보수주의자들은 '아름다운 일본'이라는 정치적 수사만으로는 탈냉전과 지구화의 새로운 맥락에 대응할 수 없다고 본다. 그들은 글로벌 시장경제가 개인의 욕망을 해방하고 이동의 자유와 규제로부터의 자유를 자

---

56 川端康成, 『美しい日本の私: その序説』(東京: 講談社, 1969). 패전 직후 진보지식인들(丸山眞男, 桑原武夫 등)도 새로운 일본을 '문화 국가'로 만들고자 했다. 그때 '문화 국가'는 일본의 전통과는 단절된, 근대 문화에 입각한 국가 표상이었다.

57 아오키 다모쓰, 최경국 옮김, 『'일본문화론'의 변용』(서울: 소화, 2000).

58 中曽根康弘, 『新しい保守の論理』(東京: 講談社, 1978), 32~34쪽, 193~194쪽.

59 安倍晋太郎, 『美しい日本へ』(東京: 文藝春秋, 2006); 町村信孝, 『保守の論理: '凛として美しい日本'をつくる』(東京: PHP研究所, 2005). 한편, 진보 문학자인 오에 겐자부로(大江健三郎)는 노벨문학상 수상 연설에서 가와바타의 '아름다운 일본의 나'를 비틀어 '애매한 일본의 나'로 표현한 바 있다(1994). 大江健三郎, 『あいまいな日本の私』(東京: 岩波書店, 1995).

극하는 상황에서 강력한 글로벌리즘의 위협에 대항할 국가의 존재와 역할을 중시한다. 사에키는 시장의 고도화가 버블 경제와 소득격차 확대와 사회적 불안정을 초래하는 가운데 글로벌 시장경제에 대응하여 국민생활을 안정시켜야 하는 기제로서 국가는 정치적 역할을 다시 부여받았다고 진단한다.[60] 그는 국가를 비판하면서도 국가에 기대를 걸며 국가에 대한 책임을 회피하면서도 국가에 의존하려는 일본인들의 이중적 정신 구조를 지적하면서 '강한 국가'를 요구한다. 사에키에 따르면, 경제적 상호 의존이 강화되고 세계 자본의 움직임이 빨라질수록 '불확실성'과 '위기'가 커져 시장의 자기 책임과 제도적 안전장치만으로는 대응할 수 없기 때문에 강한 의사와 실행력을 가진 정부와, 이를 뒷받침할 사회적 조건 및 정신 풍토를 갖춘 '강한 국가'가 필요하다. 국가는 정치적 의사 결정과 집행의 주체로서 일본의 장래를 구상하고 전략적인 의사 결정을 행하며, 시스템의 불안정을 초래할 '불확실성'과 '위기'에 대비할 수 있어야 한다.[61] 동시에 '강한 국가'는 역사적·문화적 형성체여야 한다. '강한 국가'는 정치적 의사 결정과 실행 능력뿐만 아니라 국가가 갖는 역사적·문화적인 가치와 표현 형식의 힘에서 나온다. 따라서 정부의 강력한 권력뿐만 아니라 공통의 가치도 필요하다.[62] 사에키는 "국가는 권력 장치가 아니라 다양한 룰과 습관과 가치를 공유하는 집합체이며, 그 속에는 권력 장치도 있고 시장 활동과 개인의 자율을 보장하는 룰도 있다"[63]고 말한다. 권력 기제로서의 국가를 '룰과 습관과 가치를 공유하는 집합체', 즉 공동체로서의 국가로 회수시키는 국

60 佐伯啓思, 『現代社会論: 市場社会のイデオロギー』(東京: 講談社, 1995), 286쪽.

61 佐伯啓思, 『成長経済の終焉』, 113~117쪽.

62 佐伯啓思, 『成長経済の終焉』, 119~123쪽.

63 佐伯啓思, 『国家についての考察』, 99쪽.

가관이 읽혀진다.

사에키는 공동체로부터의 해방을 자아의 확립으로 간주하는 근대주의적 사고방식을 거부한다. 그리고 개인의 자유에 기초해서 시민사회를 구성하고 개인과 국가를 대립적 관계로 보는, '외재적 국가관·기능적 국가관'='계약론적 국가관'을 부정한다. 마루야마 마사오(丸山真男)가 상정한 '파시즘 대 민주주의의 항쟁' 구도도, 이 구도 위에서 구축된 '민주적 주체'도 허구라고 부정한다. 계약적 국가관은 진보학자들의 '공식적 언설'에서 구축된 것으로서, 국가에 대한 불신감과 비판, 즉 '반국가주의적 심정'을 초래했다는 것이다. 사에키는 국가의 연속성을 강조하는 '역사적 국가관'을 제시한다. '사회의 혁명적인 대전환'을 경험하지 않은 일본에는 역사와 전통과의 연속성을 중시하는 '역사적 국가관'이 맞다는 것이다. 일본에서는 통치 기구로서의 '국가'가 '국민'을 창출한 것이 아니라, "역사적 일체로서의 '네이션'이 하나의 공통의 주권을 품고 근대적인 통치 기구로 전개되면서 근대적인 '스테이트'가 생겼다"는 말이다. 천황제는 통치와 국가의 계속성의 상징적 권위로서 정당화된다.[64]

'역사적 국가관'은 역사와 전통에만 의존하는 국가를 상정하지는 않는다. 사에키는 지구화에 대항하는 '균형체로서의 국가'를 구상한다. '균형체 국가'는 시간과 공간의 두 축에서 성립한다. 우선 국가는 "'관심/이익'을 공유하는 사람들의 집단"으로 이해된다. 국가를 '공통의 관심/이익'의 시간축에 놓았을 때 규칙의 단절과 연속을 생각할 수 있다. 다른 견해나 이해관계를 가진 사람들을 조정하는 규칙에는 "실정적이고 정치적인 의사 결정의 산물"인 법과, "역사적·문화적인 조건에 의존하고, 문맥에 의

[64] 佐伯啓思, 『国家についての考察』, 제3장, 제4장.

존하면서 자생적으로 형성된" 관행이 있다. 법은 '정치'와 관련된 국가의 '시민적 측면'이고, 관행은 '역사·문화'와 관련된 '에스닉·계보적 측면'이다. '정치'는 불확정적인 장래를 향해 국가를 기획하는 것이며, '역사·문화'는 지나간 과거와 퇴적된 경험을 향해 눈을 돌리는 것이다. 국가는 "나라의 역사적·문화적 조건을 장래를 향해 넘겨주고, 그 재료에 의해 미래를 향해 새로운 상을 조형해나가는 기획"이다. 두 벡터 사이의 균형이 깨지면 한편에서는 세계주의, 다른 한편에서는 근본주의의 위협을 받아 국가는 분열한다. 한편, 국가를 '공통의 관심/이익'의 공간적 확산·분산이라는 관점에서 볼 때, 이익의 분산/조정은 경제적 이익의 차원과 문화·사회생활의 아이덴티티 차원이 있다. 경제적 이익은 '시장경제'에 의해, 문화·사회생활의 아이덴티티는 다양한 '소집단'과 '커뮤니티'에 의해 조정된다. 공간축의 국가는 한편에서는 글로벌리즘의 위협을, 다른 한편에서는 분리주의의 위협을 받는다. 시공간의 두 축 위에 성립하는 국가는 "'(시민적) 정치', '시장경제', '소집단', '역사·문화'에 의거하여 외부와 연결되고, 그 '외부'의 과잉 침입을 저지하려는 집합체"이다. 국가는 이 요소들이 균형을 보전해야 안정된다.[65] 사에키의 균형체 국가론은 고정된 전통에만 의존하지 않고 현대의 미디어적 환경과 시장세계에서 구성되는 공동체를 전제로 하며, 국가의 시공간적 존재 양식을 기능적으로 파악한 것이다.

균형체 국가론은 사에키가 국민공동체를 게마인샤프트의 관점에서만 보지 않고 기능적 관점에서도 이해하는 합리적 보수주의를 지녔음을 보여주지만, 사에키의 합리적 보수주의는 '상상의 공동체'를 실재화하려는 또다른 측면에 의해 약해지곤 한다. 사에키는 앤더슨처럼 국민을 '상

---

[65] 佐伯啓思, 『国家についての考察』, 285~292쪽.

상의 공동체'로 이해하지만, 인쇄자본주의, 공통의 정보에 기초한 익명성의 동시적 활동, 공통의 세속적 시간감각, 공동화된 이벤트는 '국민'을 성립시키는 조건으로만 본다. 사에키가 생각하는 '상상의 공동체'(국민)는 익명의 사람들이 '우리들'로서 상상되고 이 상상에 의해 '우리들' 안에 에워싸여진 공동체이다. '국민'은 공동 경험이 아닌 것이 문화와 커뮤니케이션을 매개로 '우리들'에게 '공통의 경험'이라는 '상상된 것'으로 변환되는 지점에 성립한다. 여기서 '국민'이라는 '상상된(imagined) 공동체'는 '상상의(imaginary) 공동체'가 아닌 '실재'로 간주된다.[66] 개인들이 '공통의 경험'을 '상상'함으로써 공동체에 속한다는 의식을 가질 때 국가는 성립된다는 말이다. '국가'가 최고의 공동체로 상정되는 한, 공동체에 속한다는 '국가 의식'을 매개로 '상상'의 존재는 '실재'로 전환되는 셈이다.

국가 의식과 애국심

패전 직후 진보지식인들은 '조국'과 '모국'에서 '국가'를 떼어내고 '민족결합체'와 '운명공동체'로부터 '국가'를 분리하는 한편, 이를 통해 '국가'에 대한 '애국심'을 '조국=생활공동체'에 대한 '조국애'로 전환시키고자 했다. 이에 대해 오쿠마 노부유키(大熊信行)는 '국가'를 '개념 세계'로서 조작화하는 진보주의적 국가관을 비판하면서, 진보지식인들의 '개념 세계'로부터 '국민의 마음'을 구별해내고 '국가악'을 '국가' 자체의 문제가 아니라 개인에 내재하는 '인간악'의 문제로 치환시키고 있다. 그는 '전쟁 체험' 또는 '국가 체험'을 매개로 '국가'='조국'이라는 등식을 유지하고자 했다.[67] 전후체제는 오쿠마의 비평대로 흘러가지는 않았다. 아마도 사에

[66] 佐伯啓思,『現代日本のイデオロギー』, 101~104쪽.

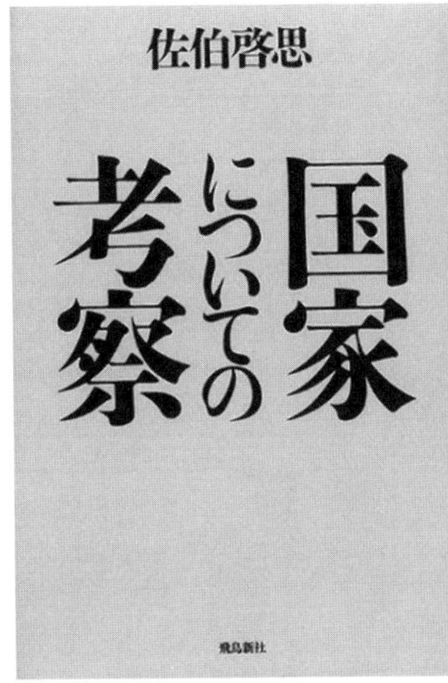

현대 일본의 보수주의를 대표하는 경제사상사가 사에키 게이시(佐伯啓思). 왕성한 저작 활동을 통해 일본의 '국가 의식'과 '애국심'의 재구축을 시도하고 있다.

키라면 진보주의의 '공식적 언설'(개념 세계)이 '국민의 마음'을 지배해버렸고, 이로 인해 '애국심'이 퇴색하고 '국가 의식'이 소멸되어버렸다고 말할 것이다. '전쟁 체험'이 부정되는 맥락에서 '국가=조국'의 등식은 성립하기 어려웠다. 전후 내셔널리즘이 부정적 의미를 띠게 되면서 일상감각으로서의 애향심은 유지되었지만 정치감각으로서의 애국심은 약해졌다. 수정주의자 월프렌(Karel van Wolferen)은 "'일본 문화론'을 아무리 해도 애국심은 자라지 않는다", "일본인은 애국심이 결여되어 있지만, '일본인다움'을 자화자찬하는 '일본 문화론'은 아주 좋아한다. 이는 모순이 아니다. '특수한(unique) 일본'이라는 이데올로기가 진정한 애국심의 육성을 방해한다"[68]고

67 大熊信行,「個における国家問題」(1947), 大熊信行,『国家悪: 人類に未来はあるか』(東京: 潮出版社, 1969), 129~194쪽.

비평한 적이 있는데, 일본 문화론에 표출된 문화적 자긍심이 애국심으로 연결되지 못하는, 전후체제의 중요한 단면을 엿볼 수 있다.

사에키를 비롯한 보수주의자들은 일본인들이 전후체제의 평화주의와 근대주의로 인해 '국가 의식'을 봉쇄당했고, 일본 국가가 '국가로서의 판단 능력'을 상실했다고 본다. 이에 더해 지구화는 '문화 파괴'뿐만 아니라 일본인들의 '혼'='국가 의식'의 약화를 더욱 부추기고 있다고 생각한다.[69] 그리하여 '국가 의식'의 소생은 중요한 과제가 된다. 사에키의 경우 국가 의식은 애국심에서 시작한다. 애국심은 도덕에 기초한다. 그에게는 세계 인류에 대한 상상도 '우리 집', '우리 마을', '우리 직장', '우리나라' 의식의 동심원적 확대를 통해서만 가능하다. "도덕은 보편적인 정의 속에 있는 것이 아니라 일상 경험의 퇴적으로서의 역사적인 것, 관습적인 것 속에서 퍼낼 수 있다." "'모르는 것'에 대한 일반적인 정의보다도 '익숙한 것'에 대한 확실한 책임 속에서 바로 도덕의 싹을 찾아내야 할 것이다." 이러한 도덕은 파트리(향토)에 대한 애착, 즉 애국심 혹은 내셔널리즘과 결부된다.[70] 그가 말하는 도덕이란 일상적인 것, 가까운 것, 쉽게 접하는 것과의 관계로 정의될 수밖에 없는 '습관적 타당성'이다. 도덕성이란 세계시민주의와 같은 추상성에 결부되는 것이 아니라, 구체적으로 책임을 수행하는 세계, 즉 가족·지역·동료·집단과 같은 커뮤니티에 결부된다. 국가는 '커뮤니티의 중층적인 연접체(連接體)'이고, 국가의 기본적인 문화나 가치는 다

---

68 Karel van Wolferen, *Why Can't the Japanese Love Japan?* / 大原進 訳, 『なぜ日本人は日本を愛せないのか』(東京: 每日新聞社, 1998).

69 佐伯啓思, 『国家についての考察』, 110~111쪽.

70 사에키 게이시의 내셔널리즘과 애국심에 관한 최근의 상세한 논의는 佐伯啓思, 『倫理としてのナショナリズム: グローバリズムの虚無を超えて』(東京: NTT出版, 2008). 佐伯啓思, 『日本の愛国心: 序説的考察』(東京: NTT出版, 2008) 참조.

양한 커뮤니티에 의해 구현된다. 도덕성은 커뮤니티와 국가를 결부시켜서 논해야 한다.[71] 결국 커뮤니티의 동심원적 혹은 중층적 확산을 통해 개인은 커뮤니티에 대한 사랑(애향심)에서 나아가 국가에 대한 애국심을 구축해야 한다는 말이다. 도덕은 커뮤니티의 속성이며, 따라서 커뮤니티의 중층적인 구성물인 국가의 속성이 된다.

사에키는 개인을 역사적인 경험·유대·퇴적 속에서 국가와 연결되는 존재로 본다. "개인은 같은 공간 속에서 태어나 같은 시간을 공유하고 공통의 역사를 경험함으로써 국가를 부하하고, 역으로 국가는 개인에 의해 실현되어간다"고 말한다. 개인과 국가는 '좋고 싫음을 초월한 숙명'이며, 내셔널리즘은 '숙명의 자각'이다. 개인적인 사고의 틀이나 생활의 회로, 인간관계의 양식, 교양의 존재 양식을 만드는 것은 집단의 역사적인 '공(共)경험'이다. 이 '공경험'에 대한 자각과 의식적인 관여가 '국가 의식'이고 '내셔널리즘'이다. 다만 가족, 친구 관계, 학교, 문화적 환경, 사회집단이라는 '환경'과의 관계 속에서 형성되면서도 "국가나 민족이라는 집단으로 해소될 수 없는 잔여로서의 개인성(individuality)"은 인정된다. 여기서 '국가 의식'은 '개(個)'를 부정하는 국가주의와 구별된다. "결코 국가에 해소되지 않는 개인은 국가적인 것에 대해 의식적이고 자각적이며 때로는 선택적일 수밖에 없다."[72]

'국가 의식'을 재생시키려 할 때 '전쟁 체험'의 감각을 소생시키려 애쓰는 것은 어떻게 보면 자연스러운 일이다. 사카모토 다카오는 전쟁이 일어날 수 있다는 전제에서 국가를 만들기 때문에 그 속에서 산다는 것은 어

71 佐伯啓思, 『国家についての考察』, 87~92쪽.

72 佐伯啓思, 『国家についての考察』, 27~29쪽.

떠한 체험인가라는 것이 중요하다. 평소에는 평온하게 살면서 때로 가까운 전사자를 생각하고 마음 어딘가에 '유사에 대한 각오'를 둘러싸고 국가가 왜 무력행사를 하는지, 개개인은 어떻게 할 것인지를 "항상 사색하는 습관"을 "자연스럽게 몸에 익히는 것"이야말로 국민의 '마음가짐'이며 '정치적 성숙'이라고 주장한다.[73] 이것은 "국가는 우리들 속에 내재하고 있다"는 의식,[74] 즉 '국가 의식'을 양성하는 것에 다름 아니다. 여기서 '야스쿠니'는 '전쟁 체험'의 표상으로서 동원되고, '전쟁 체험'의 근거인 '대동아전쟁'은 '식민지 해방전쟁'으로서 정당화된다. '전쟁 체험'은 투쟁의 보수감각을 일깨우는 근거인 셈이다. 에도 무사들이 '도쿠가와 평화' 속에서 투쟁 감각을 잃지 않으려고 부단히 '전투의 기억'(간접적인 전쟁 체험)을 되살렸던 것과 비슷하다. 글로벌리즘의 맥락에서는 '전쟁 체험'의 반추보다 국가 방어가 더 절실한 문제가 된다. 글로벌리즘은 일종의 새로운 '전쟁 체험'을 제공한다.

7. 또 하나의 허구

보수의 심리는 전후 일본의 국가와 사회를 보는 보수지식인들의 불안감에서 나왔다. 불안감의 원인은 일본 사회가 공동체적 윤리와 국가 의식을 상실했다는 판단, 미·일 안보동맹과 평화헌법이라는 제도와 진보주의(근대주의)라는 이념으로 분식된 전후체제가 이를 초래했다는 인식에서 비

---

[73] 坂本多加雄, 『求められる国家』, 76~77쪽.

[74] 坂本多加雄, 『求められる国家』, 57~65쪽.

롯된다. 보수론자들은 일본국헌법 '평화' 조항의 명분과 실제 사이에 나타나는 '비틀림'에서 시작하여 이제는 전후체제가 만들어내는 '공식적 언설'(체제 이데올로기)과 '비공식적 언설' 사이의 '어긋남'을 추궁한다. 이 '비틀림'과 '어긋남'은 전후체제를 부정하는 강력한 심리적 근거를 이룬다. 이 심리는 공동체적 윤리와 국가 의식으로 치장한 운명공동체·문화공동체·윤리공동체로서의 일본 국가를 표상의 준거로 상정하는 한 필연적으로 생겨날 수밖에 없다. 이 심리에 기초하여 전후체제는 사회계약론적 국가상을 갖는 진보주의(근대주의)의 '공식적 언설'이 공동체적 국가를 추구하는 보수주의의 '비공식적 언설'을 압도한, '허구적 세계', '자폐적 사고 공간'이었다고 규정된다. '평화헌법' 제정의 강제성·비주체성과 '미·일 안보동맹'의 보호성·의존성이 '국가로서의 판단 능력 상실' 내지 '국가 의식의 약화'도 초래했다는 인식은 '공동체 국가'와 '완전한 주권체'의 표상에서 도출된다. '불안'·'비틀림'·'어긋남'의 심리이든, '국가 의식'이든, 여기에는 주체의 문제가 개재되어 있다.

보수주의자들의 주체 관념은 국민국가·주권국가 개념에 의존한다. 보수지식인들은 진보주의의 '공식적 언설' 세계를 무너뜨림으로써 완전한 주체를 재구축하고자 한다. 자유주의적인 근대적 주체를 해체하고 공동체적 주체를 '역사적 국가관'에 의거하여 재구성하고자 한다. 진보지식인들은 자유주의적 개인과 협력적 국제사회 속의 국가를 상정하는 반면, 보수지식인들은 공동체적 개인과 경쟁적 국제사회 속의 국가를 상정한다. 주체의 재구축은 근대적 개인을 부정하고 근대적 국가를 긍정하는 논법에 서 있는 셈이다. 이러한 논법은 경제적 상호 의존이 증대되는 탈냉전과 지구화의 맥락에서는 합당해 보이지 않는다. '완전한 주권' 표상이 오히려 허구인 것이 아닐까. 주권을 관계 개념으로 이해한다면, 동맹체제에서 주권 제한은 안보 이익과 경제 이익의 대가였을 따름이다. 그들은 정치적 현실주의가 요구되는 냉전체제의 맥락에서 진보주의자의 '일국 평화주의'의 허구성을 비판했다. 같은 논리라면 탈냉전의 맥락에서는 보수주의자들이 '일국 보수주의'의 허구성을 비난받을 수도 있다. 그들은 대내적 주체인 개인에 대해서는 공동체(국가)와의 관계 속에, '공동성(共同性)' 속에 있기를 요구하면서, 대외적 주체인 국가에 대해서는 국제사회와의 관계, 혹은 다른 국가들과의 '공공성(公共性)' 속에 있는 것을 상상조차 하지 않는다. 이제 개인도 국제적 주체로서 행동한다. 주체에 관한 안과 밖의 이중 기준은 그들 역시 '근대주의'에 구속받고 있음을 보여준다. 더욱이 안과 밖의 이중 기준은 '비틀림'과 '어긋남'의 심리를 조장할 수 있다. '비틀림'과 '어긋남'은 안과 밖을 통괄하는 '국제사회'라는 영역을 설정하지 않는 한 피할 수 없을 것이다. '비틀림'은 탈냉전이 조성한 '국제사회'의 영역에서 아시아 국가들과의 관계에서도 이미 생성되고 있다.[75]

일본 보수주의자들의 '국가' 표상에는 '개인-국가' 구도가 있을 뿐, '사회' 영역이 배제되어 있다. 보수주의자들은 진보주의자들이 설정한 '사회-국가'의 대립 구도를 깨고자 '개인-국가'의 상보적 구도를 들고 나온다. 원래 유럽의 보수주의는, 자유주의나 사회주의가 개인-국가 관계만을 상정한 것과 달리, 개인-국가 관계에 가족·사유재산·커뮤니티·교회·사회계급 등 중간 집단/결사를 추가하여 양자를 매개하는 동시에 국가 권력에 대항하는 사회집단의 권리를 중시했다.[76] 보수주의자들은 국가라는 제도

---

[75] '비틀림'을 해소하는 진정한 주체는 '가해자-피해자' 구도를 설정하면서 미국과 일본의 관계 구도뿐만 아니라 일본과 아시아의 관계 구도를 함께 다룰 때 성립할 수 있을 것이다. 이를 위해서는 보수주의자들이 '전후체제'에서 결락(缺落)된 '아시아'를 탈냉전의 맥락에서 새롭게 발견하고 읽어낼 필요가 있다.

를 매개로 생성되는 '공동성' 속에 존재하는 개인을 상정할 뿐, 개인들의 사회적 소통과 사회적 경험에서 생성된 사회적 공공 영역을 생각지 않는다. 사에키는 개인성과 공동성의 상호 구성적 과정을 제시하지만, 이러한 '개인-국가' 구도에서 '사회'는 '국가'로 수렴되어 소멸되고 만다. 가족·지역·동료·집단과 같은 커뮤니티를 상정하고 이 커뮤니티들의 연쇄적 상승 과정을 통해 '국가'를 만나는 회로를 설정하지만, 각 커뮤니티들이 만들어내는 사회 영역은 배려하지 않는다. 집단의 '공통 경험'만을 이야기하고 '공동성'의 요구만 있을 뿐, '공공성'의 문제의식은 찾아보기 어렵다.

현대 일본의 보수주의자들은 지구화의 침투성에 직면해서 공동방위체로서의 국가를 상정하는 데 열심이다. 스스로 '국가'라는 틀 속에 갇혀 있는 꼴이다. '국가'는 보수주의자들의 준거이자 지향점이다. '사회' 영역이 자율성을 갖지 못한 채 개인이 어떤 중층적 과정을 거치고 퇴적을 거치든 국가로 회수되어버리고 '국가'가 지구화에 대항하는 방위체로 설정된다면, 보수주의자들 스스로 '자폐'하게 될지도 모른다. 지구화의 맥락에서 세계와 국제사회에 대해 그들 스스로 '허구적 세계', '자폐적 사고 공간'에 닫혀버릴 수도 있다. 어쩌면 병리학적 용어를 사용하는 것 자체가 부자연스러운 일이다. 사회현상에 대한 병리학적 진단은 오히려 진단자의 병리적 증세를 드러내는 것일 수 있다. 파인더에 비친 피사체는 하나의 진실을 보여주지만 객관적 진리를 증명해주지는 않는다. 사진기에 찍힌 피사체는 '허구'일 뿐이다. '자폐적 사고 공간', '허구적 세계'라고 재단하는 순간, 이미 보수주의는 진정성을 의심받게 된다.

탈냉전·지구화 맥락에서 보수주의는 무엇이어야 하는가. 일본의 보

---

76 로버트 니스벳, 강정인 옮김, 『보수주의』, 43~45쪽.

수주의자들은 '전후체제'를 종식시키고자 '공식적 언설'과 '비공식적 언설'의 투쟁을 상정하고, '공식적 언설'을 단죄한다. '지키는 보수'가 아니라 '싸우는 보수'를 생각한다. 하지만 '공식적 언설'을 단죄하는 '싸우는 보수'는 이미 진정한 보수주의이기 어렵다. 여기서 "'역사'는 본질상 경험이며, 역사에 대한 보수주의자의 신뢰는 인간사에서 추상적·연역적인 사고에 우선하는 경험에 대한 신뢰에 기초한다"[77]는 기본 원리를 상기할 필요가 있다. 진보주의(근대주의)는 전후 일본의 현실을 규정했으며, 제도와 이념에 상당 부분 내재화되어 있다. 자유주의와 민주주의는 다른 공동체적 요소와 더불어 이미 체제의 중요한 요소가 되어 있는 것이다. 진보주의·근대주의·개인주의는 이미 퇴적된 경험을 구성하고 일본 사회를 규정하고 있다. 사에키는 버크와 더불어 오크쇼트(Michael Oakeshott)의 말을 자주 인용한다. "보수적이라는 것은 단지 변화를 싫어한다는 것만이 아니라 변화에 대한 적응이라는, 모든 인간에 부여된 활동을 행하는 하나의 방법이기도 하다." "보수적이라는 것은 모르는 것보다는 익숙한 것을 선호하는 것, 시도된 적이 없는 것보다는 시도된 것을, 신비보다는 사실을, 가능한 것보다도 현실의 것을, 무제한인 것보다도 한도가 있는 것을, 먼 것보다도 가까운 것을, 넘치는 것보다도 족할 정도의 것을, 완벽한 것보다도 귀중한 것을, 이상향에서의 지복보다도 현재의 웃음을 선호하는 것이다. 얻는 바가 더 많을 수도 있는 애정의 유혹보다는 기왕의 관계와 신의에 기초한 관계를 선호한다.… 보수적이라는 것은 자기의 운명에 대해 담담하게 있는 것, 자기의 몸에 어울리게 살아가는 것이며, 자기 자신에도 자신의 환경에도 존재하지 않는 한층 고도의 완벽함을 추구하려 하지 않는 것이다."[78] 보

77 로버트 니스벳, 강정인 옮김, 『보수주의』, 45쪽.

수주의의 장소적 특수성을 인정한다 해도, 변화와 적응에 관한 이러한 원칙은 보수주의자이기를 원한다면 포기될 리 없다. 전후체제도 이미 퇴적된 경험이며, 지구화와 국가의 국제 생활도 이미 개인과 국가의 경험 세계에 들어와 있다. '진정한 보수주의'는 이런 것들을 인정하는 '유연한 보수주의'여야 할 것이다.

이러한 관점에서 본다면, 역사 이야기의 자기중심적 재구성을 통해 국가공동체 표상을 극단적으로 구현하려는 새역모의 정치적 표상 작용은 협력-경쟁적/상호 의존적 국제사회에서 '허구적 세계', '자폐적 사고 공간'을 스스로 구축하는 보수주의의 극단적 표현인 것이 아닐까. 한때 새역모의 리더였던 니시오 간지는 기존의 '자기 상실'의 역사 서술을 비판하면서, "일본에서 본 세계사"와 "'일본에서 본 세계사' 속에 제대로 일본을 위치지우는 일본사"에 기초한 역사관, "자기를 보편으로 간주하고", "애매한 수동적 자세, 겸양, 상대주의적 입장을 취하지 않는" 역사관을 요구한다.[79] '자기 상실'을 극복하고 국가공동체를 재생시키기 위해 새로운 '허구'를 만들어내는 새역모의 표상 작용은 논리적 단순성과 역사적 허구성을 벗어나기 어려울 것이다. 더구나 논리의 세계를 넘어 실천의 세계로 들어서는 순간, 정치적 행위의 경박성(imprudence)은 쉽게 드러나게 마련이다.

---

[78] Michael Oakeshott, *Rationality in Politics*. 佐伯啓思, 『国家についての考察』, 24쪽에서 재인용.

[79] 西尾幹二, 『国家と謝罪』, 90~93쪽, 97~98쪽.

📖 참고문헌

- 로버트 니스벳, 강정인 옮김, 『보수주의』(서울: 이후, 2007).
- 아오키 다모쓰, 최경국 옮김, 『'일본문화론'의 변용』(서울: 소화, 2000).
- 江藤淳, 「'ごっこ'の世界が終わったとき」(1970), 福田和也 編, 『江藤淳コレクション1史論』(東京: 筑摩書房, 2001).
- _____, 『忘れたことと忘れさせられたこと』(東京: 文藝春秋, 1979).
- _____, 『保守とはなにか』(東京: 文藝春秋, 1996).
- _____, 『一九四六年憲法: その拘束』(東京: 文藝春秋, 1980).
- _____, 『閉ざされた言語空間: 占領軍の検閲と戦後日本』(東京: 文藝春秋, 1989).
- 高瀬暢彦 編, 『金子堅太郎〈政治論略〉研究』(東京: 日本大学精神文化研究所, 2000).
- 大江健三郎, 『あいまいな日本の私』(東京: 岩波書店, 1995).
- 大熊信行, 『国家悪: 人類に未来はあるか』(東京: 潮出版社, 1969).
- 林健太郎, 「現代における保守と自由と進歩」, 林健太郎 編, 『新保守主義』(東京: 筑摩書房, 1963).
- 福田恆存, 「平和論にたいする疑問」(1954), 福田恆存, 『日本を思ふ』(東京: 文藝春秋, 1995).
- _____, 『常識に還れ』(東京: 新潮社 1960).
- 上田又次, 『エドモンド·バーク研究』(東京: 至文堂, 1937).
- 西尾幹二, 『国家と謝罪』(東京: 德間書店, 2007).
- 西部邁, 『幻想の保守へ』(東京: 文藝春秋, 1985).
- _____, 『日本の道徳』(東京: 産経新聞ニュースサービス, 2000).
- 石田雄, 『日本の政治と言葉(下): '平和'と'国家'』(東京: 東京大学出版会, 1989).
- 水田洋, 「イギリス保守主義の意義」, 水田洋 責任編集, 『バーク·マルサス』(東京: 中央公論社, 1969).
- 安倍晋太郎, 『美しい日本へ』(東京: 文藝春秋, 2006).
- 御厨貴, 『'保守'の終わり』(東京: 毎日新聞社, 2004).
- 町村信孝, 『保守の論理: '凛として美しい日本'をつくる』(東京: PHP研究所, 2005).
- 佐伯啓思, 「日本の'戦後保守主義'を問う」, 『中央公論』, 2007年 2月号.
- _____, 『国家についての考察』(東京: 飛鳥新社, 2001).

- _____, 『倫理としてのナショナリズム: グローバリズムの虚無を超えて』(東京: NTT出版, 2008).
- _____, 『成長経済の終焉: 資本主義の限界と'豊かさ'の再定義』(東京: ダイヤモンド社, 2003).
- _____, 『日本の愛国心: 序説的考察』(東京: NTT出版, 2008).
- _____, 『現代社会論: 市場社会のイデオロギー』(東京: 講談社, 1995).
- _____, 『現代日本のイデオロギー: グローバリズムと国家意識 』(東京: 講談社, 1998).
- _____, 『現代民主主義の病理: 戦後日本をどう見るか』(東京: 日本放送出版協会, 1997).
- 中西輝政, 『日本文明の興廢』(東京: PHP研究所, 2006).
- _____, 『日本の文明史』(東京: 扶桑社, 2003).
- 中曽根康弘, 『新しい保守の論理』(東京: 講談社, 1978).
- 川端康成, 『美しい日本の私: その序説』(東京: 講談社, 1969).
- 添谷育志, 『現代保守思想の振幅』(東京: 新評論, 1995).
- 坂本多加雄, 「戦後日本の平和主義」, 21世紀日本フォーラム 編, 『戦後を超える』(京都: 嵯野書院, 1995).
- 坂本多加雄, 『求められる国家』(東京: 小学館, 2001).
- 八木秀次, 『国民の思想』(東京: 産経新聞ニュースサービス, 2005).
- 平石直昭, 「現代日本の'ナショナリズム'」, 『社会科学研究』, 58:1(東京大学 社会科学研究所, 2006).
- 平泉澄, 「革命とバーク」, 『武士道の復活』(東京: 至文堂, 1933).
- Castoriadis, Cornelius, *The Imaginary Institution of Society*, Kathleen Blamey tr.(Cambridge: Polity, 1987).
- Pyle, Kenneth B., "Meiji Conservatism", John W. Hall ed., *The Cambridge History of Japan*(Cambridge: Cambridge University Press, 1989).
- _____, *Japan Rising: The Resurgence of Japanese Power and Purpose*(New York: PublicAffairs, 2007).
- _____, *The New Generation in Meiji Japan: Problems of Cultural Identity, 1885~1895*(Stanford: Stanford University Press, 1969).
- Wolferen, Karel van, *Why Can't the Japanese Love Japan?* / 大原進 訳, 『なぜ日本人は日本を愛せないのか』(東京: 毎日新聞社, 1998).

찾아보기

[ㄱ]

[ㅂ]

[ㅅ]

[ㅇ]

[ㅈ]

[ㅊ]

[ㅋ]

[ㅌ]

[ㅍ]

[ㅎ]

Abstract

Conservative Representations in Postwar Japan

Edited by Insung Jang

This book grew out of the collaborative interdisciplinary research on the representation of postwar Japan's conservative/conservatism as seen in the works of authors in the fields of literature, history, visual culture, politics and history of thought. The main questions are twofold: what form did conservatism take in postwar Japan, and how did it acquire meaning; and which relations of meanings are in work for such representations. The views held by the collaborators are not unified with respect to the ir representations of the conservative and conservatism. However, we have agreed on the necessity of research and common problematic and endeavored to share a common methodology and perspectives on research. Each author takes a different approach on such representations, depending on their subject matter. We expect that this difference in understanding the representation, mainly due to the ambiguity and potentiality of its definition, will provide multifaceted and nuanced readings of representations.

The authors approach the representations of the conservative assuming that the conservative/conservatism of Japan is not a fixed ideology, but rather one which is evolving and being rewritten in conjunction with fluctuating situations and changes. This collaborative research focuses on the 'everyday life' characteristics of the conservative, along with mundane conservatism embedded in their political actions and languages rather than the manifest political actions and languages of 'the conservative politicians'. In other words, what this research elucidates is the very conservative sensibility created during the postwar Japanese system and manifested through the postwar institutions, instead of following the usual approaches to the conservative/conservatism which mainly concentrate on their political actions. Those actions are often labeled as 'the extreme right', 'an inclination towards right-wing politics' and 'the rise of militarism' in conjunction with the institutional and ideological representations of the Japanese postwar system. The subjects and contents of each chapter are as follows.

The essay of Dongju Seo, entitled "Self representation and conservatism of postwar Japanese literature: "Rain Falling on Shinagawa Station" of Nakano Shigeharu" considers and analyzes how the poem "Rain Falling on Shinagawa Station," written by Nakano Shigeharu(中野重治) with a strong socialist tendency during the prewar period, was re-read and re-interpreted in tune with the postwar conservative ethos in order to demonstrate how the socialist attitude was transformed into a conservative one. This is an attempt to discern the covert subtext of the conservative literature of Japan, which lurked beneath the apparent political differences of the postwar critique on the texts. The author elucidates how nationalism achieved a privileged status among the criticism of Nakano's poem despite his subconscious critique of nationalism. Furthermore, the author's description of the traces of exclusive nationalism were even echoed in the conservative criticism of Etō Jun(江藤淳) of the 1990s, and in the critique of Etō by the progressive Odagiri Hideo(小田切秀雄), despite their political differences. Dong-ju Seo by unveiling the possibility of 'transnationalism' from the first edition of the poem published in 1929, unveils the rupture between representation and the conservatism of postwar Japanese literature. This study captures how the writing(representation) and rewriting(recreation=re-representation) came to be more disciplined within the conservative context.

In the work of Sungmo Yim entitled "The representation of Manchuria of the conservative politics in postwar Japan: the case of Kishi Nobusuke," he analyzes postwar Japan's representation of the experiences of the rule of Manchu in reference to the government of Kishi Nobusuke(岸信介) in the late 1950s. Kishi, a symbolic figure of progressive bureaucracy, conducted many experiments on the controlled economy in Manchukuo, and that experience was resurrected in the form of state control and economic growth in postwar apan. The author especially focuses on the state control under the Kishi regime in the context of its revision of the security treaty and the rapid economic growth, and furthermore closely examines the ideology of development as manifested in both the diplomatic dealings with Southeast Asia and the welfare state policy. He argues that through this process, the memories of the oppressive rule were recalled and resurrected, culminating in the apparent restoration of the representation of Manchuria. This resurrection is on the one hand a nostalgic recollection of the colonial past, and on the other hand the reiteration of state control and neo-nationalism in postwar Japan. This paper vividly shows that the representation of Manchuria, which survived the downfall of the Imperial Japanese Empire, functioned as a very significant symbol for conservatism in the general consciousness and even brought a measure of discipline to the politics of postwar Japan. Moreover, he uncovers the continuity and connection between prewar/war-time and postwar Japan through the representation of Manchuria. The reproduction of the representation of Manchuria was possible not only due to the rise of Kishi who was deeply involved with Manchuria, but also due to the overall context in which the postwar conservative system was constructed.

In Taewoong Kang's work, "Antiwar of postwar Japan, Narrative: the representation of *Himeyuri Gakutotai*(Students Unit) and its meaning," he analyzes the narrative of 'antiwar films' which were made repeatedly to represent the *Himeyuri Gakutotai*, the female high school students who made sacrifices by working as nurses during the war in Okinawa. This paper reveals the conservative ideology of postwar Japan through the deep reading of films. The author vividly illustrates how the peculiar experiences of the Okinawa war have been co-opted and represented as the conservative's recollection of the war through the visual images, transformations and reproductions of the narratives on *Himuyuri*

Gakutotai. Moreover, the author's reading of the dramatic representation of the sacrifices made by the 'innocent' *Himeyuri* students discloses the hidden strategy of the conservative politics, which was to subjugate the antagonism between Okinawa and mainland Japan, obliterate the perceptions of the Japanese war and aggression, and invert Japan's image from one of an aggressor to a victim while embellishing the postwar conservative ideology with the discourse of 'antiwar' and peace. On the basis of his examination of the Himeyuri representation, Kang argues that the narrative of "anti-war(peace)" is deeply connected to conservative thought; likewise, he uncovers how the conservative ideology was reproduced and reiterated through the creation and consumption of representations and visual images.

In the paper written by Jungsun Han, "The representation of popular culture and Japan's conservatism: Manga *Kachō Kōsaku Shima* and the conservatism of contemporary Japan's salary-men," she exposes one aspect of Japan's conservatism during the economic development by analyzing the visual representations mediated by manga. In connection with the paper of Kang, Tae-woong on visual images and representations, Jung-sun Han elucidates analyzes Manga *Kachō Kōsaku Shima*(課長島耕作) by Hirokane Genshi(弘兼憲史) which have been running as a series since 1983 in *Morning*, a popular weekly manga magazine. The author visualizes the diverse episodes and anecdotes of a salary-man, Shima Kōsaku, who epitomizes the works and lives of the '*Dankai*(團塊) generation' salary-men, noting that the images offer very rich portrayals of the conservatism that prevails among men of this generation. The conservatism of the salary-men managed to develop and came to fruition during the High Growth era in postwar Japan on the foundation of 'kaisha-shugi(company-ism)' and 'Kigyō-shugi(corporatism), which themselves were created on the basis of the constant negotiation between meritocracy(the first essential concept of capitalism) and collectivism(the essence of socialism). This "salary-men conservatism" was internally sustained by the gendered division of labor and functioned as the dominant norm in contemporary Japanese society by "otherizing" Asia in Japan's external politics.

In Bumsoo Kim's paper "Postwar Japan's conservatism and the boundary of 'the Japanese': focusing on legal and institutional aspects," he analyzes how the conservative 'blood ideology,' as derived from the discourse of the emperor-centered familial state, came to be represented in the process of drawing the boundary of 'the Japanese' in the postwar era in terms of legal and institutional aspects. This paper examines firstly the emergence of 'the Japanese' and its boundary during the Imperial era; secondly, how the boundary of the Japanese as articulated during the Imperial period evolved and came to be represented during the post-war occupation period; and thirdly, what changes have occurred over the decades in Japan since the San Francisco Peace Treaty. Furthermore, Kim points out the problems inherent within the current way of boundary-drawing in Japan, with particular attention to the recent process of transformation of Japanese society into a multicultural one as driven by the increase in immigration. He shows that the conservative blood ideology which originated from the prewar discourse of the familial state is still represented and indeed has been reproduced through the Nationality Act, in which citizenship is granted on the basis of blood relations, and also through the male centered family registers(*koseki*). Accordingly, the author argues that this ideology continues to secure the boundary of 'the Japanese' in the postwar era.

Finally, in the paper of Insung Jang entitled "Contemporary Japan's conservatism and representation of 'state': logics and psychology of the conservative" examines the conservative discourses which aspire to reconstruct the everyday sensibility of the conservative in tune with conservative ideology while demanding the dismantlement of the 'postwar system' in response to the Post-Cold War era and globalization, and also insisting on the radical transformation of postwar democracy in Japan. He captures the characteristics and idiosyncrasies of postwar Japanese conservatism with reference to 'everyday life sensibility' and 'state representation', arguing that the conservatives of the Post Cold War era began to exhibit themselves more actively as 'confrontational conservatives' while attempting to eradicate the 'imaginary representation' of the 'post war system' which was established by the progressives. Presupposing that the representation of the 'postwar system' was a mere 'virtual space'='fiction' in which their ideals had been corroded by the Peace Constitution and democracy, and that indeed this new representation was merely a fabrication manufactured by the progressives, the conservatives imagined the dismantlement of the 'postwar system' and the reconstruction of the 'trustworthy fiction(state community)' based on 'common experiences,' while also advocating the authorship of a new narrative('common stories'=history) which would embody those shared and common experiences. The representation of the 'state' as a powerful tool which could combat anxiety originated from the Post Cold War era and globalization, resulted in the mobilization of patriotism and national identity as the ideological apparatus of state representation. Jang reveals that on the basis of these conservative discourses, the state has come to be represented as a 'self-disciplining community' and a 'subject confronting others' in response to the Post Cold War era and globalization. He also examines the logic and psychology underlying the process or politicization through which state came to be represented as a disciplining apparatus, as exemplified in its rewriting of history. In conclusion, this paper elucidates the implications of the relationship between Japanese conservatism and state representation in the context of the Post Cold War era and globalization.

저자 소개(게재순)

장인성(張寅性)

서울대학교 사회과학대학 외교학과 교수로 재직하고 있으며, 일본 도쿄대학에서 학술박사학위(국제관계론 전공)를 받았다. 주요 저서로는 『장소의 국제정치사상』(서울대학교출판부, 2002), 『근대한국의 국제관념에 나타난 도덕과 권력』(서울대학교출판부, 2006), 『메이지유신』(살림, 2007) 등이 있으며, 주요 관심 분야는 일본 정치사상, 한국 정치사상, 동아시아 국제정치, 동아시아 개념사 등이다.

서동주(徐東周)

서울대학교 일본연구소 HK연구교수로 재직하고 있으며, 일본 쓰쿠바대학에서 문학박사학위(일본문학 전공)를 받았다. 주요 저서로는 『大衆文学の領域』(공저, 大衆文化研究会, 2005), 『テクストたちの旅程』(공저, 花書院, 2008)가 있으며, 논문으로는 「「비 내리는 시나가와역」과 탈내셔널리즘」(『日本研究』, 제12집, 2009), 「一九二九年「内地」で呼び起こされた一九二三年の「朝鮮」」(『日本近代文学』, 제81집, 2009) 등이 있다. 제국주의적 상상력과 일본문학의 관계를 중심으로 한 동아시아에서의 일본문학의 이동과 변용, 그리고 현대 문화이론 등에 관심을 갖고 있다.

임성모(任城模)

연세대학교 문과대학 사학과 교수로 재직하고 있으며, 연세대학교 사학과에서 일본 근현대사 전공으로 박사학위를 받았다. 주요 저서로는 『동아시아의 민족이산과 도시』(공저, 역사비평사, 2004), 『패전 전후 일본의 마이너리티와 냉전』(공저, 제이앤씨, 2006) 등이 있으며, 번역서로 『번역과 일본의 근대』(이산, 2000), 『전장의 기억』(이산, 2002), 『변경에서 바라본 근대』(산처럼, 2006) 등이 있다. 주요 관심 분야는 식민지 지배 구조, 동아시아의 마이너리티와 인구 이동, 동아시아 개념사 등이다.

강태웅(姜泰雄)

광운대학교 동북아대학 문화산업학부 교수로 재직하고 있으며, 일본 도쿄대학에서 일본 영화에 관한 연구로 학술박사학위를 받았다. 주요 저서로는 『제국의 교차로에서 탈제국을 꿈꾸다』(공저, 창비, 2009), 『동아시아의 오늘과 내일』(편저, 논형, 2009) 등이 있고, 이 밖에 일본 영화와 일본 대중문화에 관한 다수의 논문이 있다. 주요 관심 분야는 일본 영화, 표상문화론, 일본 대중문화, 동아시아 영화사 등이다.

한정선(韓程善)

고려대학교 국제학부 교수로 재직하고 있으며, 미국 워싱턴대학에서 역사학으로 박사학위를 받았다. 주요 저서로는 학술원 우수도서로 선정되고 일본어로도 번역되고 있는 『일본 만화로 제국을 그리다』(공저, 일조각, 2006)가 있으며, "Rationalizing the Orient" (*Monumenta Nopponica*, Vol. 60, No. 4, 2005), "Envisioning a Liberal Empire in East Asia" (*The Journal of Japanese Studies*, Vol. 33, No. 2, 2007) 등을 비롯한 다수의 논문이 있다. 주요 관심 분야는 근대 일본제국의 사상사와 문화사 그리고 현대 일본 문화이다.

김범수(金範洙)

서울대학교 정치학과 BK조교수로 재직하고 있으며, 미국 시카고대학에서 정치학 박사학위를 받았다. 주요 논문으로는 "Bringing Class Back In: The Changing Basis of Inequality and the Korean Minority in Contemporary Japan" (*Ethnic and Racial Studies*, Vol. 31, No. 5, 2008), 「국민의 경계 설정: 전후 일본의 사례를 중심으로」(『한국정치학회보』, 제43집 1호, 2009) 등이 있으며, 2009년에 한국정치학회 학술상을 수상한 바 있다. 주요 관심 분야는 현대 정치이론, 민족주의, 다문화 정치, 일본 정치 등이다.